Um cara, 6 passaportes

RODRIGO RUIZ, VICTORIA GANZERT e TYLER ISAAC GANZERT

R934u	Ruiz, Rodrigo; Ganzert, Victoria

Um cara, 6 passaportes / Rodrigo Ruiz; Victoria Ganzert. Ilustrações e capa de Tyler Isaac Ganzert – Campinas SP: Clube de Autores, 2019.

305 p.

ISBN: 978-85-67109-83-1

1. Genealogia: biografias 2. Família: árvore genealógica. I. Título

CDD – 929

Você sabe de onde veio? Quais as suas origens? Sabe o nome dos seus bisavôs e trisavôs? Já pensou que eles podem ter deixado para você uma herança muito valiosa?Esta é a história de como nossa família está conseguindo resgatar a história familiar, partindo do nosso filho Tyler até Ferdinand I Imperador de toda a Espanha passando por outros nobres e plebeus, gente comum e corajosa que conquistou o mundo e tem transformado o Brasil.Aprenda como pesquisar e encontrar os documentos que te levarão ao passado e de lá para o futuro na Europa. Para muitos brasileiros é hora de partir como nossos ancestrais fizeram. No século XIX o melhor lugar do mundo era o Brasil e por isso eles vieram de todos os cantos da Europa e do mundo. Descubra seu lado nômade. Consiga o seu passaporte europeu e boa viagem!

Copyright © 2019 Rodrigo Ruiz

Campinas, SP, Brasil

Todos os direitos reservados.

ISBN: 978-85-67109-83-1

DEDICATÓRIA

Para os nossos nômades ancestrais.

RODRIGO RUIZ, VICTORIA GANZERT e TYLER GANZERT

CONTEÚDO

DEDICATÓRIA iii

CONTEÚDO v

AGRADECIMENTOS vii

A FAÍSCA 9

MONTANDO SUA ÁRVORE 13

PESQUISA EM FAMÍLIA 19

ENTREVISTA 25

CARTÓRIOS 29

IGREJAS 37

FAMILYSEARCH.ORG 41

ARQUIVOS 47

DNA 57

NOSSA ÁRVORE 65

CIDADANIA POLONESA 277

CIDADANIA SEFARDITA ESPANHA E PORTUGAL 285

CIDADANIA ITALIANA 291

CIDADANIA ALEMÃ 295

CIDADANIA BRASILEIRA 299

DESPEDIDA 303

SOBRE OS AUTORES 305

AGRADECIMENTOS

Agradecemos a Deus pela criação da primeira bactéria e aos nossos ancestrais que nos trouxeram até aqui. Agrademos aos Mórmons e a Silva Leme e Francisco Negrão pelo seu trabalho maravilhoso em genealogia.

A FAÍSCA

Toda criança aprende na escola como fazer uma árvore genealógica e em geral esse é a faísca que acende uma chama em alguns de nós. Foi assim comigo e provavelmente em algum grau foi assim com você pelo simples fato de estar lendo esse parágrafo.

Comigo isso começou lá nos inícios dos anos 80 com um trabalho escolar que pedia (na verdade, naquela época ninguém pedida nada para uma criança, mandava) que cada criança construísse a sua árvore genealógica. É claro que eu não a tenho, mas o resultado foi frustrante, eu não consegui completar nem com o nome dos meus bisavôs. Hoje sei que isso é comum para quase toda família e identifico um problema para a sociedade Brasileira e mundial. Diz o jargão verdadeiro que não existe desenvolvimento sem se conhecer a história do seu, e partindo desta lógica é quase impossível de imaginar que sem conhecer a história da sua própria família, alguém vá se interessar pela história da nação.

Não é à toa que as cidades e estados são dominadas política e economicamente por ditas "famílias tradicionais". Ora, toda família é tradicional e o que diferencia uma da outra, é a capacidade e preocupação com a preservação e por que não, a criação de sua história familiar. Segundo o historiador Eduardo Bueno cada sociedade cria a sua história presente e reconta a sua história passada interpretando-a de forma a beneficiar a sua história futura, o passado é vivo. E essa é a minha interpretação das palavras dele.

A herança que deixamos não é apenas dinheiro ou terras, isso é bem importante, deixe para seus filhos. Mas a herança mais importante é amor, exemplo, cultura, história, tradição, línguas e cidadanias.

Das coisas que eu não recebi de herança, posso dizer que o ressentimento das línguas perdidas é o maior. Eu compreendo que o dinheiro dos reis da Espanha e do que hoje é a Inglaterra se diluíram no tempo. Eu entendo que por falta de cultura dos meus antepassados agricultores juntamente com extrema dificuldade logística e financeira me tiraram algumas cidadanias. Mas o que eu não entendo, ou melhor, até entendo, mas não aceito é o fato das línguas não terem sido transmitidas em casa. Isso talvez venha do fato de que não se tinha o costume de falar com as crianças nada além das ordens diárias. Só considerando meus trisavôs eu deveria ter aprendido em casa o básico de Espanhol, Italiano, Alemão e Polonês. Mas muitas outras se eu considerar os últimos 500 anos, incluindo o Tupi.

Então, se você sabe uma língua, ensine para o seu filho e se você quer ser lembrado pelos seus netos, trinetos e tataranetos, cabe a você desenhar a sua árvore ensinar sobre o passado ao seu filho e repassar a tradição. As famílias "tradicionais" tem a sua linhagem em mármore no chão de suas casas ou em fina tapeçaria na parede por compreender o valor histórico e financeiro de preservar essa informação.

Foi através deste conhecimento que o meu filho é o cara de 6 passaportes.

Para montar uma boa árvore genealógica você precisa entender o seguinte: Nomes, Locais e Datas são primordiais. E neste ponto, algum genealogista pode ficar brabo comigo, mesmo que esses dados sejam aproximados ou que haja dúvidas sobre eles.

A genealogia clássica, como um trabalho científico trabalha exclusivamente com fatos. Mas até chegar nos fatos, vou te mostrar como utilizar técnicas de investigação para identificar, colher e analisar e descartar ou confirmar hipóteses até que elas o levem ao fato concreto ou (novamente vão brigar comigo) aceitavelmente provável. Como na justiça a soma de elementos circunstanciais. Mesmo que não possam isoladamente ser considerados uma prova, em seu conjunto podem apresentar elementos suficientes para que lhes imputemos veracidade. Veja, nesses casos pode e provavelmente não será suficiente para a aquisição de uma cidadania, mas será suficiente para a transmissão da história da sua família.

Desde meus seis anos de idade até os 40 minha árvore só chegava até os meus bisavôs e eu já tinha desistido por falta de informação e conhecimento. Lembrem-se que eu nasci antes da internet. No meu aniversário de 40 anos a minha esposa me deu de presente um kit de DNA do ancestry.com. Aquilo foi muito legal e a chama se inflamou novamente. Descobri novos recursos, inclusive os que já existiam desde a minha infância, mas agora esses recursos estavam acessíveis para mim. Infelizmente muitas pessoas importantes haviam morrido nesse período e eu perdi tempo com isso, sem falar de histórias que jamais poderei recuperar.

Hoje minha árvore possui ramos que chegam ao ano 800 e a árvore vai continuar a crescer, pois a sua genealogia é um trabalho sem fim e extremamente viciante. Como palavras cruzadas ou um filme de mistério policial. Isso ativa o seu cérebro e tem efeitos colaterais positivos para a sua vida como prevenir o Alzheimer e te proporcionar cidadanias estrangeiras.

Quanto ao Alzheimer eu acho que não preciso dizer mais nada. Já quanto aos benefícios de ser um cidadão de múltiplas nacionalidades é importante você saber que ao passo que terá mais responsabilidades como conhecer a lei e a cultura de outro país, isso te permitirá o livre trânsito, livre trabalho e o acesso a tudo que um nativo desses países possui, incluindo acesso as melhores universidades do mundo por um preço infinitamente menor do que se é cobrado de um estrangeiro.

Um amigo meu foi convocado para servir o exército italiano em pleno conflito no oriente médio. Ele acabou se livrando, mas fica o alerta das responsabilidades.

O título deste livro vem do meu filho que daqui a uns 3 anos terá em mãos seis passaportes diferentes válido e simultâneos.

Tyler é: Brasileiro, Americano, Espanhol, Polonês, Português e Italiano.

Aposto que você já havia ouvido falar de dupla nacionalidade, mas isso é bem mais e está sendo conquistado pela paixão que Victoria e eu temos pelo Tyler e pela resolução de mistérios. Desde que ela me deu aquele kit de DNA, nós dois nos envolvemos em buscas por pessoas desaparecidas e pela busca da nossa história. A especialidade da Victoria é localizar pessoas vivas desaparecidas e promover o reencontro de famílias, as vezes frações de nossos parentes distantes e as vezes de completos desconhecidos.

Eu já prefiro encontrar pessoas vivas apenas em meus trabalhos sobre privacidade e segurança cibernética em parceria com o meu amigo Rogério Winter. Mas o meu vício é buscar pessoas que compõe a árvore genealógica da minha família e de alguns clientes que seleciono a dedo devido ao meu tempo escasso.

Tyler é brasileiro pois nasceu no Brasil onde utilizamos da Lei do solo ou *jus solis*. Toda pessoa que nascer em terras Brasileiras, incluindo navios e aviões será um Brasileiro. Nossa lei ainda permite que o filho de pai ou mãe Brasileira nascido fora do Brasil seja declarado Brasileiro através de um ato no consulado Brasileiro.

Tyler é cidadão Americano por esse ato declaratório pois herdou da mãe essa cidadania. Os Estados Unidos têm lei similar ao Brasil e ainda permite a cidadania por tempo de residência e por casamento que não é possível no Brasil.

Tyler também é cidadão Polonês pois descende de Mitrofan Demiediuk nascido em Podomsha em 1911. A Polônia possui a Lei de sangue *jus sanguinis* isto é: Não importa onde a criança nasça, pode ser até em Marte. Se ela for filha de pai ou mãe polonês ela será um cidadão polonês transmitindo esta herança geração após geração. Durante os anos algumas regras mudaram, principalmente a que deu o direito às mulheres de transmitirem a cidadania.

Tyler é cidadão italiano pois seu tataravô Alberto Sebastiano Aravecchia nascido em Monte Fiorino em 1865 lhe deu este presente. A Itália também tem a Lei do sangue.

Tyler também é cidadão Espanhol e Português por termos provado nossa árvore até ancestrais perseguidos e expulsos injustamente desses países pela inquisição atendendo aos critérios da Lei do perdão sefardita.

Comece a sua árvore hoje mesmo e dê valor aos seus ancestrais, ensinando seus filhos a propagarem o seu nome e com um pouco de sorte e bastante trabalho você poderá ter outras cidadanias. Lembre-se, você também será um ancestral em breve.

MONTANDO SUA ÁRVORE

A árvore genealógica é a principal ferramenta para se descobrir e manter a história da sua família e indiretamente a história do seu país.

O ponto central da sua árvore deve ser você e preferencialmente não o seu filho. A razão para isso é que ele deve ser estimulado a fazer a própria árvore. Isso pode parecer insignificante visto que logicamente ele vai utilizar toda a sua árvore e em princípio apenas adicionar o próprio nome. E é isso mesmo, só que esse simples ato faz com que ele se envolva e que sinta fazer parte de algo. Como os homens das cavernas que podiam marcar a parede da caverna com a palma da sua mão quando deixava de ser criança. É como um rito de passagem e de envolvimento e encantamento com a história familiar.

De toda forma, envolva o seu filho no processo, na busca e nas descobertas. Ele pode até não gostar hoje, mas isso poderá ter efeitos quando ele for adulto.

Então mãos à obra, pegue um papel e uma caneta, é mais legal do que utilizar um dos sistemas ou apps que mostrarei mais tarde. Este é o seu rascunho inicial.

Em uma folha A4 na posição paisagem vá até o canto esquerdo, desça até o meio da página e desenhe uma caixa com espaço para as seguintes informações:

Id (Identificação);
Nome completo;
Data de nascimento;

Local de Nascimento.

Cada pessoa na sua árvore terá uma caixa e adicionalmente às informações poderão constar: a data e o local de óbito. Vou exemplificar iniciando a árvore pelo meu avô para preservar meus dados pessoais e por isso você vê que já existe a informação de óbito.

```
Id : 1

Severino Ruiz

Nasc: 11/08/1928 Tabatinga SP

Obito: 13/03/1980 Umuarama PR
```

Coloque os seus dados na caixa e quando terminar sinta-se parte da história, você acabou de marcar a parede da caverna com a palma da sua mão.

Agora trace uma linha partindo do meio da caixa em sentido horizontal por cerca de um centímetro. Depois trace uma linha na vertical com interseção com a linha horizontal. A linha vertical deve ficar com um tamanho suficiente para que você desenhe uma caixa em cada extremidade e que haja um pequeno espaço entre as caixas como no exemplo.

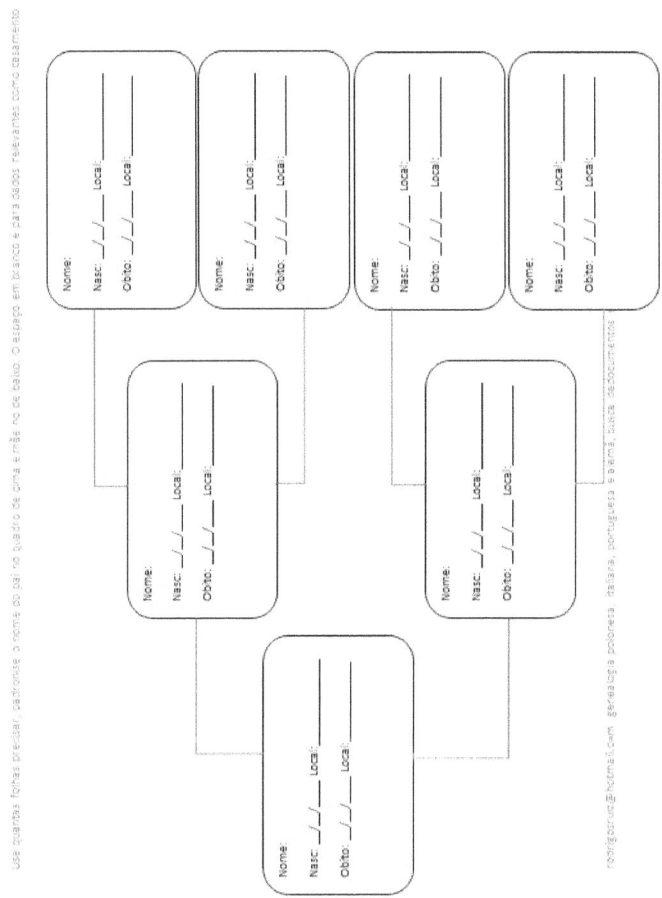

Figura 1 Formulário para organizar a sua árvore genealógica manualmente

Você precisa criar um padrão a partir de agora, vou propor pai na parte superior e mãe na parte inferior, mas isso você pode alterar, até por que você pode ter dois pais ou duas mães. A sua árvore biológica pode ser diferente da sua arvore documental. Caso você seja adotado, nada te impede de fazer duas árvores, cada uma com o seu critério. Só não recomendo misturar os critérios em uma mesma árvore.

Perceba que apenas um teste de DNA pode provar que o seu pai é realmente o seu pai. Testemunhas podem provar a sua maternidade e por isso a ascendência judaica por exemplo só considera a linhagem materna, e testes de DNA como do 23andme podem mostrar qual a sua mãe ancestral 15mil anos atrás.

Como pai é quem cria e documenta, esse livro se baseia em documentos e é praticamente certo que em algum ponto da história isso não represente a verdade biológica para ninguém.

Id : 1.2
Francisco Ruiz Soler
Nasc: 17/08/1903 Puerto Lumbreras, Murcia, Espanha
Obito: 12/11/1959 Bela Vista do Paraíso, PR
Emigrou para o Brasil em 20/08/1908 e casou com Ma.Aravecchia em 22/09/26 em Tabatinga SP

Id : 1.2
Maria Aravecchia
Nasc: 20/12/1905 Boa Esperança do Sul SP
Obito: 02/11/1992 Londrina PR
e casou com Fco. Ruiz em 22/09/26 em Tabatinga SP

No espaço entre as caixas ou na linha que as liga você colocará o local e a data do casamento dos seus pais. E a partir de agora é só repetir o processo, cada pessoa tem duas origens, tradicionalmente pai e mãe. Deve ser fácil descrever até os seus avós. Quando você chegar aos seus primeiros trisavôs, já poderá pensar em utilizar um software para manter a sua árvore. Mostrarei opções mais tarde.

Veja um exemplo resumido da árvore do Severino já utilizando a ferramenta de árvore do ancestry.com apenas com os nomes só para você ter uma referência visual.

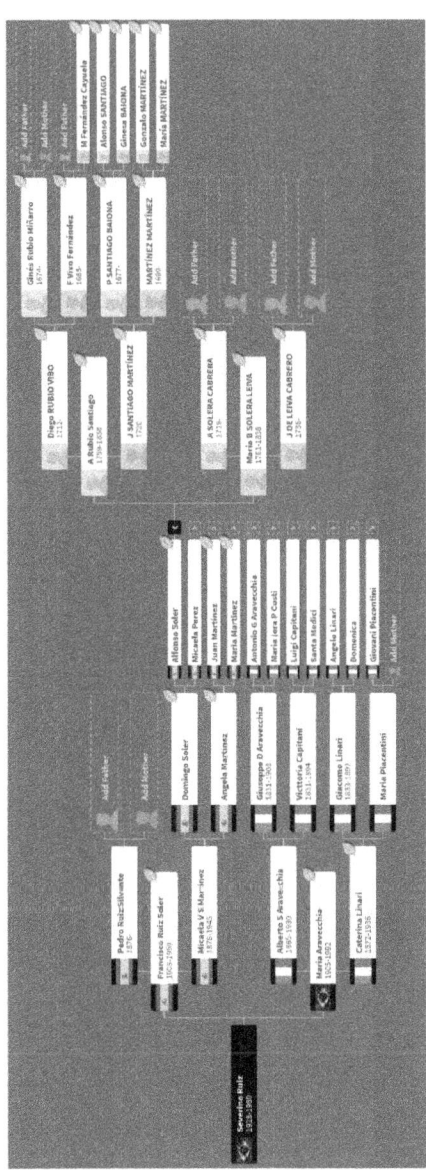

Figura 2 Parte da árvore genealógica do Severino feita no software do ancestry.com

PESQUISA EM FAMÍLIA

Para fazer a sua árvore você precisará de dados que transformará em informação relevante na medida em que os organize de forma clara e sistemática. A análise de padrões é o segredo. Agora vou mostrar para você as principais fontes e dado para que você proceda a sua investigação.

A principal e mais importante fonte de dados pode exigir de você sangue frio, paciência, falta de pudor e estomago forte para engolir sapos inteiros. Mas as vezes pode render mais do que dados e vir acompanhado de perdão e compreensão. Mas também corre o risco de criar animosidades que nem existiam ou piorar as que já existiam.

Não é o Apocalipse (esse é o nome de meu outro livro), estou falando de parentes, o que é bem pior. Vou contar para você o meu conceito sobre quem é quem nas relações familiares.

FAMÍLIA: É composta das pessoas mais próximas do seu dia-a-dia, pessoas com as quais você conta, ama, apoia e se apoia nelas. Em geral é você seus filhos e sua esposa (o) e pets. Eventualmente podem entrar na conta irmãos, primos, pais e tios.

PARENTE: Em geral é a sua sogra e a sogra da sua esposa (o), cunhados, tios, tias, primos, avós e todos os agregados. São pessoas com as quais você tem algum contato, geralmente festas de final de ano ondem fingem que se gostam e o resto do ano que passam criando intrigas e fofocas pelas suas costas.

ANCESTRAL: é todo aquele parente que já morreu e por convenção tem seus pecados e sujeiras perdoadas. Eu amo a minha família, suporto ou não meus parentes e valorizo meus ancestrais.

Quando eu disse que essa galera toda é a mais importante fonte de dados é por que eles viveram a história e você precisa extrair isso deles antes que fiquem senis ou morram. Ou pior, que joguem no lixo, importantes documentos.

A sua informação e eventualmente documento que viabiliza o reconhecimento da sua cidadania pela nação dos seus ancestrais pode estar na mão do seu cunhado, do seu primo em segundo ou terceiro grau ou da sua tia-avó. E para ter acesso a isso e poupar muito tempo e dinheiro você precisará respirar fundo, passar lustra móveis na cara, guardar o seu orgulho próprio na gaveta de cuecas e sorrir como o coringa, mesmo que você tenha que usar Botox para travar uma cara simpática. Você precisará falar com a parentada!

A decisão de que a possibilidade de informação vale mais do que o seu orgulho é a mais importante, daí em diante você precisará de preparação e técnica.

Darei dicas para você extrair o que precisa da parentada, filtrar as mentiras e delírios e ligar os pontos para chegar na verdade.

Um dos maiores receios que os familiares têm é o medo de você estar querendo algum tipo de revisão de herança. O melhor meio de contornar essa situação é você iniciar a pesquisa com pai, mãe e avós, e para cada pessoa que entrar na sua árvore, você deve descrever um breve resumo da história daquela pessoa. Sempre ressaltando as características positivas, as negativas, guarde para você. Faça questão de mostrar suas descobertas nos eventos familiares, crie a sua imagem de pesquisador honesto concentrado em valorizar a história da família. Afinal, é exatamente isso que você é, porém não basta ser, tem que parecer honesto. Faça com que a sua esposa ou marido ajude na divulgação da sua pesquisa. Não peça nada para a parentada neste momento, apenas conte sempre que possível o que você sabe e o que está descobrindo. Provavelmente o seu alvo de interesse ficará sabendo em pouco tempo da sua pesquisa e das intenções positivas dela. Com sorte o entrevistado já estará aguardando o convite para falar o que sabe e mostrar o que tem.

Sua próxima tarefa é preparar-se para a sua missão. Isso implica em entender o contexto em qual você está se colocando, aprender a ouvir, aprender a conduzir a conversa, aprender a questionar sem julgar ou assustar seu entrevistado. Entender que toda família tem podres, pilantras, assassinos, escravos e donos de escravos, traições e baixarias. Mas ninguém, nem mesmo você gosta de expor tudo isso.

A preparação para uma entrevista com parente deve iniciar-se pela sua lição de casa. Ter estudado toda a árvore que você conseguiu fazer por conta própria e com a ajuda dos familiares mais próximos e íntimos. Você deve possuir por escrito uma lista com os nomes de potenciais colaboradores separados por ramo familiar que você pretenda pesquisar. Se o objetivo é saber mais sobre o seu bisavô paterno, você deve concentrar-se nas pessoas em potencial que possam ter informações sobre isso. São eles, seu pai, seu avô a esposa dele e seu bisavô se ele estiver vivo adicione à lista qualquer amigo mais próximo deles. Em seguida vem os irmãos do seu bisavô e suas esposas, e os irmãos do seu pai e suas esposas. Por fim seus primos.

É comum que as esposas te ajudem mais do que o próprio descendente direto. Pois as mulheres têm em geral o hábito de socializar mais e são dotadas de habilidades mentais para memorizar detalhes que serão importantes para você, como datas de aniversários por exemplo. Lembrando que essa afirmação é apenas a minha percepção pessoal da média da população.

Recomendo a aquisição de vários blocos de anotações e que utilize um para cada ramo da família. Os blocos e lápis são sempre muito mais rápidos que qualquer meio digital, seja um smartphone, tablet ou notebook. Repare que em qualquer filme policial, mesmo envolvendo o FBI as informações são colocadas em vários papeis colados na parede e depois ligados com linhas. Olhar um punhado de informações desconexas a uma certa distância te ajuda a identificar padrões e estabelecer as ligações mais prováveis e corretas. Lembre-se que a conversa não pode chatear o entrevistado. Se o entrevistado permitir, você pode gravar a conversa.

No seu bloco tenha já escritas perguntas chave e que mais tem interessam, cada uma em uma folha para que você possa rabiscar as respostas. Isso te ajudará na tradução quando voltar para casa e ver que nem a sua letra será fácil de reconhecer.

Dentre os questionamentos que você fará, tente perguntas objetivas e direcionadas. Vamos imaginar que você irá entrevistar o irmão do seu avô, pois o seu avô já faleceu. Uma sugestão de perguntas iniciais seria:

O senhor sabe o nome dos seus avós? Não utilize "você" com pessoas mais velhas, mesmo parentes. Ao demonstrar respeito, isso deixa o entrevistado mais confortável para abrir-se com você.
O senhor lembra de algo que eles contavam sobre a cidade natal?
Eles tinham muitos irmãos?
O senhor conheceu alguns deles?
Sabe onde eles foram enterrados?
Eles contavam como foi a infância deles?
Como os seus avós se conheceram?
Onde e quando casaram?
Algum deles foi militar?
Algum deles lutou na primeira ou segunda guerra?
Eles tinham apelido?
Eles eram católicos, judeus, ortodoxos?
Havia montanhas onde moravam?
Havia algum rio onde moravam?

Sempre que souber de algum detalhe como lugar ou nome de pessoas adicione à pergunta. Pois é dando que se recebe. Quanto mais informações você der para a pessoa, mais antigos serão os arquivos de memória que ela irá conseguir restaurar. Pergunte sobre aromas e sabores. O cheiro da broa ou cuque assados por uma bisavó pode desencadear uma série de lembranças.

Agora você está pronto para marcar uma conversa. Lembre-se de que você é o interessado então seja simpático (minha esposa vive me dizendo isso) e ajuste o dia a hora e o local de acordo com a conveniência do entrevistado e não a da sua própria.

Se for em um café, vá disposto a pagar a conta. Se for na sua casa, receba-o na sala, mas leve-o para a cozinha. Isso é um sinal universal de boas-vindas e de intimidade. Da mesma forma, se for na casa do entrevistado, sempre o deixe muito à-vontade e se ele te levar para a cozinha, pode ter a certeza de papo produtivo.

Lembre-se que cozinha significa pelo menos um café/chá e um bolinho e não vá matar a tia diabética. Não antes da entrevista pelo menos. Por mais que crianças sejam adoráveis, seja sincero com você mesmo e não tenha dúvidas em arrumar uma atividade externa para os seus filhos durante a tarde da entrevista.

Reserve ao menos meio dia para você dar toda a atenção

necessária.

Evite a todo custo desmarcar o compromisso e muito menos esquecer dele ou chegar atrasado. Sempre prefiro que seja na casa do entrevistado para a comodidade dele e a minha, fica mais fácil de correr se a entrevista for improdutiva. Mas antes de correr lembre-se que você é o maior interessado e é a sua boa vontade e condução da conversa que definirá o sucesso.

Vá vestido de forma natural, mas não vá desleixado e nem muito melhor do que você espera que o seu entrevistado esteja. Tente manter-se como igual. E isto vale para o vocabulário. Se você for visitar um parente de menor nível cultural deve-se portar de forma a não o intimidar usando palavras corretas, mas simples, não seja arrogante nem esnobe. Agora se for o contrário, continue sendo autêntico e não queira ser que não é. Não fique deslumbrado nem submisso.

Existem alguns pontos de controle durante o processo. Ao telefonar para alguém com quem você nunca ou pouco viu ou falou é importante fazer uma introdução. Não precisa contar tudo e nem fazer a entrevista por telefone, mas o que você falar precisa causar o interesse da outra pessoa para que ela aceite o convite para a conversa.

As pessoas verão o seu contato com desconfiança e isso é perfeitamente compreensível e natural, porém é o primeiro obstáculo a superar. Seja honesto com você mesmo e pergunte-se como você é visto pelos seus familiares e se adapte a esta informação.

RODRIGO RUIZ, VICTORIA GANZERT e TYLER GANZERT

ENTREVISTA

Você se preparou, está com seu bloco e caneta em mãos, sabe o que quer e para isso está disposto a engolir sapos gordos e abundantes, então como será a entrevista?
Será algo diferente com certeza e a ideia é fazer todo o possível para que seja um diferente do tipo bom.

Se o parente já tem intimidade com você, tudo será mais simples e será basicamente um bate papo gostoso, de descoberta para os dois e neste caso não há muito o que dizer além de "divirta-se" e não se esqueça do objetivo da visita.

Mas a proporção de parentes íntimos e simpáticos geralmente não é favorável, então é seu dever criar a ponte de confiança e simpatia. Não quero nem saber se você está falando com aquele primo de terceiro grau que te batia quando você era criança. Se for um velho tio que maltratava o seu pai, sorria e aperte a sua mão com respeito. Lembre-se que a pessoa a sua frente pode estar entre você e a informação que te levará ao passado e/ou a uma cidadania estrangeira.

Seja educado e com interesse sincero pergunte como ele e a família estão. Mas não se perca do assunto que te interessa e conduza a conversa com toda a simpatia do mundo. Conte ao interlocutor o porquê da sua visita (resgatar e valorizar a história da família e dos ancestrais em comum) e inicie mostrando o que você já sabe. Ao compartilhar informação você demonstra que não é egoísta e que não tem objetivos ocultos. Isso fará com que o entrevistado se desarme da natural desconfiança, bem como já irá preparar a memória dele para o assunto, relembrando nomes, locais, datas e fatos que se conectarão a tudo o que você estará contando e perguntando.

Você deve situar o entrevistado dentro da sua árvore para que ele visualize claramente a sua conexão com você e possa direcionar os pensamentos para o ancestral comum. Caso você não direcione a conversa mostrando visualmente a árvore genealógica e onde ele e você se situam será comum ele começar a contar a história dos avós maternos dele sendo que vocês só compartilham os avós paternos. Além de perda de tempo para você isso pode gerar uma confusão mental e a mistura errônea de informações.

Comece sempre reforçando os fatos mais recentes, por exemplo se ele é irmão do seu avô falecido, você deve iniciar a conversa perguntando sobre a relação do seu tio avô com o seu avô e outros irmãos, sempre regressivamente, da idade adulta até a infância. O cérebro deve ser condicionado a regressar no tempo gradativamente. Essa técnica é capaz de ordenar os pensamentos e lembranças do entrevistado e facilitam as suas anotações. Evite ir direto ao passado pois você perderá valiosas informações pelo caminho e tornará mais frágil a relação entre você e o entrevistado. Também evite saltos no tempo para frete e para trás. Isso pode induzir e deturpar as informações além de ser insano para ambos.

Não seja apressado, mesmo que você esteja querendo correr dali. O cérebro precisa de tempo para relembrar de fatos, datas, pessoas e locais e muitas vezes fará deduções que não estão gravadas, mas que estarão sendo processadas juntando a necessidade, as lembranças e as informações que você está adicionado a equação.

Você verá que quanto mais informação você dá para uma pessoa, mais ela retorna. É como no filme Jurassic Park onde suas informações equivalem o DNA das rãs utilizadas para completar os buracos que haviam no DNA do dinossauro.

Neste ponto da conversa você já estará obtendo alguma informação que pode ser classificada em três tipos:

Confirmação – onde o entrevistado confirma uma teoria que você tinha formulado ou que outro entrevistado já havia relatado.

Negação – onde o entrevistado apresenta um fato, documento ou relato que vai em sentido oposto à sua teoria ou que conflita em todo ou em parte com o adquirido em outra entrevista.

Novidade – isso ocorre quando o entrevistado apresenta um

dado ou documento completamente novo, por vez surpreendente que você precisará confirmar ou descartar posteriormente.

Durante a entrevista você deve ter cuidado especial quando receber uma negação, não crie uma discussão, apenas anote o relato e peça se possível o nome de mais pessoas que tenham presenciado o referido fato e documentos que possam sustentar a história contada.

Questione sempre propositivamente e nunca para polemizar.

As vezes se você tiver sorte alguns podres familiares serão contados, como de um ancestral que tenha sido condenado por algum crime, isso é mais comum do que você possa imaginar. Se você é racista pode descobrir um ancestral afrodescendente e se você tem pavor da escravidão, poderá descobrir que seus trisavôs possuíam escravos.

Mas você deve estar preparado para boas risadas e lágrimas verdadeiras que são a melhor parte da entrevista. Durante uma entrevista você se emociona e anota mais do que no bloco, você anota coisas em seu coração e sente-se parte da história de alguém.

Anote tudo que for possível, pois essas anotações poderão fazer sentido mais tarde, após outras entrevistas e elementos.

Quando o entrevistador não lembrar o nome de um local, peça para que ele descreva a paisagem, os prédios, rios e montanhas além do clima. As vezes ele lembra que nome da cidade começa com a letra P e isso é relevante.

Se ele não lembrar de uma data, estimule-o para lembrar de algum outro fato da época, como o presidente, uma copa do mundo, um terremoto ou enchente. Tente fatos conhecidos para estabelecer antes ou depois do fato. Foi antes ou depois do Titanic, ou antes ou depois do cometa Halley, quem era o presidente ou o Papa?

Não tenha vergonha de pedir fotos, cartas, documentos pessoais, especialmente passaportes e certidões. Solicite tudo emprestado para tirar cópia e DEVOLVA se possível no mesmo dia ou no dia combinado. Tenha cuidado com o material, delicadeza com as folhas é importante. No caso de passaportes estrangeiros, ponha a mão no bolso corra até o cartório e tire cópias autenticadas com apostila de Haia de todas as folhas. O passaporte estrangeiro é a principal prova de nacionalidade estrangeira e essencial nos pedidos de reconhecimento de cidadania.

Agradeça com sinceridade e deixe as portas abertas para uma nova conversa no futuro.

Existem casos onde as coisas não dão certo, você tem certeza de que o cidadão tem o documento que você quer, mas ele afirma que não tem ou que ele foi perdido ou levado pela chuva. Chega a um ponto em que não há o que fazer e você deve seguir em frente. Isso aconteceu comigo e me fez gastar muito dinheiro, tempo e suor para encontrar na Bielorrússia o documento que eu precisava para a cidadania polonesa. Desista do parente, mas não desista do ancestral e encontre outro caminho.

Em casa o seu trabalho será descartar o que é inútil, separar cada informação por pessoa de interesse e ligar os pontos e estabelecer conexões. Pessoas, locais e datas são importantes, e tudo que disser respeito a uma pessoa também como por exemplo a sua profissão, um clube que frequentou, uma igreja que fundou, um irmão. Se você não sabe a cidade onde nasceu seu bisavô, mas descobrir a cidade onde o irmão dele nasceu, você já sabe algo importante. Saber que você não sabe alguma coisa também é importante.

Todos os indícios coletados devem ser investigados e colocados a prova. Eles devem dar sentido a um conjunto para que possam ser dados como provavelmente verdadeiros.

CARTÓRIOS

Os cartórios são uma fonte vital de informações recentes. No Brasil o registro civil começou a se desligar da igreja a partir de 1874 e a partir de 1889 passou a ser obrigatório substituindo de vez a função que até então era da Igreja Católica desde o descobrimento e de outras Igrejas como as Luteranas desde 1863.

É importante você conhecer esses fatos para direcionar as suas buscas por informações e documentos. Alguns países só reconhecerão documentos emitidos por cartórios dependendo da data do nascimento ou casamento. Por exemplo uma certidão de batismo fornecido pela Cúria da Igreja Católica referente ao ano de 1905 serve para você colher informações, porém não é aceita pelo governo italiano para o processo de reconhecimento de cidadania. Mas serve como prova em um processo da Federação das Comunidades Judias da Espanha e a Comunidade Israelita de Lisboa.

Infelizmente, existe muita falha nos registros até os anos 1920. Veja o caso da minha bisavó dona Maria Aravecchia, ela nasceu em 20 de dezembro de 1905 e foi batizada em 18 de fevereiro de 1906. Para o meu processo de cidadania italiana essa certidão não serve. Durante a vida e até na morte foi feita uma mistura de datas e seus documentos como CPF ficaram com a data de 20/12/1906 isto é, dia e mês corretos e ano errado, o ano do batismo. Este fato foi relevante durante o processo na justiça Brasileira que me permitiu requerer ao cartório a expedição de uma certidão de nascimento para a minha bisavó.

Você deve saber que existem 3 tipos básico de certidões: nascimento, casamento e óbito. Elas podem ser emitidas de três formas diferentes: Simples e Inteiro Teor e Negativa, veja as imagens de cada uma delas ao final do capítulo. A diferença das modalidades é que a certidão de inteiro teor pode possuir mais dados e detalhes além é claro de ser mais cara enquanto a negativa declara a inexistência de dados naquele cartório.

Quando você requisitar a sua certidão, ao recebê-la verifique todos os dados pois como eles são digitados com base na leitura do texto manuscrito feito no início do século XX, a caligrafia pode não ajudar e erros nos nomes, datas e locais podem acontecer e antes da emissão final da certidão você pode solicitar a correção. Alguns cartórios ainda podem corrigir pequenos erros presentes no documento original, mas outros irão negar e a correção deverá ser judicial.

Outro serviço que será necessário solicitar ao cartório em casos de processos de cidadania é o apostilamento de Haia. Você pode obter informações detalhadas no site do Conselho Nacional de Justiça www.cnj.jus.br ou na maioria dos cartórios de registro civil das grandes cidades e o preço varia enormemente entre os estados partindo de R$30,00 em Santa Catarina até R$120,00 em São Paulo. O apostilamento de Haia é a aplicação de um selo enorme no verso do documento atestando a veracidade do documento e que dá ao documento validade e reconhecimento internacional.

Algo interessante oferecido por alguns estados é o serviço de busca por regionais. Funciona assim: Você sabe que o seu ancestral nasceu, casou ou morreu na região de Sorocaba, SP, mas não tem certeza da data ou do município. Você pode ir a qualquer cartório de registro civil do estado de SP e solicitar uma busca. Uma mensagem será emitida por um sistema integrado dos cartórios do estado de SP e em torno de 20 dias você terá a resposta se algum deles localizou o registro. Mas lembre-se que a busca é feita lendo-se um livro velho e manuscrito folha a folha por um estagiário em um período limitado a 10 anos. Caso a resposta seja negativa, tenha em mente que o registro não foi localizado e não necessariamente que o registro não exista. Persistência é parte da sua tarefa.

Quando entrei na justiça Brasileira para requerer o direito de uma certidão de nascimento para a minha bisavó eu tive que solicitar ao cartório uma Certidão Negativa de Nascimento. Para emitir esta certidão o cartório será muito cuidadoso e não deixará na mão de um estagiário.

Quando for procurar em um cartório ou ler um livro antigo de registros, lembre-se que a data do registro é diferente da data do nascimento ou do óbito que são feitos sempre posteriormente ao fato e principalmente quanto ao nascimento a diferença pode ser de semanas, meses ou anos. A pessoa pode ter nascido em 01/05/1903 e ter sido registrada em 27/07/1905. Além disso os pais podem ter informado a data correta de nascimento ou não. Então ao fazer a busca, você deve fazê-la desde 01/01/1900 até 31/12/1907. Isso porque você em geral não tem certeza destas datas. Mas primeiramente procure nas duas datas prováveis, a data do nascimento e a data do registo que você tenha conseguido de um outro documento ou relato.

Casamentos em geral são atos presenciais e simultâneos, isto é, ocorrem no dia em que são registrados facilitando a busca. Mas lembre-se de não confiar em datas lembradas por parentes, elas apenas te dão o ponto de partida para a pesquisa. O fato de você não encontrar na primeira busca, não significa que o registro não esteja lá ou que não tenha sido feito. As vezes a data é outra e as vezes o cartório ou município é outro. A geografia política, os nomes dos vilarejos e municípios e países além de suas fronteias mudam com o tempo.

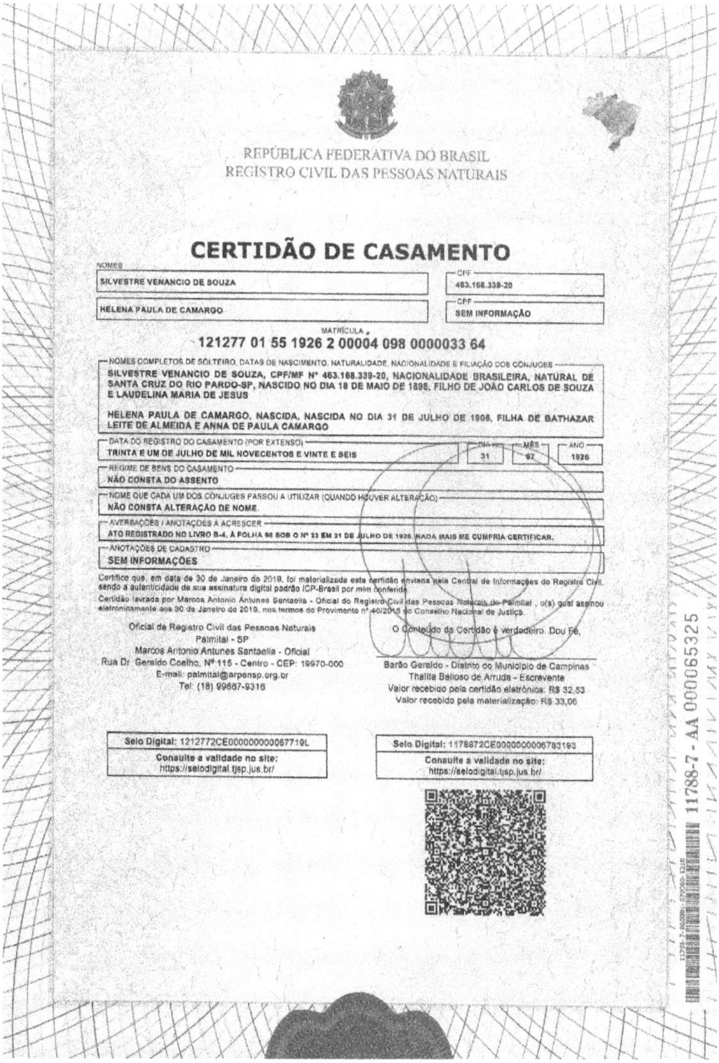

REPÚBLICA FEDERATIVA DO BRASIL
REGISTRO CIVIL DAS PESSOAS NATURAIS

CERTIDÃO DE CASAMENTO

NOMES

SILVESTRE VENANCIO DE SOUZA — CPF: 463.168.339-20

HELENA PAULA DE CAMARGO — CPF: SEM INFORMAÇÃO

MATRÍCULA

121277 01 55 1926 2 00004 098 0000033 64

NOMES COMPLETOS DE SOLTEIRO, DATAS DE NASCIMENTO, NATURALIDADE, NACIONALIDADE E FILIAÇÃO DOS CONJUGES

SILVESTRE VENANCIO DE SOUZA, CPF/MF Nº 463.168.339-20, NACIONALIDADE BRASILEIRA, NATURAL DE SANTA CRUZ DO RIO PARDO-SP, NASCIDO NO DIA 18 DE MAIO DE 1898, FILHO DE JOÃO CARLOS DE SOUZA E LAUDELINA MARIA DE JESUS

HELENA PAULA DE CAMARGO, NASCIDA, NASCIDA NO DIA 31 DE JULHO DE 1906, FILHA DE BATHAZAR LEITE DE ALMEIDA E ANNA DE PAULA CAMARGO

DATA DO REGISTRO DO CASAMENTO (POR EXTENSO): TRINTA E UM DE JULHO DE MIL NOVECENTOS E VINTE E SEIS — DIA: 31 — MÊS: 07 — ANO: 1926

REGIME DE BENS DO CASAMENTO: NÃO CONSTA DO ASSENTO

NOME QUE CADA UM DOS CONJUGES PASSOU A UTILIZAR (QUANDO HOUVER ALTERAÇÃO): NÃO CONSTA ALTERAÇÃO DE NOME.

AVERBAÇÕES / ANOTAÇÕES A ACRESCER: ATO REGISTRADO NO LIVRO B-4, À FOLHA 98 SOB O Nº 33 EM 31 DE JULHO DE 1926. NADA MAIS ME CUMPRIA CERTIFICAR.

ANOTAÇÕES DE CADASTRO: SEM INFORMAÇÕES

Certifico que, em data de 30 de Janeiro de 2019, foi materializada esta certidão enviada pela Central de Informações do Registro Civil, sendo a autenticidade de sua assinatura digital padrão ICP-Brasil por mim conferida.

Certidão lavrada por Marcos Antonio Antunes Santaella - Oficial do Registro Civil das Pessoas Naturais de Palmital, o(s) qual assinou eletronicamente aos 30 de Janeiro de 2019, nos termos do Provimento nº 46/2015 do Conselho Nacional de Justiça.

Oficial de Registro Civil das Pessoas Naturais
Palmital - SP
Marcos Antonio Antunes Santaella - Oficial
Rua Dr. Geraldo Coelho, Nº 115 - Centro - CEP: 19970-000
E-mail: palmital@arpensp.org.br
Tel: (18) 99667-9316

O Conteúdo da Certidão é verdadeiro. Dou Fé,

Barão Geraldo - Distrito do Município de Campinas
Thalita Belloso de Arruda - Escrevente
Valor recebido pela certidão eletrônica: R$ 32,53
Valor recebido pela materialização: R$ 33,06

Selo Digital: 1212772CE0000000000067719L
Consulte a validade no site:
https://selodigital.tjsp.jus.br/

Selo Digital: 1178872CE0000000006783193
Consulte a validade no site:
https://selodigital.tjsp.jus.br/

11788-7 - AA 000065325

Figura 3 Certidão de casamento simples.

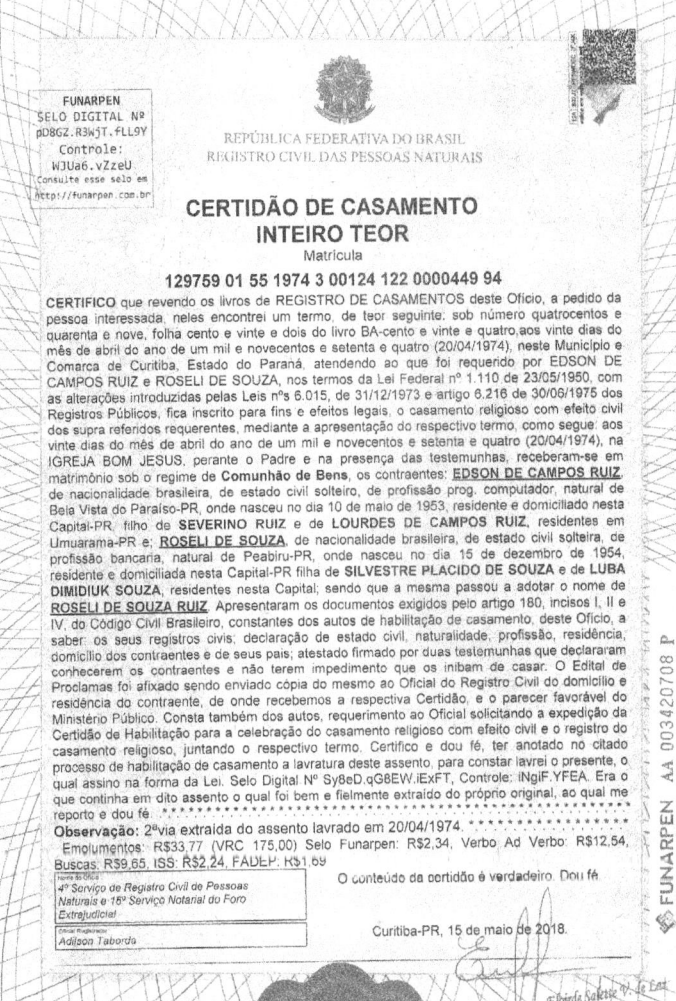

Figura 4 Certidão de casamento de inteiro teor.

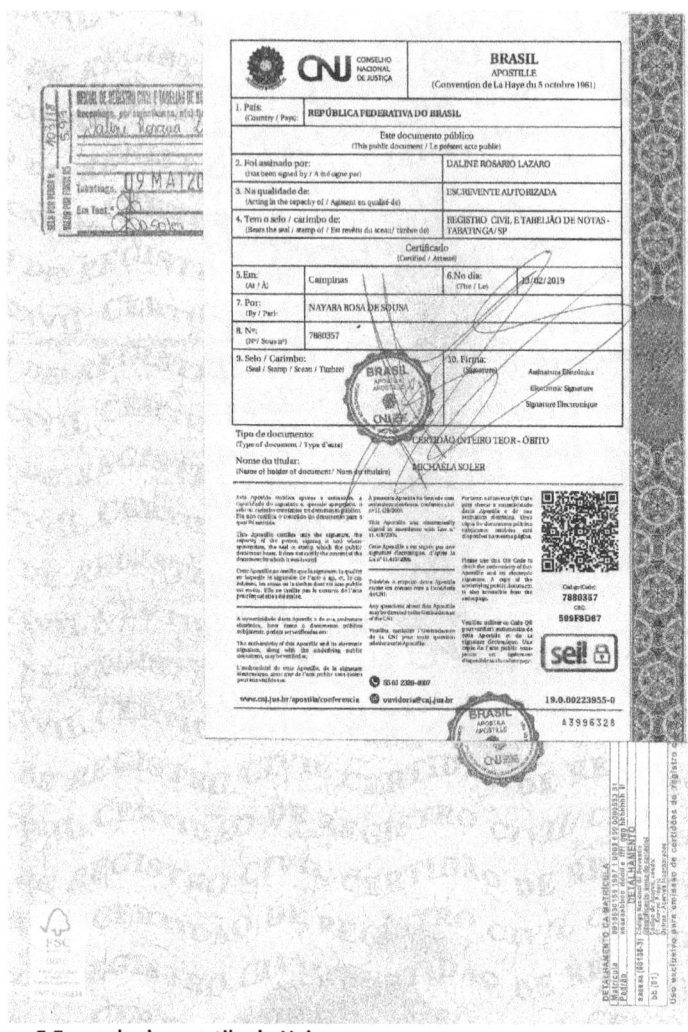

Figura 5 Exemplo de apostila de Haia.

REPÚBLICA FEDERATIVA DO BRASIL
REGISTRO CIVIL DAS PESSOAS NATURAIS

CERTIDÃO NEGATIVA DE REGISTRO DE NASCIMENTO

CERTIFICO e dou fé, que revendo os livros de registros de **NASCIMENTO** deste Oficial de Registro Civil das Pessoas Naturais e Tabelionato de Notas do Município de Boa Esperança do Sul, Comarca de Ribeirão Bonito, Estado de São Paulo, no período compreendido entre 07/09/1901 á 07/08/1915, não foi encontrado assento de nascimento em nome de *Maria Linari Aravecchia*.

Certifico, ainda que foi realizado a consulta na Central do Registro Civil – CRC Arpen SP, com o resultado **NEGATIVO**, conforme código hash:
77ec.27b9.01d9.ed13.fa8c.51d4.51c7.6aaf.88d4.c1f7

O referido é verdade e dou fé.
Boa Esperança do Sul-SP, 22 de Março de 2.018.

Thaís Braga Marrochi
Substituta do Oficial

Emolumentos	R$	12,81
I PESP	R$	0,38
ISS	R$	2,56
Total	R$	15,75

Figura 6 Exemplo de certidão negativa de nascimento.

RODRIGO RUIZ, VICTORIA GANZERT e TYLER GANZERT

IGREJAS

Todo cidadão e pesquisador deve agradecer as Igrejas. Não importa a religião, todas elas têm o costume milenar de manter registros de batismo, casamento e óbito dos seus fiéis. Mas eu não poderia deixar de fazer um agradecimento especial aos Mórmons. Mais do que manter registros, eles têm investido milhões de dólares em recursos financeiros, tecnológicos e humanos para disponibilizar gratuitamente a genealogia humana. Para que você tenha ideia, eles têm um cofre gigante enterrado sob uma montanha perto de Salt Lake City, Utah nos Estados Unidos onde guardam milhares de microfichas e bilhões registros físicos e de livros digitalizados cedidos por igrejas de várias religiões e cartórios pelo mundo todo.

Devido a sua idade e questões culturais, no Brasil, Itália, Polônia, Portugal e Espanha a Igreja Católica é a maior fonte de dados. Com a chegada dos primeiros alemães a Igreja Luterana passou a ter importância para essa comunidade especialmente no sul do país.

Os registros antigos de cada paróquia são concentrados nas Cúrias e será necessário que você primeiramente identifique qual paróquia fez o registro do seu ancestral e faça algumas ligações para a Igreja e descobrir qual Cúria concentra os registros daquela paróquia. Você conseguirá essa informação em no máximo 3 ligações.

O que pode prejudicar a sua pesquisa são incêndios, enchentes e traças que podem ter destruído os registros que você procura. No exterior guerras também sepultaram as informações de muitas pessoas.

Visitar o cemitério onde seus ancestrais possivelmente estão sepultados também pode contribuir para a sua pesquisa e para uma ligação mais pessoal a eles.

É muito comum ter dificuldade na leitura de livros de batismo, casamento e óbito devido a caligrafia do pároco e a linguagem da época. Para facilitar a sua vida, você deve identificar os padrões de um registro e saber que todos serão similares. Identifique na imagem abaixo. Micaela de Domingo Soler e Angela Perez. Este é o batismo de Micaela, filha de Domingo e Angela. Dentro do texto você encontrará sempre uma mesma introdução indicando a paróquia e a data escrita toda de forma cursiva o que dificulta bastante. E encontrará sempre nas mesmas posições os nomes da pessoa que está sendo batizada, seus pais e avós e sua procedência. Quando for ler um livro de 300 páginas, você fixará seus olhos nas posições onde encontram-se os nomes que você procura. O registro mostrado abaixo foi feito na Espanha onde sempre se utiliza nome e sobrenome. No Brasil a tradição portuguesa apresenta apenas o primeiro nome da criança, deixando o sobrenome vago podendo ser qualquer composição entre os sobrenomes do pai, da mãe ou dos padrinhos. Somente no casamento é possível verificar o sobrenome adotado pela pessoa. Para quem descende de espanhóis também é importante notar a tradição de passagem de sobrenomes espanhóis onde após o nome vinha o sobrenome do pai e depois o sobrenome da mãe. Note que é o inverso da ordem padrão da tradição portuguesa onde o último sobrenome é o do pai. No Brasil isto causou confusão e mistura, devendo você considerar qualquer variação na pesquisa.

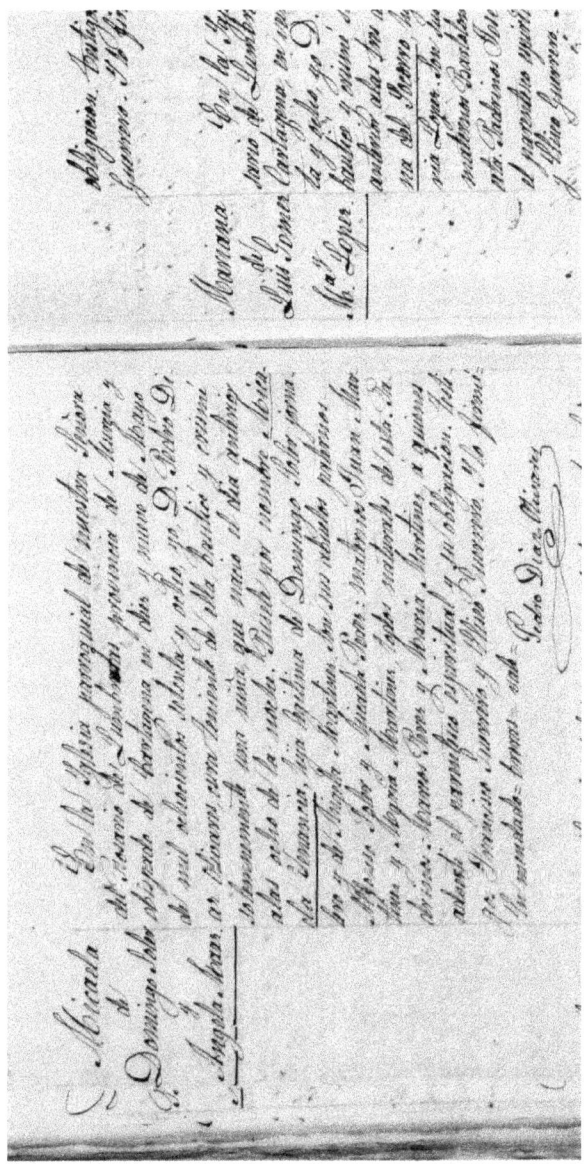

Figura 7 Exemplo de livro de registro de batismos onde aparece a minha trisavó Micaela Soler

MITRA DIOCESANA DE SÃO CARLOS
ARQUIVO DIOCESANO DE SÃO CARLOS - ESTADO DE SÃO PAULO
CNPJ 45.356.292/0001-38

CERTIDÃO DE BATISMO – PROTOCOLO nº 264/2018

Certifico, que no livro: **09.03.56** - Folha: **019**; Assento **045**; de registros de Batismo na Paróquia **Matriz São Sebastião**, cidade de **Boa Esperança do Sul**, Estado de São Paulo, desta Diocese de São Carlos, Estado de São Paulo, Brasil, encontra-se o seguinte teor que passo a transcrever:

"Aos dez e oito de Fevereiro de mil novecentos e seis, baptizei(sic) solennemente(sic) MARIA, nascida no dia 20 de Dezembro, filha legítima de Alberto Aravechia e Catherina Linari. Padrinhos, Antonio Elias e Avelino Garcia".

Padre Nicolau Florin.

Nada mais havia, Dou fé.

CÚRIA DIOCESANA DE SÃO CARLOS, 22 de Maio 2018.

Diácono **CARLOS ALBERTO PAVAN**
RG.: 12.717220 – SSP-SP
Diretor do Arquivo Diocesano

Av. Dr. José Pereira Lopes, 396 - Vila Prado - CEP 13574-380 - São Carlos - SP - Fone (16) 3419-7717

Figura 8 Certidão de batismo da minha bisavó Maria Aravecchia expedido pela Cúria de São Carlos SP

FAMILYSEARCH.ORG

Entre a sua família e os livros de Silva Leme e Francisco Negrão existe um limbo que será preenchido com informações dos cartórios, igrejas e com os bilhões de registros catalogados por mais de 100 anos pelo familysearch.org.

> A Igreja de Jesus Cristo dos Santos dos Últimos Dias é o principal patrocinador dos serviços do FamilySearch. Nosso compromisso de ajudar as pessoas se conectar com seus antepassados está enraizado em nossas crenças de que as famílias devem ser o ponto central de nossa vida e que o relacionamento familiar pode continuar além desta vida. https://www.familysearch.org/home/about

Criar uma conta e acessar a base de dados indexada é rápido simples e completamente grátis, além de você poder contribuir com documentos e com a indexação dos registros.

O que a grande maioria dos usuários do site não sabem, é o acesso as bases não indexadas. Bases não indexadas são livros em sua maioria manuscritos que foram digitalizados e ainda não passaram pelo processo manual de leitura de cada registro e cadastro do índice pesquisável, nestes casos não existe aquele campo onde você filtra o nome, local e data e tudo aparece pronto na sua tela.

O incrível é que você pode folhear o livro página por página, ler cada certidão de óbito até encontrar a do seu ancestral. Você vai chorar com as coisas que irá ler. As pessoas morriam de "Moléstia, dor de dente, dor de barriga, ataque de animais" e coisas impensáveis para o mundo de hoje.

Você verá como a mortalidade infantil era gigantesca e apavorante.

Para acessar esta área fantástica do site que em minha opinião é a mais legal, pois te põe para trabalhar, você deve entrar no sistema e depois acessar a opção pesquisar/ Registros. Em seguida você verá um mapa, então escolha o país como por exemplo o Brasil. Você verá a direita o título Registros Históricos Indexados, você deverá rolar a tela até encontrar o título Registros Históricos não Indexados.

Pronto agora é só navegar pelas coleções existentes. No Paraná você encontrará os registros de cartórios e da Igreja Católica. Em São Paulo, Bahia e outros estados você terá os registros da Igreja Católica e alguns outros. A coleção disponível de dados Brasileiros em 11/03/2019 é a seguinte:

Brasil Batismos, 1688-1935, 3.437.62114 registros
Brasil Casamentos, 1730-1955, 470.22711 registros
Brasil Óbitos, 1750-1890, 43.9317 registros
Brasil, Bahía, Registros da Igreja Católica, 1598-
Brasil, Ceará, Registros da Igreja Católica, 1725-1971
Brasil, Maranhão, Registros da Igreja Católica, 1673-1962
Brasil, Minas Gerais, Belo Horizonte, Registros de Cemitérios Municipais, 1897-2012
Brasil, Minas Gerais, Registros da Igreja Católica, 1706-1999, 161.50715 registros
Brasil, Paraná, Registro Civil, 1852-1996
Brasil, Paraná, Registros da Igreja Católica, 1704-2008
Brasil, Paraíba, Registro Civil, 1879-2007 1.949.74518
Brasil, Paraíba, Registros da Igreja Católica, 1731-2013
Brasil, Pará, Registros da Igreja Católica, 1930-1976
Brasil, Pernambuco, Registro Civil, 1804-2016, 8.068.93920 registros
Brasil, Pernambuco, Registros da Igreja Católica, 1762-2002
Brasil, Piauí, Registro Civil, 1875-2014, 1.811.26427 registros
Brasil, Rio Grande do Norte, Registros da Igreja Católica, 1788-1967
Brasil, Rio Grande do Sul, Registros Diversos, 1748-1998

Brasil, Rio Grande do Sul, Registros da Igreja Católica, 1738-1952
Brasil, Rio de Janeiro, Registro Civil, 1829-2012, 5.802.1737 registros
Brasil, Rio de Janeiro, Registros da Igreja Católica, 1616-1980
Brasil, Santa Catarina, Registro Civil, 1850-1999
Brasil, Santa Catarina, Registros da Igreja Católica, 1714-1977, 447.8327 registros
Brasil, Sergipe, Registros da Igreja Católica, 1785-1994
Brasil, São Paulo, Registro Civil, 1925-1995, 13.41231 registros
Brasil, São Paulo, Registros da Igreja Católica, 1640-2012
Brasil, São Paulo, São Paulo, Registros de Sepultamento, 1858-1977

A atualização é constante e se você representa alguma entidade que possui um acervo ligado a família, entre em contato com o familysearch.org, eles podem ajudar a sua instituição na digitalização e preservação do acervo. Muitas paróquias, ainda não digitalizaram o seu acervo que corre riscos de perda total em incêndios, enchentes, vandalismo, traças e bolor. Fale com o pároco da sua congregação e ajude a preservar a história da sua comunidade.

Imagens de registros históricos não indexados

Não consegue encontrar os registros de seus antepassados durante a pesquisa? Experimente nossas coleções que ainda não foram indexadas. Selecione uma coleção para começar a pesquisar as imagens.

Nascimento, casamento e óbito: Os primeiros 5 resultados - Todos os 17 resultados	Imagens	Última atualização
Brasil, Bahia, Registros da Igreja Católica, 1598-2007	368,634	18 de jun de 2014
Brasil, Ceará, Registros da Igreja Católica, 1725-1971	774,950	18 de jun de 2014
Brasil, Maranhão, Registros da Igreja Católica, 1673-1962	41,812	18 de jun de 2014
Brasil, Minas Gerais, Belo Horizonte, Registros de Cemitérios Municipais, 1897-2012	150,972	6 de dez de 2013
Brasil, Paraná, Registro Civil, 1852-1996	1,689,031	18 de jun de 2014
Imigração e naturalização: Mostrando todos	**Imagens**	**Última atualização**
Brasil, Bahia, Salvador, Relações de passagieros e imigrantes, 1855-1964	38,990	5 de set de 2014
Brasil, São Paulo, Porto de Santos, Relações de Passageiros e Imigrantes, 1960-1982	125,208	12 de dez de 2013
Brasil, São Paulo, Registros da Hospedaria dos Imigrantes, 1882-1925	37,565	25 de set de 2012

Figura 9 Tela de acesso as coleções não indexadas do familysearch.org

Brasil, Paraná, Registro Civil, 1852-1996 ▼ Araucária › Araucária ›	
Tipo de Registro e Anos	Visualizac
Índice de Nascimentos 1852-1891	Matrimônios 1938, Fev-1941, Jul
Matrimônios 1876, Fev-1887, Nov	Matrimônios 1941, Jul-1944, Jul
Matrimônios 1889, Jan-1900, Mar	Matrimônios 1944, Jul-1948, Abr
Matrimônios 1900, Abr-1906, Fev	Matrimônios 1948, Abr-1951, Jun
Matrimônios 1906, Fev-1910, Jan	Nascimentos 1852, Jan-1888, Dez
Matrimônios 1910, Jan-1913, Abr	Nascimentos 1876, Jan-1879, Nov
Matrimônios 1913, Abr-1916, Mar	Nascimentos 1888, Dez-1892, Dez
Matrimônios 1916, Abr-1919, Ago	Nascimentos 1892, Dez-1901, Ago

Figura 10 Seleção do livro para leitura no familysearch.org

Ao selecionar os registros civis do Paraná e depois A Cidade de Araucária poderemos ver neste exemplo cada um dos livros com o tipo de registro e período. Agora é só ampliar a tela para sua leitura e ler até encontrar o que busca. Algumas coleções possuem um livro de índice, procure por este primeiro. O seu conteúdo indicará o livro correto para você ir direto na página. Em outros casos existe um índice no início ou no final do livro que você escolher, se existir, o índice salvará muito do seu tempo. Quando encontrar o que procura utilize os botões do lado superior direito para baixar a imagem e salve o arquivo com um nome bem sugestivo como por exemplo. CCJosé_e_Maria_pais_de_Joaquim_e_filhos_de_Pedro_e_Anna_e _Francisco_e_Maria_cartorio_araucaria_livro_matrimonios_1889_j an_1900_mar_pagina_100. Parece chato? Chato vai ser você precisar encontrar esse registro novamente. Lembre-se que para cidadania você precisará com base nessa imagem solicitar ao cartório ou a cúria uma certidão válida. Saber o livro e a página facilitará a vida do cartório da Igreja e sua, pois o documento virá mais rápido e correto.

DICA: não se apegue ao nome e sobrenome. A verdade é que ninguém entendia a polacada. Meu bisavô nasceu Mitrofan Dimidyuk, na Polônia de 1918 virou Mitrofan Demediuk e no Brasil Mitrofan Dimidiuk, mais conhecido como Miguel. No registro dele nos arquivos de SP consta Mitrofan Duniedink. Então se não encontrou seu ancestral, tente variações fonéticas do nome dele. A coisa piora com nomes transliterados do russo ou mesmo polonês com letras fora do nosso alfabeto.

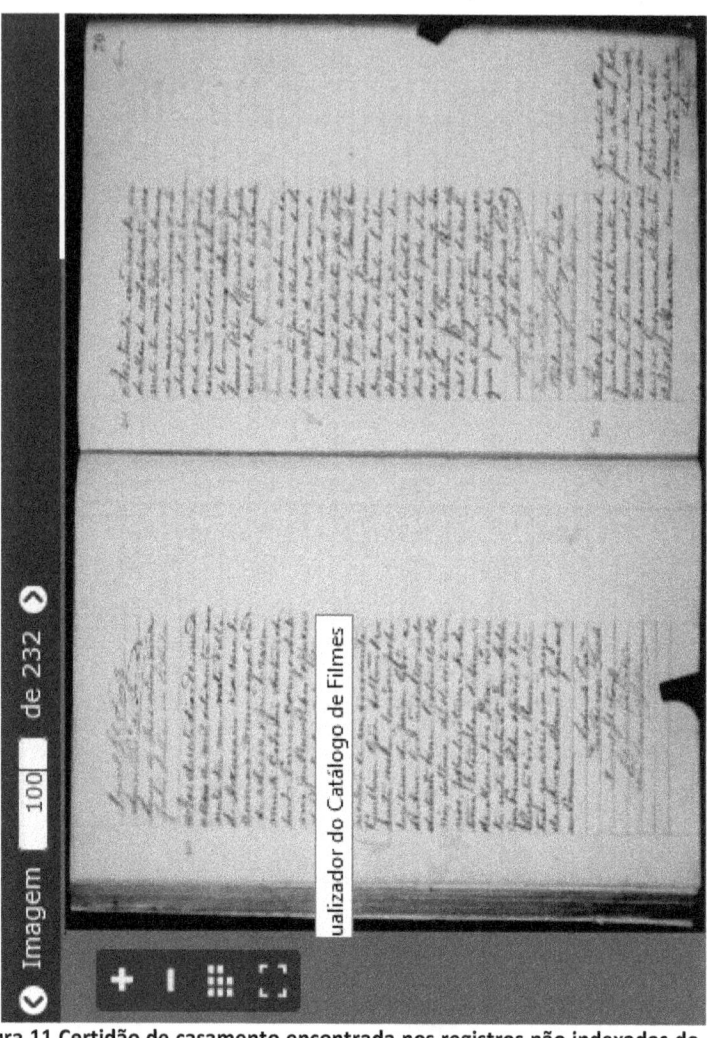

Figura 11 Certidão de casamento encontrada nos registros não indexados do familysearch.org

ARQUIVOS

O Brasil está muito à frente de outros países na digitalização de bases de dados de imigrantes. Algo que não ocorre na Itália por exemplo, onde não é interesse do governo e população local facilitar a pesquisa ao público comum. Já no Brasil o sentimento de ligação com o passado devido a nossa formação cultural miscigenada é bem proativo o que torna possível várias iniciativas de dar acesso público aos documentos.

No site do Arquivo Nacional e presencialmente no Rio de Janeiro você pode ter acesso a pesquisa indexada e pesquisa física dos documentos, incluindo os livros de bordo dos navios que traziam os imigrantes e as vezes cópias de seus passaportes e outros documentos.

Basta você pesquisar na internet por "Entrada de Estrangeiros Arquivo Nacional" e será levado ao site que permite a pesquisa.

O Arquivo Nacional é uma das principais fontes de documentos para quem deseja uma cidadania estrangeira. Quando você possuir informações suficiente você pode ir até o Rio de Janeiro solicitar uma busca de registros ou fazer isso pela internet e receber o resultado pelo correio. A diferença é o prazo de dias para pesquisa local e meses para a pesquisa pela internet.

Outro grande centro de pesquisa são os livros da Hospedaria dos Imigrantes preservados pelos Arquivos Públicos do Estado de São Paulo, passagem certa de quem passou por São Paulo, mesmo que tenha desembarcado no Rio de Janeiro.

O Estado do Paraná também possui um site para pesquisa dos

imigrantes que desembarcaram em Paranaguá e centros de cultura Polonesa, Ucraniana, Japonesa e Italiana e Alemã. Curitiba e São Paulo concentram muitos sedes e subsedes de consulados europeus devido ao grande volume de imigrantes instalados nessas regiões.

Existem ainda listas encontradas na própria internet dos imigrantes que chegaram no porto de São Francisco do Sul, especialmente alemães desde 1860. É bem gostoso ler essas listas. Nelas descobri que os tataravôs da minha esposa viajaram no mesmo navio com os meus tataravôs.

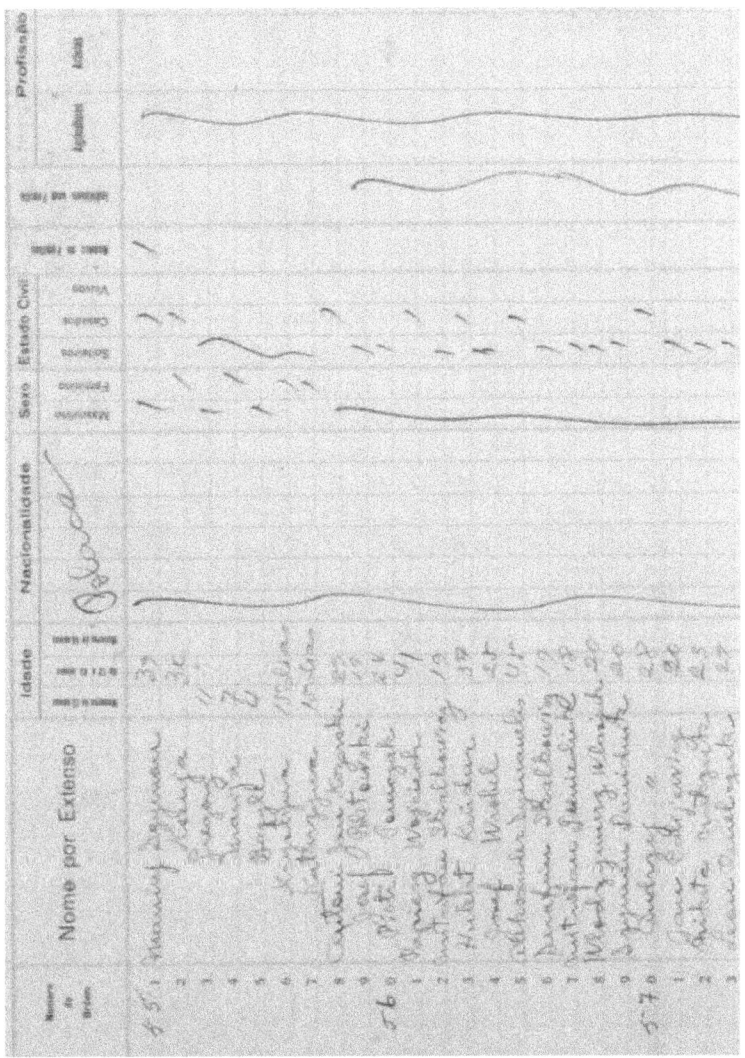

Figura 12 Esta é uma reprodução da folha do livro de registros da Hospedaria do Imigrante onde meu bisavô Mitrofan chega ao Brasil, emigrando da Polônia.

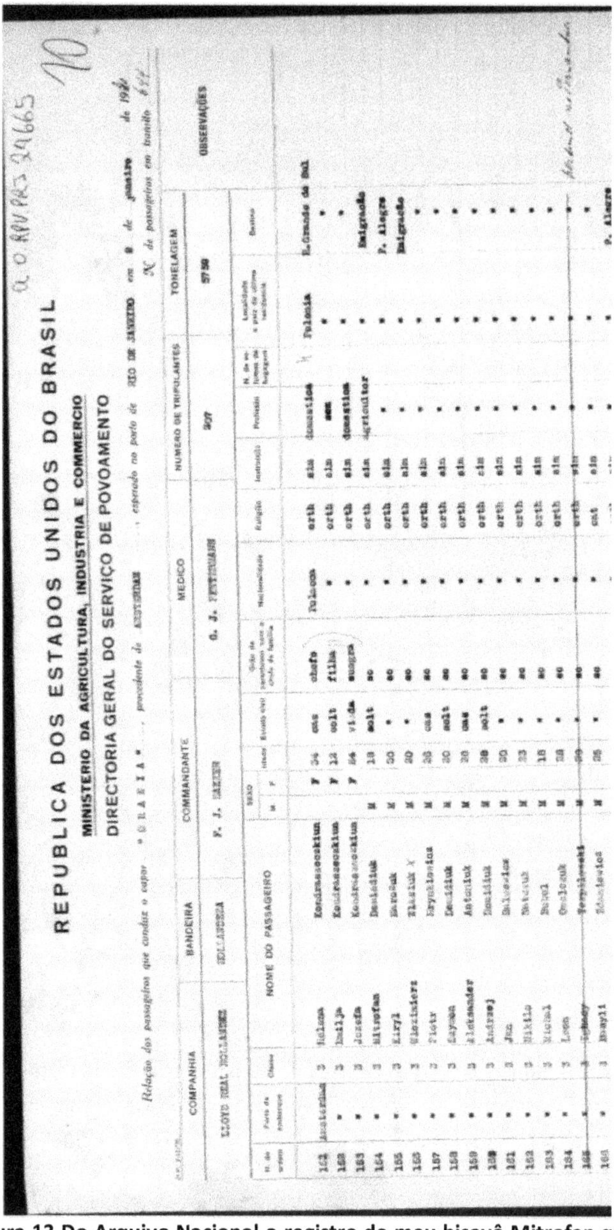

Figura 13 Do Arquivo Nacional o registro do meu bisavô Mitrofan que viajou no navio Orânia saindo da Europa e 1929 e chegando ao Brasil em 1930

As bibliotecas são um mundo à parte, lembro quando minha esposa visitou a biblioteca de Araucária no Paraná e voltou toda animada com informações que só existiam lá. Autores locais com livros de pequena tiragem contam histórias magnificas. Programe uma visita à biblioteca do vilarejo onde seus ancestrais viveram. Os tesouros não estão na internet. A Biblioteca do Colégio Brasileiro de Genealogia é fonte de livros raros somente para associados.

Prefeituras e assembleias legislativas estaduais e municipais também detém uma série de registros históricos e políticos, você ficará surpreso ao descobrir que já teve algum ancestral político e muita informação pode ser extraída desses registros.

Um acervo digital maravilhoso está disponível on-line no site da Hemeroteca Nacional http://bndigital.bn.gov.br/hemeroteca-digital/

Você encontrará jornais e revistas do Brasil antigo desde o Império.

O Museu da Imigração em São Paulo e a Casa da Cultura Polonesa em Curitiba são alguns dos exemplos de museus com acervos pesquisáveis. Mas você tem grandes chances de encontrar algo interessante sobre a sua família em pequenos museus em cidades pequenas do interior Brasileiro, perto de onde era o dia-a-dia dos seus familiares.

Nas bibliotecas você também encontrará as duas principais obras de genealogia do Brasil, Genealogia Paulistana de Silva Leme e Genealogia Paranaense de Francisco Negrão. Esses dois autores entre outros pesquisaram diretamente nos documentos originais para catalogar a história das famílias Brasileiras que fundaram Sao Paulo, Curitiba e todas as cidades do interior espalhando-se pelo Brasil. Se você tem origens ibéricas, em algum ponto sua pesquisa vai te levar os nomes que aparecem nesses livros.

No momento da busca em arquivos públicos e privados é necessário que você se transporte mentalmente para a época e cultura em questão. Da mesma fora que sobrenomes espanhóis possuem uma regra, no passado alguns costumes locais e a língua variam com o passar dos anos. Tem um ramo da minha família que está um tanto estagnado, seja por falta de informação, seja por priorização ou mesmo pelo simples fato de que outros ramos estão tomando o meu tempo.

Gabriel de Campos Ribeiro é avô paterno da minha avó paterna, isto é, ele é meu trisavô. Por hora descobri que ele nasceu em Avaré, antiga Bom Sucesso em SP, ele foi casado com Maria Nery Ferreira e teve ao menos um filho Joaquim de Campos Ribeiro, pai da minha avó Lourdes. Uma falta de contato com este ramo da família que eu ainda não superei tem feito com que eu trabalhe pelo lado mais difícil, uma investigação sem falar com as testemunhas.

   Mesmo assim descobri pelo banco de dados do jornal O Estado de São Paulo que é um serviço pago, mas interessante, que Gabriel fora delegado substituto na Villa de Rio Novo comarca de Mococa. Isso foi publicado na edição de primeiro de agosto de 1882 na página 2. Em 03 de abril de 1891 ele foi nomeado suplente de Juiz de Paz no distrito de São João de Itatinga. E isso me causou certa confusão graças à minha arrogância. Desde a minha infância eu sempre associei o termo "Juiz de Paz" à pessoa que celebra os casamentos no cartório e ponto final. Cansei de ligar para os cartórios da região cobrando por registros funcionais do Gabriel sem nada encontrar. Até que minha esposa encontrou em registros de jornais antigos por acaso um artigo que descrevia a função de Juiz de Paz. Bem, naquele tempo final do século XIX o termo tinha outro significado a meu ver com muito mais sentido. Juiz de Paz era quem apaziguava os conflitos no interior do nosso país. A lição aprendida é não se deter aos seus pré-conceitos e se a pesquisa não render, tente rever as possibilidades de pesquisa e reinicie do zero questionando seus dados e seus conceitos.

O ESTADO DE S. PAULO: PÁGINAS DA EDIÇÃO DE 01 DE AGOSTO DE 1882 - PAG. 2
GERAL, PÁGINA 2

ra o que se chama | E' o que lhe desejamos sinceramen- | «A Republica».—Foi distribui-
comica. Tem voz | te, porisso que o merecem e que são | do o n. 6 d'este periodico academico.
temente volumosa, | dignos dos nossos reiterados applau- | Contem artigos de Alberto Salles, Al-
delicadissima vo- | sos. | berto de Faria, L. Pisa e Almeida, J.
certa desegualda- | **Autoridades policiaes.** — Por | N., Argemiro Galvão, Julio Mesquita,
redias e agudas. | acto de 29 do corrente, foi exonerado | J. M. e outros que não foram sub-
seria arriscado far- | o cidadão José Maximiano Ribeiro da | scriptos.
com uma exhibi- | Gama do cargo de delegado de poli- | **Ramal da Penha.**—Por acto de
e rapida, como foi | cia do termo de Mocóca. | 29 do corrente foi autorisada a aber-
  | Foram concedidas as exonerações, | tura do trafego no dia 30 do corrente,
antou varios tre- | que pediram : | do ramal da estrada de ferro da Com-
a difficuldade, e | A. Eduardo. Lopes de Oliveira, do | panhia Mogyana, que vae da cidade
r salientes os seus | cargo de delegado de policia da villa | de Mogy-mirim á Penha do Rio do
 | do Rio Novo. | Peixe, com as seguintes condições :
uito graciosa e de | A. Antonio Fernandes Negrão,do de | Fica a Companhia obrigada a as-
 | 3º supplente do mesmo. | sentar a linha telegraphica em breve
plausos. | Foram nomeados, para a villa do | praso.
 | Rio Novo : | Serão applicadas provisoriamente
. Alexandre Levy | Delegado, João Dias Baptista. | ao ramal as tarifas da linha do tron-
certo tocando va- | *Supplentes* | co, até que a Companhia apresente
mãos com a costu- | 2º Bento da Silveira Franco. | á approvação do governo as que de-
n muito applauso. | 3º Gabriel de Campos Ribeiro. | vems ervir definitivamente no ramal.
concurrencia ao | *Supplentes do subdelegado* | «Alliança».—Tal é o titulo do pe-
 | 1º Joaquim José de Carvalho. | queno jornal que os alumnos do im-
es e Officies.— | 2º Buaventura Antonio Vie.ra. | portante collegio Culto á Sciencia, de
am-se em casa do | 3º Firmino Francisco linfs.

Figura 14 Texto disponibilizado pelo site do arquivo do Jornal O Estado de São Paulo sobre o meu ancestral Gabriel de Campos Ribeiro em 01/08/1882.

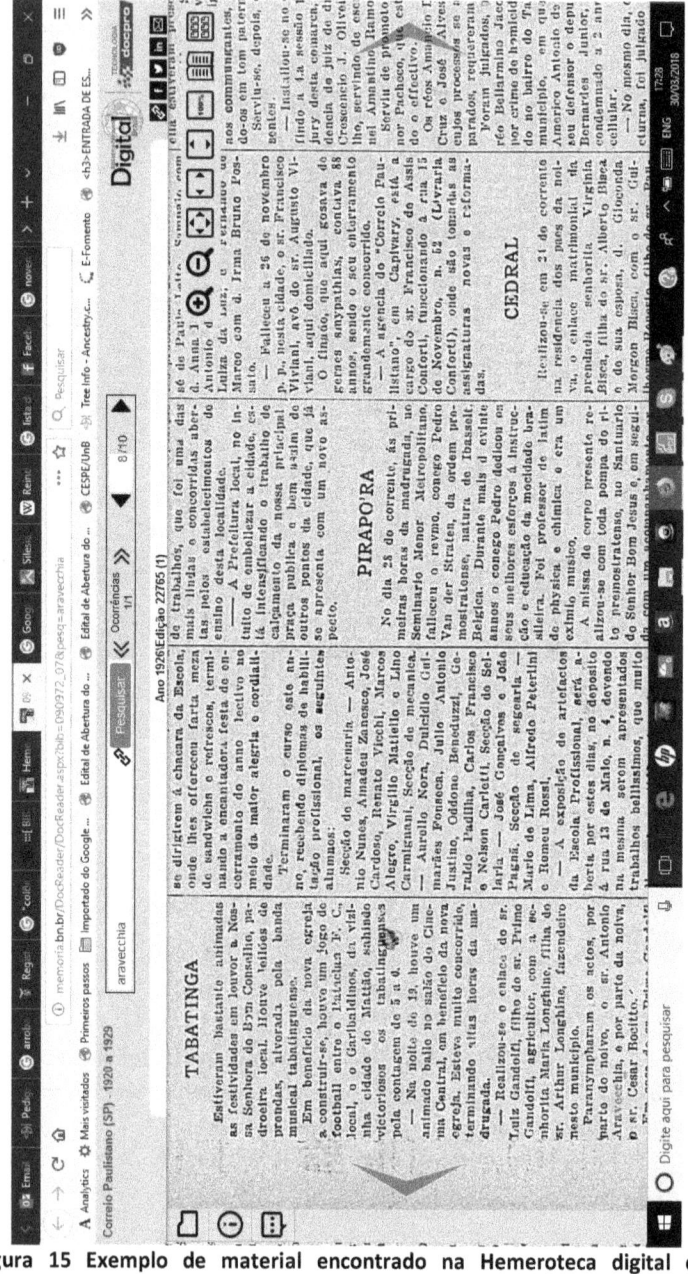

Figura 15 Exemplo de material encontrado na Hemeroteca digital da Biblioteca Nacional. Na notícia o meu tataravô é anunciado como padrinho em um casamento na cidade de Tabatinga SP.

MINISTÉRIO DA JUSTIÇA E SEGURANÇA PÚBLICA
SECRETARIA NACIONAL DA JUSTIÇA E CIDADANIA
DEPARTAMENTO DE MIGRAÇÕES

CERTIDÃO NEGATIVA DE NATURALIZAÇÃO

000.878.148.638/2018

O Departamento de Migrações da Secretaria Nacional de Justiça e Cidadania CERTIFICA, a pedido de RODRIGO DES SOUZA RUIZ, que NÃO CONSTA, até a presente data, registro de naturalização em nome de ALBERTO ARAVECCHIA ou ALBERTO ARRAVECCHIA ou ALBERTO ARRAVECHIA ou ALBERTO ARAVECHIA ou ALBERTO ARAVEKIA ou ALBERTO SEBASTIANO ARAVECCHIA ou ALBERTO SEBASTIANO ARRAVECCHIA, filho de VITTORIA CAPITANI e de GIUSEPPE, natural de(a/o) Itália, nascido em 26/01/1865.

OBSERVAÇÕES:

1 - Esta Certidão foi expedida gratuitamente pela Internet, em conformidade com a Portaria do Ministro da Justiça e Segurança Pública nº 1.949, de 25 de novembro de 2015, publicada no Diário Oficial da União de 26 de novembro de 2015;

2 - Esta Certidão dispensa a apresentação de documentos hábeis a comprovar a correta grafia dos dados pesquisados, sendo de responsabilidade do requerente a veracidade destes, bem assim de que o nome pesquisado não se refere a um brasileiro nato conforme dispõe a Constituição Federal;

3 - A autenticidade desta Certidão pode ser confirmada na página eletrônica da Secretaria Nacional de Justiça e Cidadania, no endereço: http://www.justica.gov.br/seus-direitos/estrangeiros/certidoes-e-certificados.

Brasília/DF, segunda-feira, dia 14 de maio de 2018, às 10h35.

Figura 16 Certidão negativa de naturalização do meu trisavô Alberto Aravecchia emitida no site da justiça www.justica.gov.br

Figura 17 Site para busca em periódicos da Bibliotenca Nacional http://memoria.bn.br/hdb/periodico.aspx

DNA

Atualmente existem uma série de empresas vendendo testes de DNA que prometem apresentar para você um mapa de ancestralidade. Empresas como ancestry.com, 23andme.com e myheritage.com são as mais conhecidas. Eu já fiz o teste nestas 3 empresas. No myheritage.com eu criei uma conta gratuita e importei o arquivo do ancestry.com e por isso posso dar a minha opinião sobre os testes de DNA de maneira geral e a diferença entre eles.

Falando como especialista em segurança da informação e privacidade devo lembrar de você que seu mapa genético constante dos arquivos gerados após o teste, pode identificar você. Ao fazer este teste você poderá anonimamente encontrar filhos ou mesmo seu pai desconhecido. As plataformas permitem a configuração de como você permitirá o contato de outras pessoas e o que elas podem ver. Em uma hipótese de vazamento de dados, seu DNA poderia supostamente ser utilizado por governos ou mesmo por seguradoras para saber se você tem ou não doenças hereditárias ou se cometeu algum crime. Em minha opinião privacidade é uma invenção moderna onde nós em algum momento a queremos e em outros não. Em geral as pessoas querem privacidade em relação aos parentes e pessoas próximas, mas não se incomodam de expor-se a estranhos.

Partindo do princípio que você se libertou das paranoias e fez os testes, você verá que eles são diferentes. Se o seu objetivo é descobrir de onde vem a cor dos seus olhos ou outras características físicas e de saúde, o 23andme é a sua melhor opção em princípio.

Se o seu interesse é a sua origem, de que países você é composto, sua opção certeira é o ancestry.com pois ele tem uma base de dados muito, muito maior e ainda oferece uma ótima ferramenta de construção de árvore genealógica e de pesquisas pagas em documentos europeus e americanos.

O myheritage.com oferece a melhor opção de bases de dados para pesquisa paga por assinatura, registros que o FamilySearch ainda não indexou. Ele também oferece um site e suporte em português e pode ser comprado com cartão de crédito nacional. E oferece uma ótima ferramenta gratuita para você gerencias sua árvore, o Myheritage Family Builder.

Se você não tem dinheiro para os três eu recomendaria fazer o ancestry.com, exportar o arquivo de DNA para o myheritage e para o gedmatch.org e para outros sites que te dão informações sobre saúde muito mais baratos do que o 23andme.com, porém o 23andme possui uma ferramenta muito legal para encontrar parentes em um mapa dinâmico. Já a minha esposa prefere o 23andme pelas ferramentas de localização de parentes de sangue e de saúde. Escolha o seu ou os seus de acordo com seus objetivos e bolso.

Cada um desses sites vai te dar um mapa de ancestralidade diferente. Algo que influencia muito é a quantidade de amostras que cada empresa possui e o método que utiliza para determinar a origem de um DNA. Outra coisa é como esses genes são transmitidos para você. Um gene recessivo vai perdendo intensidade com as gerações. Por isso você pode ter um avô espanhol e o DNA dizer que você é Grego que vem do seu tataravô.

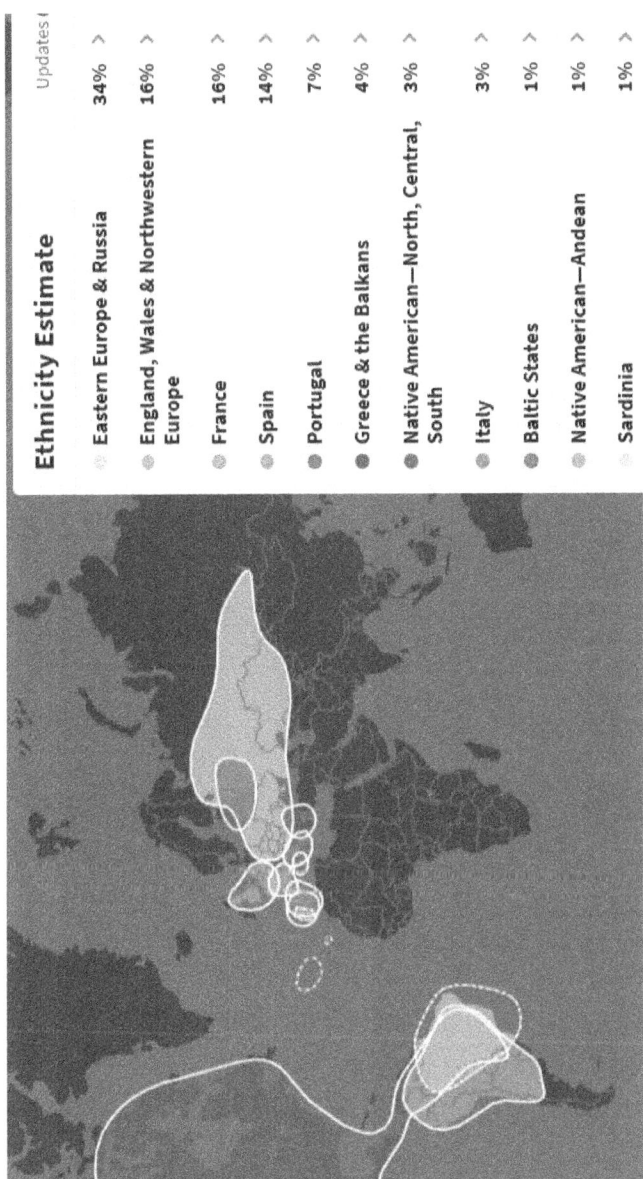

Figura 18 Meu mapa genético do ancestry.com

Você também dispõe de uma lista de parentes localizados pelo teste onde são apresentados o usuário e o percentual de DNA compatível com o seu, indicando se aquele usuário é um provável primo próximo, distante ou mesmo pai, mãe, filho ou irmão.

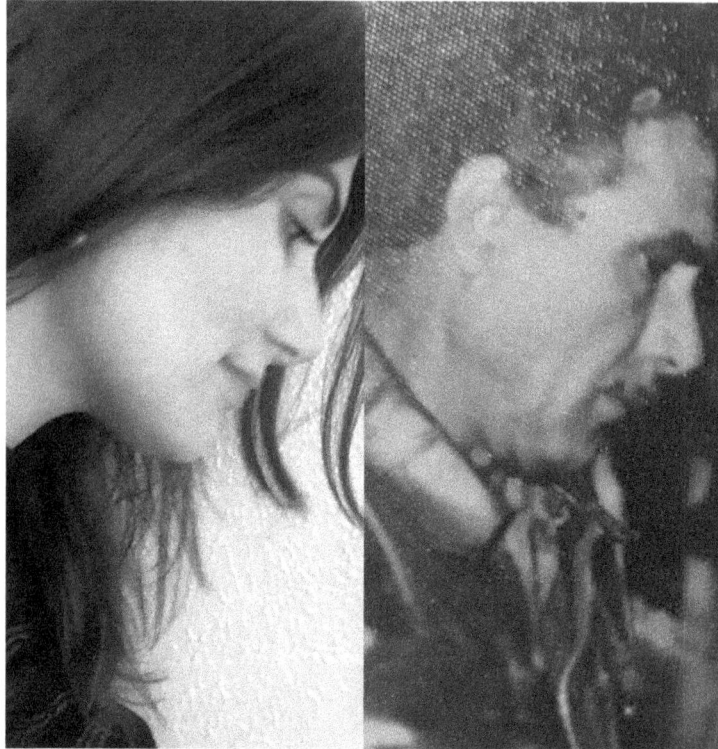

Figura 19 Eu (Victoria) e meu avô Paulo. Eu penso que herdei o formato do nariz.

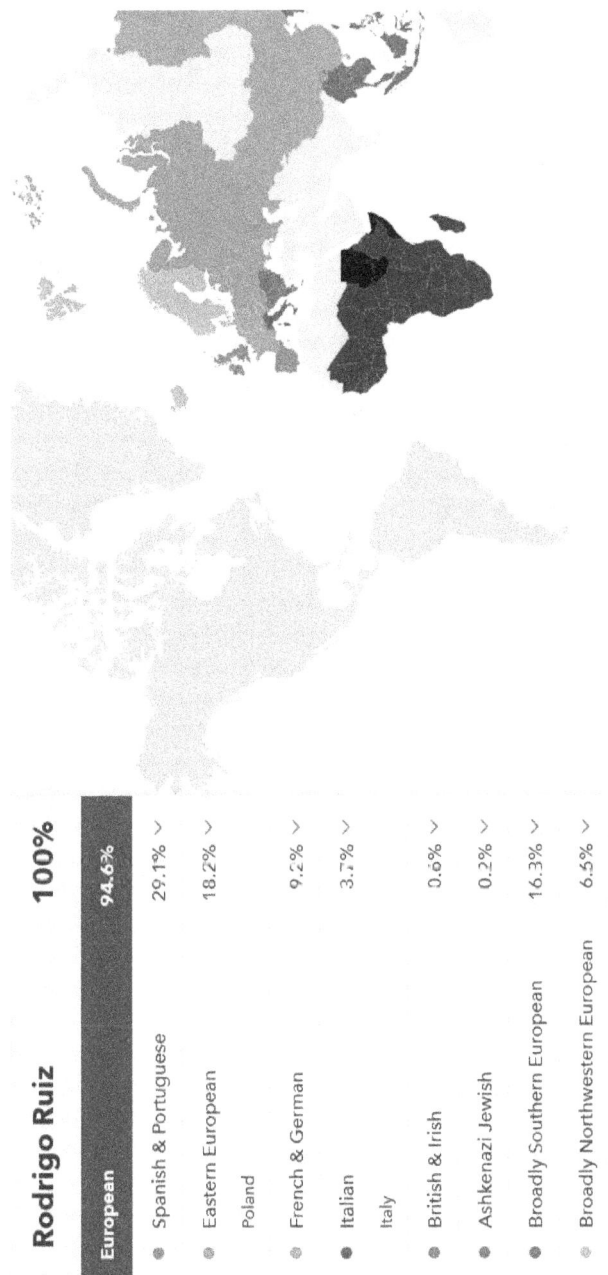

Figura 20 Meu mapa de ancestralidade do 23andme.com

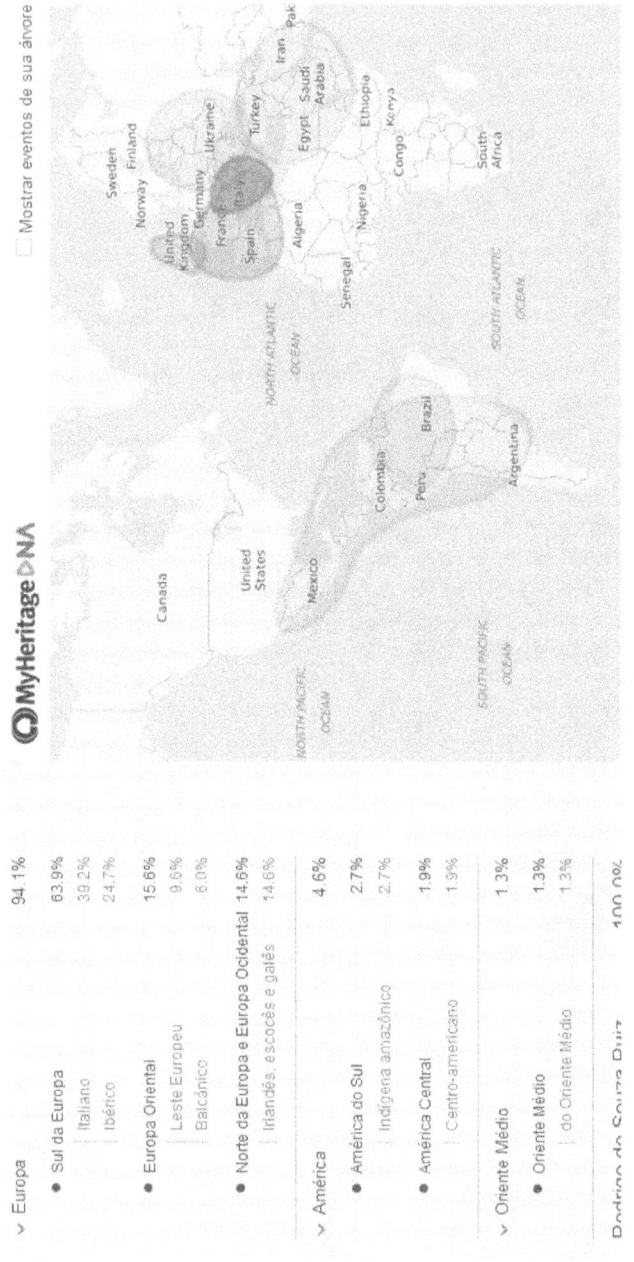

Figura 21 Meu mapa de ancestralidade feito pelo myheritage.com

Divirta-se com seus testes e lembre-se que eles não têm valor jurídico e nem valem para qualquer tipo de cidadania.

RODRIGO RUIZ, VICTORIA GANZERT e TYLER GANZERT

NOSSA ÁRVORE

Este é o momento ideal para mostrar onde chegamos com o nosso trabalho de pesquisa. Pesquisa esta que seria impossível sem a pesquisa anterior feita por milhares de padres, cartorários, historiadores como Silva Leme, Francisco Negrão, Bogaciovas e outros anônimos como eu que solucionaram fragmentos da minha história. Sem a minha Victoria que me ajudou traduzindo as letras antigas e lendo comigo livros de óbito durante as madrugadas eu ainda estaria nos meus tataravôs. Além de preservar a história da minha família sei que este material ajudará muitos a completarem as suas árvores. O processo não para e eventualmente pode possuir incorreções e falhas.

Vou dar uma dica agora que acho uma das mais importantes. O fluxo migratório!

Quando pesquisamos ancestrais precisamos pensar no contexto da época, as pessoas tinham filhos desde muito cedo, é normal encontrar mulheres dando à luz desde os quinze anos de idade e as vezes menos.

O mais comum era que o marido se deslocasse da sua cidade natal para encontrar uma esposa em uma cidade vizinha ou um pouco mais distante, isso para que não acabasse casando com primas muito próximas. Ao procurar os documentos tenha isso em mente o normal era que o casamento ocorresse na cidade da noiva. Deste ponto em diante o local de residência dependeria da família com mais posses ou do momento de interiorização do Brasil.

Nossos ancestrais iam literalmente andando e fazendo filhos.

Começando na cidade de São Paulo ou no litoral dependendo da época as pessoas iam se estabelecendo cada vez mais para o oeste a cada geração andando de 30 a 50km.

Fica muito evidente quando você marca no mapa os anos e os locais onde foram nascendo seus ancestrais. Imagine que seu ancestral conheceu a esposa em Campinas SP, eles provavelmente casaram-se lá e foram viver em uma nova colônia em Piracicaba. Tiveram lá 12 filhos. Provavelmente alguns desses filhos, geralmente os mais novos ficarão nas terras dos pais enquanto os mais velhos caminharão 30 ou 50km adiante, acima ou abaixo do mapa, fixarão residência, terão filhos e o ciclo recomeça.

Ao procurar documentos e os rastros dos seus ancestrais, leve isso em conta, trace o caminho mais lógico que seus ancestrais fariam no lombo de burros e carroças.

Na medida que você chega nos tempos atuais os saltos em Km podem ser bem maiores. Estes pequenos saltos também ocorriam na Europa e o mesmo conceito deve ser utilizado na busca dos seus rastros. Igual quando você perde a chave do carro e refaz os seus passos até encontrá-la.

Mas lembre-se que isto era o padrão, mas temos geralmente algum ancestral com espírito desbravador como o meu Bisavô Mitrofan que foi andando de São Paulo até Santa Catarina antes de voltar a subir no mapa e parar no Norte do Paraná. Economize o seu tempo pesquisando o mais provável primeiro.

Vou ilustrar esse fluxo em um caso real no mapa com o auxílio do Mapas do Google.

Peguei um ramo da minha árvore em linha reta começando com Barbara Pais de Barros (Camargo Penteado) em 1741 nascida na cidade de São Paulo, depois seu filho José de Camargo Penteado nascido em Cotia SP em 1770 seguido de José de Camargo Penteado nascido em Tatuí no ano de 1804 depois Cândida de Camargo Penteado nascida em Tietê SP no ano de 1848, voltando para Tatuí nasceu em 1877 Anna Paula de Camargo Penteado, depois nasceu em Conchas SP Helena Leite de Camargo no ano de 1906, em 1930 nasceu meu avô Silvestre Placido de Souza na cidade de Palmital SP, depois minha mãe Roseli de Souza no ano de 1954 em Peabiru PR e por fim eu nasci em Curitiba PR no ano de 1974 e depois mudei para Campinas SP em 2011 mas ainda estou vivo para mudar e nosso filho Tyler pode escolher o mundo todo para viver e ter seus filhos.

A cada nova geração e com a evolução dos transportes nossos saltos migratórios podem e têm sido cada vez maiores. Só equiparados com os grandes movimentos de migração em massa no descobrimento e com a vinda dos europeus para o Brasil. Isto torna cada vez mais importante o registro da história das famílias, somos cada vez mais pessoas e que saltam mais e mais longe no nosso planeta. Quem sabe em 300 anos nossos descendentes nascerão em Marte.

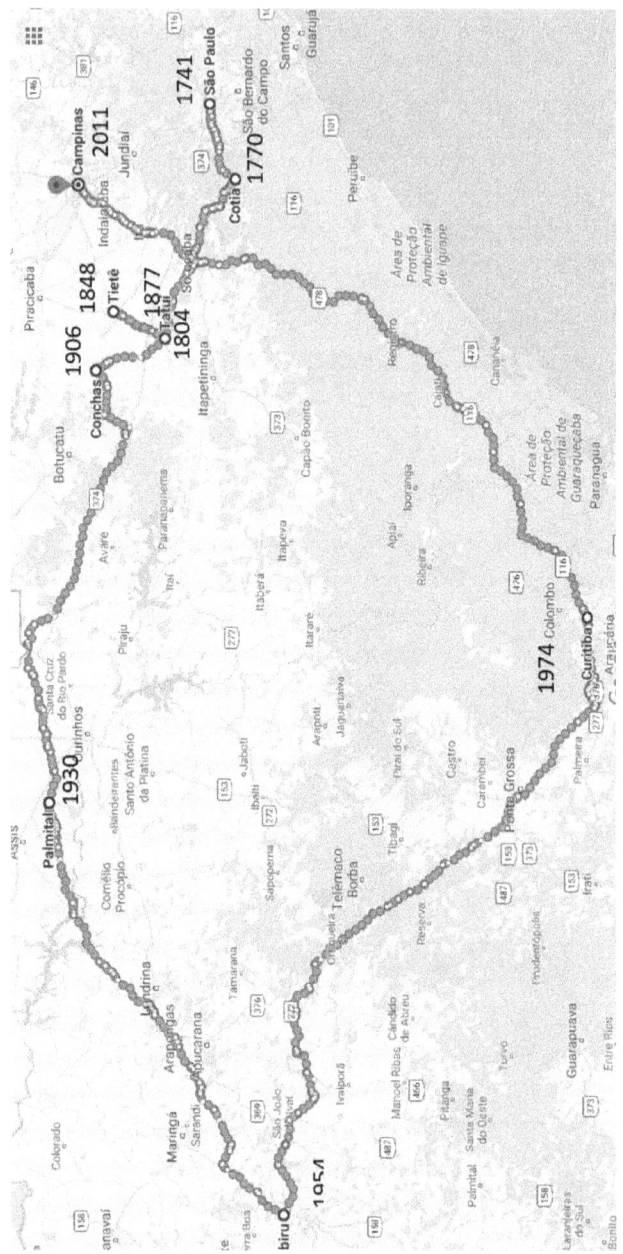

Figura 22 Mapa de fluxo migratório de um ramo de minha família no período de 1741 até 2011

Veja agora o relatório com a minha árvore que é mantida no Ancestry.come exportada para o Gramps que gerou o relatório em um formato melhor que o do FamilyTree Builder. São 43 gerações, quase 800 pessoas desde o ano 664dc século VII até o século XXI. Em algum ponto desta árvore é muito provável que milhares de pessoas encontrem seus ancestrais e essa relação pode ajudar a formar o seu caso, todavia recomendo sempre voltar-se às fontes originais como documentos civis e de igrejas e as obras de Silva Leme e Francisco Negrão. É um relatório como este (geralmente muito menor) juntamente com cópias das fontes que você precisa apresentar ao requerer uma cidadania.

Quanto mais no passado for a sua pesquisa, mais você identificará as uniões consanguíneas, primos e primas, tios e sobrinhas e até irmãos se casando além de casamentos coletivos entre famílias, 3 irmãos casados com 3 irmãs de outra família. Não é raro que você seja um parente distante da sua esposa ou marido.

Cada software de gestão de árvore genealógica possui as suas qualidades e defeitos. Pouco antes de editar este livro descobri o Gramps que é um software livre onde você pode construir a sua árvore ou mesmo importar o arquivo .ged e utilizá-lo para emitir algum relatório. Um dos relatórios dele que eu achei interessante é a representação total de uma árvore. Por ela você pode acompanhar qual ramo está mais ou menos desenvolvido. E visualizar o casamento consanguíneo. E erros de cadastro. Analisando a imagem da árvore você percebe que o meu ramo épossui poucas gerações a mais enquanto o ramo da Victoria possui uma lateralidade bem mais ampla que decorre do vasto material de famílias que construíram politicamente o Paraná.

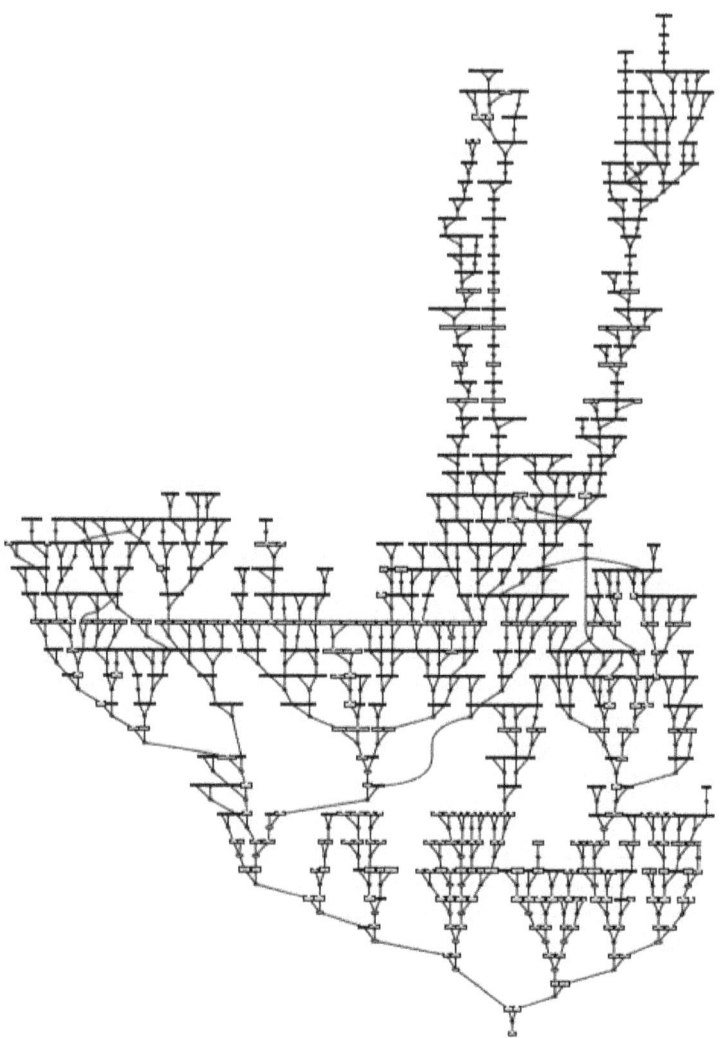

Figura 23 Representação da árvore deTyler tendo a direta os ascendentes de **Rodrigo Ruiz e a esquerda os de Victoria Ganzert. A união dos ramos ocorre em Tyler e em Bartira, já ouviu falar dessa índia não é?**

Relatório de ascendentes de , Tyler Isaac Ganzert

Geração 1

1. , Tyler Isaac Ganzert. Tyler Isaac Ganzert nasceu em 2004 em Curitiba, Parana, Brasil. Ele é filho de Ruiz, Rodrigo de Souza e Ganzert, Victoria.

Geração 2

2. Ruiz, Rodrigo de Souza. Rodrigo de Souza nasceu em 1974 em Curitiba, Parana, Brasil. Ele é filho de Ruiz, Edson de Campos e Souza, Roseli de. Ele teve um relacionamento com Ganzert, Victoria.

3. Ganzert, Victoria. Victoria nasceu em 1977 em Curitiba, Parana, Brasil. Ela é filha de Ganzert, Paulo Nei e Moroski, Reny Intz.

Filhos de Ganzert, Victoria e Ruiz, Rodrigo de Souza

i. , Tyler Isaac Ganzert [1]. Tyler Isaac Ganzert nasceu em 2004 em Curitiba, Parana, Brasil.

Geração 3

4. Ruiz, Edson de Campos. Edson de Campos nasceu em 5 Outubro 1953 em Bela Vista do Paraíso, Paraná, Brasil. Ele faleceu em 18/03/1975 em Curitiba, Parana, Brasil. Ele era filho de Ruiz, Severino e Ribeiro, Lourdes Campos. Ele casou com Souza, Roseli de 20/04/1974 em Curitiba, Paraná, Brasil.

5. Souza, Roseli de. Roseli de nasceu 15/12/1954 em Peabiru, Paraná, Brasil. Ela é filha de Placido, Silvestre e Dimidiuk, Liuba.

Filhos de Souza, Roseli de e Ruiz, Edson de Campos

i. Ruiz, Rodrigo de Souza [2]. Rodrigo nasceu em 1974 em Curitiba, Parana, Brasil. Ele teve um relacionamento com Ganzert, Victoria.

Mais informações sobre Souza, Roseli de e Ruiz, Edson de

Campos:

    Casamento: 20/04/1974, Curitiba, Paraná, Brasil. Grávida, haha.

    Filhos de Souza Ruiz, Roseli de e Dariel Amaral Machado

        i. , Renata Valeria de Souza Machado. Renata Valeria de Souza Machado nasceu em 1980 em Curitiba. Renata teve os filhos Tarso e Alice com seu marido Tales

        ii. , Rosanne Cristine de Souza Machado. Rosanne Cristine de Souza Machado nasceu em 8 Janeiro 1990 em Curitiba.

    6. Ganzert, Paulo Nei. Paulo Nei nasceu 20/10/1944 em Curitiba, Paraná, Brasil. Ele faleceu em 5 Janeiro 2019 em Araucária, Paraná, Brasil. Ele era filho de Ganzert, Paulo e Ribeiro, Zainara. Ele teve um relacionamento com Moroski, Reny Intz.

    7. Moroski, Reny Intz. Reny Intz nasceu 26/04/1941 em Araucária, Paraná, Brasil. Ela é filha de Moroski, Miguel e Hintze, Alma da Costa.

    Filhos de Moroski, Reny Intz e Ganzert, Paulo Nei

        i. Ganzert, Victoria [3]. Victoria nasceu em 1977 em Curitiba, Parana, Brasil. Ela teve um relacionamento com Ruiz, Rodrigo de Souza.

Geração 4

    8. Ruiz, Severino. Severino nasceu em 8 Novembro 1928 em Tabatinga, Brasil. Ele faleceu em 13/03/1980 em Umuarama, Paraná, Brasil. Ele era filho de Soler, Francisco Ruiz e Aravecchia, Maria. Ele casou com Ribeiro, Lourdes Campos 16/09/1950 em Bela Vista do Paraíso, Paraná, Brasil.

    9. Ribeiro, Lourdes Campos. Lourdes Campos nasceu 15/11/1931 em Araçatuba, Sao Paulo, Brasil. Ela era filha de Ribeiro, Joaquim Campos e Tieghi, Adelia.

Filhos de Ribeiro, Lourdes Campos e Ruiz, Severino

i. Ruiz, Edson de Campos [4]. Edson de Campos nasceu em 5 Outubro 1953 em Bela Vista do Paraíso, Paraná, Brasil. Ele faleceu em 18/03/1975 em Curitiba, Parana, Brasil. Ele casou com Souza, Roseli de 20/04/1974 em Curitiba, Paraná, Brasil.

ii. Ruiz, Adelia.

iii. Ruiz, Francisco.

iv. Ruiz, Paulo. Ele faleceu em Rio de Janeiro, Rio de Janeiro, Brasil.

v. Ruiz, Eliane.

Mais informações sobre Ribeiro, Lourdes Campos e Ruiz, Severino:

Casamento: 16/09/1950, Bela Vista do Paraíso, Paraná, Brasil.

10. Placido, Silvestre. Silvestre nasceu em 18 Março 1930 em Palmital, Sao Paulo, Brasil. Ele faleceu em 22 Março 2009 em Curitiba, Paraná, Brasil com 79 anos, 4 dias de idade. Ele era filho de Souza, Silvestre Venancio de e Camargo, Helena Leite de. Ele casou com Dimidiuk, Liuba 31/07/1954 em
Araruna, Pará, Brasil.

Mais informações sobre Placido, Silvestre:

Nascimento: 23/12/1932, Cândido Mota, Sao Paulo, Brasil. Nasceu em Palmital em 18/03/1930 mas foi registrado em Cândido Mota em 23/12/1932 115584015519321000050360000073283.

11. Dimidiuk, Liuba. Liuba nasceu em 14 Setembro 1936 em Rebouças, PR, Brasil. Ela faleceu em 5 Setembro 2018 em Curitiba com 81 anos, 11 meses de idade. Ela era filha de Demiediuk,

Mitrofan e Schroeder, Paulina Francisca.

Filhos de Dimidiuk, Liuba e Placido, Silvestre

i. Souza, Roseli de [5]. Roseli nasceu 15/12/1954 em Peabiru, Paraná, Brasil. Ela casou com Ruiz, Edson de Campos 20/04/1974 em Curitiba, Paraná, Brasil. Ela também teve um relacionamento com , Dariel Amaral Machado.

Mais informações sobre Dimidiuk, Liuba e Placido, Silvestre:

Casamento: 31/07/1954, Araruna, Pará, Brasil. Registrado na comarca de Peabiru.

12. Ganzert, Paulo. Paulo nasceu em 7 Abril 1919 em Lapa. Ele faleceu em 11 Setembro 1973 em Curitiba, Parana, Brasil com 54 anos, 5 meses de idade. Ele era filho de Ganzert, August Friedrich Carl e Wormsbecher, Ana Catharina. Ele teve um relacionamento com Ribeiro, Zainara.

13. Ribeiro, Zainara. Zainara nasceu 21/11/1921 em Curitiba, Parana, Brasil. Ela faleceu em 30/10/1999 em Curitiba, Parana, Brasil. Ela era filha de Ribas, Olympio Fernandes e Ribeiro, Tiburcia Pinto.

Filhos de Ribeiro, Zainara e Ganzert, Paulo

i. Ganzert, Paulo Nei [6]. Paulo Nei nasceu 20/10/1944 em Curitiba, Paraná, Brasil. Ele faleceu em 5 Janeiro 2019 em Araucária, Paraná, Brasil. Ele teve um relacionamento com Moroski, Reny Intz.

ii. Ganzert, Zulmira Neuzi. Ela teve um relacionamento com Dozorski, Clemente.

iii. Ganzert, Zuleica Neide. Ela teve um relacionamento com Pereira, Elisio José.

14. Moroski, Miguel. Miguel nasceu em 9 Junho 1906 em Araucária, Paraná, Brasil. Ele faleceu em 7 Maio 1959 em

Araucária, Paraná, Brasil com 52 anos, 10 meses de idade. Ele era filho de Mroczek, Joseph e Kaweski, Elizabetha. Ele casou com Hintze, Alma da Costa em 2 Março 1935 em Guajuvira, Paraná, Brasil.

15. Hintze, Alma da Costa. Alma da Costa nasceu em 6 Setembro 1915 em Araucária, Paraná, Brasil. Ela faleceu em 16/03/1992 em Araucária, Paraná, Brasil. Ela era filha de Hintze, Paul August Jonny e Costa, Maria Gomes da.

Filhos de Hintze, Alma da Costa e Moroski, Miguel

i. Moroski, não identificado
ii. Moroski, Reny Intz [7]. Reny Intz nasceu 26/04/1941 em Araucária, Paraná, Brasil. Ela teve um relacionamento com Ganzert, Paulo Nei.

iii. Moroschi, Paulo. Paulo nasceu em 1945. Ele teve um relacionamento com , Celi.

iv. Moroski, Matilde. Matilde nasceu em 1947. Ela teve um relacionamento com Schultz, Dionisio.

v. Moroski, Irene. Irene nasceu em 1949.

vi. Moroski, Pedro. Pedro nasceu em 1952. Ele teve um relacionamento com Rodrigues, Francisca.

vii. Moroski, Maria de Lourdes. Maria de Lourdes nasceu em 15 Dezembro 1953.

viii. Moroski, Zenilda. Zenilda nasceu em 1955. Ela teve um relacionamento com Patyk, Divino.

ix. Moroski, Elisabete. Elisabete nasceu em 1956. Ela teve um relacionamento com de Souza, Airton. Ela também teve um relacionamento com Desconhecido.

x. Moroski, Maria Luisa. Maria Luisa nasceu em 31 Maio 1959. Ela teve um relacionamento com Greski, Andre. Ela também teve um relacionamento com Gonçalves, Dorival.

Mais informações sobre Hintze, Alma da Costa e Moroski, Miguel:

Casamento: 2 Março 1935, Guajuvira, Paraná, Brasil.

Geração 5

16. Soler, Francisco Ruiz. Francisco Ruiz nasceu em 17 Agosto 1903 em Puerto, Lumbreras, Murcia, Murcia, Espanha. Ele faleceu em 11 Dezembro 1959 em Bela Vista do Paraíso, Paraná, Brasil com 56 anos, 3 meses de idade. Ele era filho de Silvente, Pedro Ruiz e Martinez, Micaela Venancia Soler. Ele casou
com Aravecchia, Maria em 22 Setembro 1926 em Tabatinga, Sao Paulo, Brasil.

Mais informações sobre Soler, Francisco Ruiz:

Emigração: 20/08/1908, Malaga, Malaga, Andalucia, Espanha. Micaela 42 e Francisco 3 desembarcaram no Rio de Janeiro em 20/08/1908 e se hospedaram 32870 em SP em 26/08/1908. Não se sabe se o Pai chegou ao Brasil. Navio Berengr. El Grand.

17. Aravecchia, Maria. Maria nasceu em 20 Dezembro 1905 em Boa esperaça do sul, São Paulo, Sao Paulo, Brasil. Ela foi batizada 18/02/1906 em Boa esperaça do sul, São Paulo, Sao Paulo, Brasil. Ela faleceu em 11 Fevereiro 1992 em Londrina, Paraná, Brasil com 86 anos, 1 mês de idade. Ela era filha de
Aravecchia, Alberto Sebastiano e Linari, Caterina.

Mais informações sobre Aravecchia, Maria:

Batismo: 18/02/1906, e nascimento de fato em 20/12/1905 e nascimento civil em 20/12/1906 em Boa esperaça do sul, São Paulo, Sao Paulo, Brasil.
Filhos de Aravecchia, Maria e Soler, Francisco Ruiz

i. Ruiz, Severino [8]. Severino nasceu em 8 Novembro 1928

em Tabatinga, Brasil. Ele faleceu em 13/03/1980 em Umuarama, Paraná, Brasil. Ele casou com Ribeiro, Lourdes Campos 16/09/1950 em Bela Vista do Paraíso, Paraná, Brasil.

ii. Ruiz, Pedro 03/07/1926, casado com Elinah Bonini, teve os filhos Denise Vitória Bonini Ruiz, Jandira Bonin Ruiz e Rogério Bonini Ruiz que por sua vez casou-se com Mathilde Ruiz e teve os filhos Juliana Aparecida Ruiz, Pedro Ruiz Neto, André Ricardo Ruiz, e casou-se com Sibele Serpa de Souza Ruiz com quem teve Gabriel Serpa de Souza Ruiz e Gabriela Serpa de Souza Ruiz.

iii. Ruiz, Miguel.
iv. Ruiz, Gilda.
v. Ruiz, Ivani.
vi. Aravecchia, Leonilda.
vii. Ruiz, Alberto. Alberto nasceu 26/10/1930. Ele faleceu em 10 Maio 1991 em Bela Vista do Paraíso, Paraná, Brasil.

Mais informações sobre Aravecchia, Maria e Soler, Francisco Ruiz:

Casamento: 22 Setembro 1926, Tabatinga, Sao Paulo, Brasil. anotação no batismo em Boa Esperança.

18. Ribeiro, Joaquim Campos. Joaquim Campos nasceu em 1884 em Itatinga, Sao Paulo, Brasil. Ele faleceu em 1970 em Itatinga, Sao Paulo, Brasil com 86 anos de idade. Ele era filho de Ribeiro, Gabriel de Campos e Ferreira, Maria Nery. Ele casou com Tieghi, Adelia em 1911 em Itatinga, Sao Paulo, Brasil.

19. Tieghi, Adelia. Adelia nasceu em 1889 em Campo, largo, de, Sorocaba, Sao Paulo, Brasil. Ela faleceu em 21/08/1976 em Umuarama, Paraná, Brasil. Ela era filha de Tieghi, Fortunato Francesco e Gennari, Angela.

Filhos de Tieghi, Adelia e Ribeiro, Joaquim Campos

i. Ribeiro, Lourdes Campos [9]. Lourdes Campos nasceu 15/11/1931 em Araçatuba, Sao Paulo, Brasil. Ela casou com Ruiz, Severino 16/09/1950 em Bela Vista do Paraíso, Paraná, Brasil.

ii. Ribeiro, Amelia.

iii. Ribeiro, Jaci.

iv. Ribeiro, Angelina.

v. Ribeiro, Paulo.

Mais informações sobre Tieghi, Adelia e Ribeiro, Joaquim Campos:

Casamento: 1911, Itatinga, Sao Paulo, Brasil. Mudou o nome para Adelia Campos Ribeiro teve tambem uma filha Maria Campos Ribeiro Joaquim De Campos Ribeiro E Adelia Tieghe Ele: 22 Anos, Natural De Bom Sucesso, (Antigamente Era Bom Sucesso-Hoje Avaré) Filho De Gabriel De Campos Ribeiro E Maria Nery.

20. Souza, Silvestre Venancio de. Silvestre Venancio de Souza nasceu em 18 Maio 1898 em Santa Cruz do Rio Pardo, Sao Paulo, Brasil. Ele faleceu em 19 Junho 1981 em Novo Mundo, Mato Grosso do Sul, Brasil com 83 anos, 1 mês de idade. Ele era filho de Souza, João Carlos de e Jesus, Laudelina Maria de. Ele
casou com Camargo, Helena Leite de em 31 Julho 1926 em Palmital, Sao Paulo, Brasil.

21. Camargo, Helena Leite de. Helena Leite de nasceu em 31 Julho 1906 em Conchas, Sao Paulo, Brasil. Ela faleceu em 1940 com 33 anos, 5 meses de idade. Ela era filha de Almeida, Balthazar Leite de e Camargo, Anna Paula de.

Filhos de Camargo, Helena Leite de e Souza, Silvestre Venancio de

i. Placido, Silvestre [10]. Silvestre nasceu em 18 Março 1930 em Palmital, Sao Paulo, Brasil. Ele faleceu em 22 Março 2009 em Curitiba, Paraná, Brasil. Ele casou com Dimidiuk, Liuba 31/07/1954 em Araruna, Pará, Brasil.

ii. Pedro Alcântara de Souza
iii. José de Souza
iv. João de Souza
v. Laudelina
vi. Alice
vii. Jandira
viii. Maria de Souza
ix. Helena de Souza – Filha de Silvestre e segunda esposa Silvina
x. Vera Lucia de Souza– Filha de Silvestre e segunda esposa Silvina
xi. Elizabeth de Souza – Filha de Silvestre e segunda esposa Silvina
xii. Izildinha de Souza – Filha de Silvestre e segunda esposa Silvina

Mais informações sobre Camargo, Helena Leite de e Souza, Silvestre Venancio de:
Casamento: 31 Julho 1926, Palmital, Sao Paulo, Brasil. 121277015519262000040980000003364.

22. Demiediuk, Mitrofan. Mitrofan nasceu em 1 Junho 1911 em Podomsha, Brzeskie, Poland. Ele faleceu em 6 Agosto 1976 em IV centenário, Paraná, Brasil com 65 anos, 2 meses de idade. Ele era filho de Demiediuk, Kasyan e , Jefimija Kasyanovna ou Kasyannikov. Ele casou com Schroeder, Paulina Francisca
em 18 Maio 1935 em Canoinhas, Santa catarina, Brasil.
Mais informações sobre Demiediuk, Mitrofan:
Emigração: 1929, Brzesc, Podomsha, Poland.
Origem: 1930, Brest Litovsk, Brest, Belarus. Esta região que seu bisavô nasceu em Podomsha Brest Litewski (em polonês) depois de 1939 passou a pertencer à Bielorrússia. No passaporte diz que ele veio desta região que se chamava Powiat (municipio) .
Imigração: 1930, Santos, Sao Paulo, Brasil. Chegou no Rio de Janeiro no Navio Orania vindo de Amsterdam com passaporte polones e em 15/01/1930 registrou-se na hospedaria do imigrante em SP com destino a Curitiba.

23. Schroeder, Paulina Francisca. Paulina Francisca nasceu em 5 Fevereiro 1912 em Canoinhas, Santa catarina, Brasil. Ela faleceu em 18/06/1974 em quarto centenário, Paraná, Brasil. Ela era filha de

Schroeder, Gustav Wilherm e Metze, Clara Marie Louise.
Mais informações sobre Schroeder, Paulina Francisca:
irmão Gustavo: 23/05/1918. Death: Oct 3 2002 - São Paulo, São Paulo, Brasil Parents: Gustavo Guilherme Schroeder, Clara Schroeder (born Metze) Wife: Dorothea Schroeder (born Maahs) Children: Mauro Wagner Schroeder, Gustavo Guilherme Schroeder Neto.
Filhos de Schroeder, Paulina Francisca e Demiediuk, Mitrofan

    i. Dimidiuk, Liuba [11]. Liuba nasceu em 14 Setembro 1936 em Rebouças, PR, Brasil. Ela faleceu em 5 Setembro 2018 em Curitiba. Ela casou com Placido, Silvestre 31/07/1954 em Araruna, Pará, Brasil.
    ii. Milton Dimidiuk
        a. Casou com Arlete Maria Izabel Boddy
        b. Tiveram os filhos Marisa Cristina Dimidiuk, Sandra Lucia Dimidiuk e Milton Henrique Dimidiuk
    iii. Nelson Dimidiuk
    iv. Ivan Dimidiuk

Mais informações sobre Schroeder, Paulina Francisca e Demiediuk, Mitrofan:

Casamento: 18 Maio 1935, Canoinhas, Santa catarina, Brasil.

24. Ganzert, August Friedrich Carl. August Friedrich Carl nasceu em 12 Julho 1865 em Kamern, Stendal, Saxony-Anhalt, Alemanha. Ele faleceu em 19/06/1942 em Lapa, Paraná, Brasil. Ele era filho de Ganzert, Wilhelm Friedrich e Hagen, Louise. Ele casou com Wormsbecher, Ana Catharina em 25 Maio 1891 em
    Lapa, Paraná, Brasil.

25. Wormsbecher, Ana Catharina. Ana Catharina nasceu em 2 Novembro 1875 em Kathatinenstadt-, Volga, Kirov, Russia. Ela faleceu em 10 Outubro 1955 em Lapa, Paraná, Brasil com 79 anos, 11 meses de idade. Ela era filha de Wormsbecher, Johann Friedrich e Gulyach, Margretha.

Filhos de Wormsbecher, Ana Catharina e Ganzert, August Friedrich Carl

i. Ganzert, Augusto Frederico. Augusto Frederico nasceu em 1 Agosto 1896. Ele faleceu em 5 Setembro 1957.

ii. Ganzert, João André. João André nasceu em 12 Agosto 1898. Ele faleceu em 23 Outubro 1960.

iii. Ganzert, Luiza - Alves da Silva. Luiza - Alves da Silva nasceu em 1 Novembro 1900. Ela faleceu em 2 Abril 1978.

iv. Ganzert, Alberto. Alberto nasceu em 11 Janeiro 1903. Ele faleceu em 31 Maio 1982.

v. Ganzert, Maria Augusta - Mello Cezar. Maria Augusta - Mello Cezar nasceu em 28 Dezembro 1905. Ela faleceu em 30 Junho 1972.

vi. Ganzert, Paulo Otto. Paulo Otto nasceu em 22 Dezembro 1907. Ele faleceu em 20 Novembro 1967.

vii. Ganzert, Augusta Emilia. Augusta Emilia nasceu em 1910.

viii. Ganzert, Ida - Ferreira Pinto. Ida - Ferreira Pinto nasceu 21/11/1910. Ela faleceu em 29/10/1969.

ix. Ganzert, Emilia - Gomes. Emilia - Gomes nasceu em 2 Abril 1913. Ela faleceu em 27 Fevereiro 1964.

x. Ganzert, Augusto. Augusto nasceu em 17 Agosto 1915. Ele faleceu em 30 Setembro 1992.

xi. Ganzert, Paulo [12]. Paulo nasceu em 7 Abril 1919 em Lapa. Ele faleceu em 11 Setembro 1973 em Curitiba, Parana, Brasil. Ele teve um relacionamento com Ribeiro, Zainara.

Mais informações sobre Wormsbecher, Ana Catharina e Ganzert, August Friedrich Carl:

Casamento: 25 Maio 1891, Lapa, Paraná, Brasil.

26. Ribas, Olympio Fernandes. Olympio Fernandes nasceu em 1899 em Araucária, Paraná, Brasil. Ele foi batizado 20/09/1900 em Araucária, Paraná, Brasil. Ele faleceu em 15/08/1977 em Curitiba ou 1974. Ele era filho de Ribas, Julio Taborda e Cruz, Arminda Fernandes da. Ele teve um relacionamento com Ribeiro, Tiburcia Pinto.

Mais informações sobre Ribas, Olympio Fernandes:

Batismo: 20/09/1900, Araucária, Paraná, Brasil. Igreja N. Sra dos Remédios. Padrinhos Luciano Pires da Silva e Maria José Taborda.

27. Ribeiro, Tiburcia Pinto. Tiburcia Pinto nasceu em 2 Agosto 1901 em Araucária, Paraná, Brasil. Ela faleceu em 16/05/1983 em Curitiba, Parana, Brasil. Ela era filha de Ribeiro, Jose Pinto e Anjos, Veridiana Mendes Dos.

Mais informações sobre Ribeiro, Tiburcia Pinto:

Batismo adulto: 2 Agosto 1901, Araucária, Paraná, Brasil. https://www.myheritage.com/research/record-30059-2369198/tiburcia-ribeiro-in-Brasil-baptisms?s=474698151 C03121-5 System Origin: Brasil-EASy GS Film number: 1252052 Reference ID: V 10 R 83 P 90.

Filhos de Ribeiro, Tiburcia Pinto e Ribas, Olympio Fernandes

i. Ribeiro, Zainara [13]. Zainara nasceu 21/11/1921 em Curitiba, Parana, Brasil. Ela faleceu em 30/10/1999 em Curitiba, Parana, Brasil. Ela teve um relacionamento com Ganzert, Paulo.

ii. Ribeiro, Zilmo.

iii. Ribeiro, Ceição.

iv. Ribeiro, Jango.

Filhos de Ribeiro, Tiburcia Pinto e Andrade, Lindolfo

i. , Tere.

ii. , Faeco.

iii. , Catta - Catarina.

iv. Ribeiro, José Leocádio.

28. Mroczek, Joseph. Joseph nasceu em 6 Novembro 1862 em Ropczyce, Podkarpackie, Poland. Ele faleceu em 7 Outubro 1927 em Lapa, Paraná, Brasil com 64 anos, 11 meses de idade. Ele era filho de Mroczek, Antonio e Mroczek, Julia. Ele teve um relacionamento com Inrirost, Victoria. Ele também casou com
Kaweski, Elizabetha em 19 Outubro 1897 em Araucária, Paraná, Brasil.

Mais informações sobre Mroczek, Joseph:

29. Kaweski, Elizabetha. Elizabetha nasceu em 1880 em Araucária, Paraná, Brasil. Ela faleceu em 22/04/1937 em Lapa, Paraná, Brasil. Ela era filha de Kaweski, Andre e Warcholyk, Antonina.

Filhos de Kaweski, Elizabetha e Mroczek, Joseph

i. Moroski, Anna. Anna nasceu em 30 Abril 1903 em Araucária, Paraná, Brasil. Ela faleceu em 17/11/1976 em Contenda, Paraná, Brasil. Ela teve um relacionamento com Rega, Ricardo.

ii. Moroski, Miguel [14]. Miguel nasceu em 6 Setembro 1906 em Araucária, Paraná, Brasil. Ele faleceu em 7 Maio 1959 em Araucária, Paraná, Brasil. Ele casou com Hintze, Alma da Costa em 2 Março 1935 em Guajuvira, Paraná, Brasil.

iii. Moroski, André. André nasceu em 1909.

iv. Moroski, Carlos - Carlito. Carlos - Carlito nasceu em 1915. Ele faleceu em 25/07/1975.

v. Moroski, Maria. Maria nasceu em 1916.

Mais informações sobre Kaweski, Elizabetha e Mroczek, Joseph:

Casamento: 19 Outubro 1897, Araucária, Paraná, Brasil. Segundo casamento dele.

30. Hintze, Paul August Jonny. Paul August Jonny nasceu em 29 Julho 1881 em Hamburg, Alemanha. Ele faleceu em 17/06/1916 em Araucária, Paraná, Brasil. Ele era filho de Hintze, Johann Otto e Harm, Alvine Christine Maria. Ele casou com Costa, Maria Gomes da em 4 Dezembro 1909 em Araucária, Paraná, Brasil.

Mais informações sobre Hintze, Paul August Jonny:

Trabalho: Joalheiro.

Emigração: +-1909, Araucária, Paraná, Brasil.

31. Costa, Maria Gomes da. Maria Gomes da nasceu 13/10/1888 em Guajuvira, Paraná, Brasil. Ela faleceu em 8 Outubro 1954 em Araucária, Paraná, Brasil. Ela era filha de Guimarães, Manoel da Costa e Espirito Santo, Ritta Maria do.

Mais informações sobre Costa, Maria Gomes da:

Trabalho: Professora Maria Secante (curtume).

Filhos de Costa, Maria Gomes da e Hintze, Paul August Jonny

i. Hintze, Alvine. Alvine nasceu em 2 Março 1911 em

Araucária, Paraná, Brasil. Ela casou com Padilha, Fortunato Gonçalves em 9 Abril 1936 em Contenda, Paraná, Brasil.

    ii. Hintze, Otto. Otto nasceu em 1913 em Araucária, Paraná, Brasil. Ele faleceu em 4 Setembro 1986 em Pinhão, Paraná, Brasil.

    iii. Hintze, Nahyr. Nahyr nasceu em 31 Agosto 1914 em Araucária, Paraná, Brasil. Ela faleceu em 1998 em Araucária, Paraná, Brasil.

    iv. Hintze, Alma da Costa [15]. Alma da Costa nasceu em 6 Setembro 1915 em Araucária, Paraná, Brasil. Ela faleceu em 16/03/1992 em Araucária, Paraná, Brasil. Ela casou com Moroski, Miguel em 2 Março 1935 em Guajuvira, Paraná, Brasil.

    v. Hintze, Paulo da Costa. Paulo da Costa nasceu em 1916 em Araucária, Paraná, Brasil. Ele faleceu em 15 Janeiro 1937 em Araucária, Paraná, Brasil. Ele teve um relacionamento com , Otacilia. Ele também teve um relacionamento com Desconhecido.

Mais informações sobre Costa, Maria Gomes da e Hintze, Paul August Jonny:

    Casamento: 4 Dezembro 1909, Araucária, Paraná, Brasil.

Geração 6

32. Silvente, Pedro Ruiz. Pedro Ruiz nasceu em 1876 em Murcia, Espanha. Ele faleceu em Tabatinga, Brasil. Ele casou com Martinez, Micaela Venancia Soler em Tabatinga, Sao Paulo, Brasil.

33. Martinez, Micaela Venancia Soler. Micaela Venancia Soler nasceu em 19 Maio 1878 em Puerto Lumbreras, Murcia, Espanha. Ela faleceu em 13 Maio 1945 em tremembé, Tabatinga, São Paulo, Brasil com 66 anos, 11 meses de idade. Ela era filha de Soler, Domingo e Martinez, Angela.

    Filhos de Martinez, Micaela Venancia Soler e Silvente, Pedro Ruiz

i. Soler, Francisco Ruiz [16]. Francisco Ruiz nasceu em 17 Agosto 1903 em puerto, Lumbreras, Murcia, Murcia, Espanha. Ele faleceu em 11 Dezembro 1959 em Bela Vista do Paraíso, Paraná, Brasil. Ele casou com Aravecchia, Maria em 22 Setembro 1926 em Tabatinga, Sao Paulo, Brasil.

   ii. Soler, Afonso Ruiz.

   iii. , Angelica.

   iv. , Diogo.

   v. , Pedro.

   vi. , Domingos.

   vii. , Ana -Anica.

   viii. Silvente, Maria.

Mais informações sobre Martinez, Micaela Venancia Soler e Silvente, Pedro Ruiz:

   Casamento: Tabatinga, Sao Paulo, Brasil.

34. Aravecchia, Alberto Sebastiano. Alberto Sebastiano nasceu em 19 Janeiro 1865 em Montefiorino, Modena, Italy. Ele faleceu em 14/06/1930 em Tabatinga, Brasil. Ele era filho de Aravecchia, Giuseppe Domenico e Capitani, Victtoria. Ele casou com Linari, Caterina em 13 Novembro 1890 em Frassinoro,
Modena, Emilia-Romagna, Italy.

   Mais informações sobre Aravecchia, Alberto Sebastiano:

   Emigração: 7 Abril 1893. Brrjanrio.Ol.0.Rpv.Prj.5006 Agricultor Data De Chegada 04/07/1893 Porto De Entrada Gênova Navio La France.

   Batismo adulto: Domingos Araveckia Gender: Male Christening: July 7 1896 Nossa Senhora Das Dores, Brotas, São

Paulo, Brasil Residence: Brotas, São Paulo, Brasil Father: Alberto Araveckia Mother: Catharina Araveckia Indexing Project (Batch) Number: C00732-0 Sys.

Imigração: 7 Abril 1893, Rio de Janeiro, Rio de Janeiro, Brasil. Partindo de Genova no Navio La France BRRJANRIO.OL.0.RPV.PRJ.5006 já tinha uma filha Santina.

35. Linari, Caterina. Caterina nasceu em 19 Março 1872 em Frassinoro, Modena, Emilia-Romagna, Italy. Ela faleceu em 1936 em Tabatinga, Sao Paulo, Brasil com 63 anos, 9 meses de idade. Ela era filha de Linari, Giacomo e Piacentini, Maria.

Mais informações sobre Linari, Caterina:

filhos: Maria Soler Ruiz (Sol. Aravechia) Clementina Sgarbi (Sol. Aravechia /Herminia) Domingos Aravechia Carlos Aravechia Antônio Aravechia Josefina ? (Sol. Aravechia) Vitoria Aravechia Anita Aravechia José Aravechia.

Filhos de Linari, Caterina e Aravecchia, Alberto Sebastiano

i. Aravecchia, Anita.

ii. Aravecchia, Santa. Santa nasceu 24/01/1892 em Montefiorino, Modena, Italy.

iii. Aravecchia, Carlos. Carlos nasceu em 1894. Ele faleceu em 1961.

iv. Aravecchia, Domingos. Domingos nasceu em 7 Julho 1896 em Brotas, Sao Paulo, Brasil.

v. Aravecchia, Maria [17]. Maria nasceu em 20 Dezembro 1905 em Boa esperaça do sul, São Paulo, Sao Paulo, Brasil. Ela faleceu em 11 Fevereiro 1992 em Londrina, Paraná, Brasil. Ela casou com Soler, Francisco Ruiz em 22 Setembro 1926 em Tabatinga, Sao Paulo, Brasil.

vi. Aravecchia Sgarbi, Clementina - Hermina. Clementina -

Hermina nasceu 14/11/1909 em Boa esperaça do sul, São Paulo, Sao Paulo, Brasil.

    vii. Aravecchia, José. José nasceu em 1912. Ele faleceu em 1988.

    viii. Aravecchia, Antonio.

    ix. Aravecchia, Jusefina - pina.

Mais informações sobre Linari, Caterina e Aravecchia, Alberto Sebastiano:

Casamento: 13 Novembro 1890, Frassinoro, Modena, Emilia-Romagna, Italy. Atto 41 comune de Frassinoro.

36. Ribeiro, Gabriel de Campos. Gabriel de Campos nasceu em Era Bom Sucesso- Hoje É Avaré. Ele teve um relacionamento com Ferreira, Maria Nery.

Mais informações sobre Ribeiro, Gabriel de Campos:

Ocupação: 8 Janeiro 1882, Itatinga, Sao Paulo, Brasil. suplente do sub delegado.

Ocupação: 4 Março 1891, Itatinga, Sao Paulo, Brasil. Juiz de paz em itatinga.

37. Ferreira, Maria Nery. Maria Nery nasceu Em Era Bom Sucesso- Hoje É Avaré.

Filhos de Ferreira, Maria Nery e Ribeiro, Gabriel de Campos

    i. Ribeiro, Joaquim Campos [18]. Joaquim Campos nasceu em 1884 em Itatinga, Sao Paulo, Brasil. Ele faleceu em 1970 em Itatinga, Sao Paulo, Brasil. Ele casou com Tieghi, Adelia em 1911 em Itatinga, Sao Paulo, Brasil.

    ii. Ribeiro, Mario dos Campos. Mario dos Campos nasceu em 1909 em Itatinga, Sao Paulo, Brasil. Ele faleceu em 1 Julho 1981 em Bela Vista do Paraíso, Paraná, Brasil.

38. Tieghi, Fortunato Francesco. Fortunato Francesco nasceu em 24 Novembro 1844 em Canaro, Rovigo. Ele faleceu em 1921 com 76 anos, 1 mês de idade. Ele era filho de Tieghi, Carlos e Bencivelli, Elisabetta. Ele casou com Gennari, Angela em 10 Junho 1875 em Canaro, Rovigo, Veneto, Italy.

Mais informações sobre Tieghi, Fortunato Francesco:

Emigração: 9 Setembro 1892. Nome Fortunato Sobrenome Tieghi Idade 44 Família 02117 Chegada 09/09/1892 Parentesco Marido Nacionalidade Italiana Livro 034 Página 217 Destinazione: Sorocabanave: Espagne.

39. Gennari, Angela. Angela nasceu em Italia.

Mais informações sobre Gennari, Angela:

Emigração: 9 Setembro 1892. Idade 38 Família 02117 Chegada 09/09/1892 Parentesco esposa Nacionalidade italiana Livro 034 Página 217.

Filhos de Gennari, Angela e Tieghi, Fortunato Francesco

i. Tieghi, Adelia [19]. Adelia nasceu em 1889 em Campo, largo, de, Sorocaba, Sao Paulo, Brasil. Ela faleceu em 21/08/1976 em Umuarama, Paraná, Brasil. Ela casou com Ribeiro, Joaquim Campos em 1911 em Itatinga, Sao Paulo, Brasil.

Mais informações sobre Gennari, Angela e Tieghi, Fortunato Francesco:

Casamento: 10 Junho 1875, Canaro, Rovigo, Veneto, Italy.

40. Souza, João Carlos de. João Carlos de nasceu em Santa Cruz do Rio Pardo, Sao Paulo, Brasil. Ele teve um relacionamento com Jesus, Laudelina Maria de.

41. Jesus, Laudelina Maria de. Laudelina Maria de nasceu

25/03/1880 em Poços de Caldas, Minas Gerais, Brasil. Ela era filha de Gregório, Francisco e Jacinto, Maria.

Filhos de Jesus, Laudelina Maria de e Souza, João Carlos de

i. Souza, Silvestre Venancio de [20]. Silvestre Venancio de nasceu em 18 Maio 1898 em Santa Cruz do Rio Pardo, Sao Paulo, Brasil. Ele faleceu em 19 Junho 1981 em Novo Mundo, Mato Grosso do Sul, Brasil. Ele casou com Camargo, Helena Leite de em 31 Julho 1926 em Palmital, Sao Paulo, Brasil.

ii. Souza, Alice Leite de.

iii. Souza, Maria Leite de.

iv. Souza, Jandira Leite de.

v. Souza, Laudelina Leite de Souza.

vi. Souza, Pedro Alcântara de.

vii. Souza, João de.

viii. Souza, José de.

42. Almeida, Balthazar Leite de. Balthazar Leite de nasceu em 14 Maio 1854 em Nossa Senhora Da Conceição, Tatuí, São Paulo, Brasil. Ele foi batizado em 14 Maio 1854 em Nossa Senhora Da Conceição, Tatuí, São Paulo, Brasil. Ele era filho de , João Nunes - Leite e Rosa, Maria. Ele teve um
relacionamento com Camargo, Anna Paula de.

Mais informações sobre Almeida, Balthazar Leite de:

Batismo: 14 Maio 1854, Nossa Senhora Da Conceição, Tatuí, São Paulo, Brasil. Indexing Project (Batch) Number: C03798-0 System Origin: Brasil-EASy GS Film number: 1154033 Reference ID: V 4 p 89.

43. Camargo, Anna Paula de. Anna Paula de nasceu

06/feb/1877 em Tatuí, Sao Paulo, Brasil. Ela foi batizada em 6 Fevereiro 1877 em Nossa Senhora da Conceição, Tatuí, São Paulo, Brasil. Ela era filha de Albuquerque, Manoel Ribeiro de e Penteado, Candida de Camargo.

Anotações para Camargo, Anna Paula de
Mais informações sobre Camargo, Anna Paula de:

Batismo: 6 Fevereiro 1877, Nossa Senhora da Conceição, Tatuí, São Paulo, Brasil.

Filhos de Camargo, Anna Paula de e Almeida, Balthazar Leite de

i. Camargo, Helena Leite de [21]. Helena Leite de nasceu em 31 Julho 1906 em Conchas, Sao Paulo, Brasil. Ela faleceu em 1940. Ela casou com Souza, Silvestre Venancio de em 31 Julho 1926 em Palmital, Sao Paulo, Brasil.

44. Demiediuk, Kasyan. Kasyan nasceu em 1875. Ele teve um relacionamento com , Jefimija Kasyanovna ou Kasyannikov.

45. , Jefimija Kasyanovna ou Kasyannikov. Jefimija Kasyanovna ou Kasyannikov nasceu em 1880.

Filhos de , Jefimija Kasyanovna ou Kasyannikov e Demiediuk, Kasyan

i. Demiediuk, Mitrofan [22]. Mitrofan nasceu em 1 Junho 1911 em Podomsha, Brzeskie, Poland. Ele faleceu em 6 Agosto 1976 em IV centenário, Paraná, Brasil. Ele casou com Schroeder, Paulina Francisca em 18 Maio 1935 em Canoinhas, Santa catarina, Brasil.

46. Schroeder, Gustav Wilherm. Gustav Wilherm nasceu em 25 Junho 1869 em Joinvile, Santa catarina, Brasil. Ele faleceu em 19/06/1943 em Canoinhas, Santa catarina, Brasil. Ele era filho de Schroeder, Wilhelm e Shroeder, Guilhermina Frederica. Ele teve um relacionamento com Metze, Clara Marie Louise.

Mais informações sobre Schroeder, Gustav Wilherm:

Imigração: 22/12/1890. Chegou em Santos aos 20 anos.

47. Metze, Clara Marie Louise. Clara Marie Louise nasceu em 8 Julho 1875 em Dresden, Saxony, Alemanha. Ela faleceu em 7 Abril 1941 em Canoinhas, Santa catarina, Brasil com 65 anos, 8 meses de idade. Ela era filha de Metze, Carl Friedrich e Foerster, Louisa Wilhelmine.

Mais informações sobre Metze, Clara Marie Louise:

Imigração: 18/10/1880, Hamburg, Alemanha. Navio Santos Metze, Carl F.: 30 anos, ecônomo, Dresden, Saxônia, c/ mulher Wilhelmine (30), filhas Clara (5), Minna (1 mês), protestantes, 3ª classe. (J e L.

Filhos de Metze, Clara Marie Louise e Schroeder, Gustav Wilherm

i. Schroeder, Paulina Francisca [23]. Paulina Francisca nasceu em 5 Fevereiro 1912 em Canoinhas, Santa catarina, Brasil. Ela faleceu em 18/06/1974 em quarto centenário, Paraná, Brasil. Ela casou com Demiediuk, Mitrofan em 18 Maio 1935 em Canoinhas, Santa catarina, Brasil.

ii. Schroeder, Gustavo Guilherme Junior. Gustavo Guilherme nasceu 25/05/1918 em Canoinhas, Santa catarina, Brasil. Ele faleceu em 10 Março 2002 em São Paulo, Sao Paulo, Brasil.

48. Ganzert, Wilhelm Friedrich. Wilhelm Friedrich nasceu em 7 Junho 1831 em Damelang, Zauch-Belzig, Brandenburg, Alemanha. Ele faleceu em Lapa, Paraná, Brasil. Ele era filho de Ganzert, Johann Carl e Wegner, Dorothee Louise. Ele teve um relacionamento com Hagen, Louise.

49. Hagen, Louise. Louise nasceu em 1840 em Damelang, Zauch-Belzig, Brandenburg, Alemanha. Ela faleceu em Lapa, Paraná, Brasil.

Anotações para Hagen, Louise

Mais informações sobre Hagen, Louise:

Residência: Damelang, Brandenburg.

Arrival: Lissabon; Brasilien.

Departure: 18 Okt 1880, Hamburg.

Filhos de Hagen, Louise e Ganzert, Wilhelm Friedrich

i. Ganzert, August Friedrich Carl [24]. August Friedrich Carl nasceu em 12 Julho 1865 em Kamern, Stendal, Saxony-Anhalt, Alemanha. Ele faleceu em 19/06/1942 em Lapa, Paraná, Brasil. Ele casou com Wormsbecher, Ana Catharina em 25 Maio 1891 em Lapa, Paraná, Brasil.

ii. Ganzert, Elza.

iii. Ganzert, Frederich.

iv. Ganzert, Wilherm.

50. Wormsbecher, Johann Friedrich. Johann Friedrich nasceu 19/12/1832 em Kathatinenstadt-, Volga, Kirov, Russia. Ele faleceu em 16/03/1925 em Rio Negro, Paraná, Brasil. Ele era filho de Wormsbecher, Hermann e , Anna Maria Wormsbecher (Keilmann). Ele teve um relacionamento com Gulyach, Margretha.

Mais informações sobre Wormsbecher, Johann Friedrich:

Censo: 1870, Kathatinenstadt-, Volga, Kirov, Russia. Apareceu no Censo de 1870 com os irmãos Friedrich, Hermann e Peter.

Complemento: 1878. Rio de Janeiro de 04/09/1878 no Vapor Bahia Vido de Hamburgo. Declararam-se Russos procedentes de Ober-Monjou http://cvgs.cu-portland.edu/.../colony_ober_monjou.cfm.

Imigração: 9 Abril 1878, Rio de Janeiro, Rio de Janeiro, Brasil. Anna Catharina Wormsbecher 9anos veio com os pais e irmãos (Andreas 11, Friedrich 6, Johann 1, Maria 4, Philipp 17) e os pais Johann Friedrich Wormsbecher 46 e Margaretha Wormsbecher 42. Chegaram ao Rio de Janeiro de 04/09/1878 no Vapor Bahia Vido de Hamb.

Religião: Fundadores da igreja luterana na lapa https://www.luteranoslapa.com/historia.

51. Gulyach, Margretha. Margretha nasceu 27/04/1836 em Kathatinenstadt-, Volga, Kirov, Russia. Ela faleceu em 21/09/1911 em Rio Negro, Paraná, Brasil. Ela era filha de Gulyach, Jacob e Gulyach, Helena.

Anotações para Gulyach, Margretha

Registros não importados para INDI (individual) Id Gramps P114:
Mais informações sobre Gulyach, Margretha:

Arrival: 1878, Rio de Janeiro, Brasil.

Filhos de Gulyach, Margretha e Wormsbecher, Johann Friedrich

   i. Wormsbecher, Phillip. Phillip nasceu em 1861. Ele faleceu em Brasil.

   ii. Wormsbecher, Andreas. Andreas nasceu em 1867. Ele faleceu em Brasil.

   iii. Wormsbecher, Friedrich. Friedrich nasceu em 1872.

   iv. Wormsbecher, Maria. Maria nasceu em 1874.

   v. Wormsbecher, Ana Catharina [25]. Ana Catharina nasceu em 2 Novembro 1875 em Kathatinenstadt-, Volga, Kirov, Russia. Ela faleceu em 10 Outubro 1955 em Lapa, Paraná, Brasil. Ela casou com Ganzert, August Friedrich Carl em 25 Maio 1891 em Lapa, Paraná, Brasil.

   vi. Wormsbecher, Catherine.

   vii. Wormsbecher, Andreas.

   viii. Wormsbecher, Philip.

   ix. Wormsbecher, Johann. Johann nasceu em 1877. Ele faleceu em Brasil.

   x. Wormsbecher, Johann Gottlieb Wormsbecher.

52. Ribas, Julio Taborda. Julio Taborda nasceu em 11 Julho 1874 em Curitiba, Parana, Brasil. Ele faleceu em 7 Janeiro 1958 em Curitiba, Parana, Brasil com 83 anos, 5 meses de idade. Ele era filho de Ribas, Cel. Manoel Virissimo Taborda e Cordeiro, Francisca Pires. Ele teve um relacionamento com
   Mendes, Etelvina. Ele também casou com Cruz, Arminda Fernandes da em 1896 em Curitiba, Parana, Brasil.

53. Cruz, Arminda Fernandes da. Arminda Fernandes da nasceu em 2 Janeiro 1883 em Curitiba, Parana, Brasil. Ela foi batizada 26/02/1883 em Curitiba, Parana, Brasil. Ela era filha de Cruz, João da e Oliveira, Benedita de.

Mais informações sobre Cruz, Arminda Fernandes da:

Batismo: 26/02/1883, Curitiba, Parana, Brasil. N. Sra da Luz da Catedral.

Filhos de Cruz, Arminda Fernandes da e Ribas, Julio Taborda

   i. Ribas, Nestor Vasco. Nestor Vasco nasceu em 1897 em Curitiba, Parana, Brasil. Ele faleceu em 16 Novembro 1965 em Curitiba, Parana, Brasil. Ele teve um relacionamento com Ribas, Francisca Braborsa.

   ii. Ribas, Olympio Fernandes [26]. Olympio Fernandes

nasceu em 1899 em Araucária, Paraná, Brasil. Ele faleceu em 15/08/1977 em Curitiba ou 1974. Ele teve um relacionamento com Ribeiro, Tiburcia Pinto.

Mais informações sobre Cruz, Arminda Fernandes da e Ribas, Julio Taborda:

Casamento: 1896, Curitiba, Parana, Brasil. proclames em dez 1895 ou araucaria.

54. Ribeiro, Jose Pinto. Jose Pinto nasceu em Portugal. Ele teve um relacionamento com Anjos, Veridiana Mendes Dos.

55. Anjos, Veridiana Mendes Dos. Veridiana Mendes Dos nasceu em 1881 em Curitiba, Parana, Brasil. Ela faleceu em 3 Março 1955 em Curitiba, Parana, Brasil com 74 anos, 2 meses de idade. Ela era filha de Anjos, Miguel Mendes dos e Anjos, Maria Vieira dos.

Anotações para Anjos, Veridiana Mendes Dos

Filhos de Anjos, Veridiana Mendes Dos e Ribeiro, Jose Pinto

i. Ribeiro, Manoel. Manoel nasceu em 9 Setembro 1896 em Araucária, Paraná, Brasil.

ii. Ribeiro, Miguel Mendes. Miguel Mendes nasceu 29/11/1897 em Curitiba, Parana, Brasil.

iii. Ribeiro, Tiburcia Pinto [27]. Tiburcia Pinto nasceu em 2 Agosto 1901 em Araucária, Paraná, Brasil. Ela faleceu em 16/05/1983 em Curitiba, Parana, Brasil. Ela teve um relacionamento com Ribas, Olympio Fernandes. Ela também teve um relacionamento com Andrade, Lindolfo. Ela também teve um relacionamento com Pinto, Pio Duarte.

56. Mroczek, Antonio. Ele teve um relacionamento com Mroczek, Julia.

57. Mroczek, Julia. Julia nasceu em Poland.

Filhos de Mroczek, Julia e Mroczek, Antonio

i. Mroczek, Joseph [28]. Joseph nasceu em 6 Novembro 1862 em Ropczyce, Podkarpackie, Poland. Ele faleceu em 7 Outubro 1927 em Lapa, Paraná, Brasil. Ele teve um relacionamento com Inrirost, Victoria. Ele também casou com Kaweski, Elizabetha em 19 Outubro 1897 em Araucária, Paraná, Brasil.

58. Kaweski, Andre. Ele faleceu em Araucária, Paraná, Brasil. Ele teve um relacionamento com Warcholyk, Antonina.

Anotações para Kaweski, Andre

Registros não importados para INDI (individual) Id Gramps P133:

Linha ignorada por não ser compreendida Line 1820: 3 _APID 1,9798::8760112

59. Warcholyk, Antonina. Antonina nasceu 17/05/1857 em Ropica Polska,Rzeszowskiego,Poland. Ela faleceu em Araucária, Paraná, Brasil. Ela era filha de Warcholyk, Michael e Hudek, Agatha.

Filhos de Warcholyk, Antonina e Kaweski, Andre

i. Kaweski, Elizabetha [29]. Elizabetha nasceu em 1880 em Araucária, Paraná, Brasil. Ela faleceu em 22/04/1937 em Lapa, Paraná, Brasil. Ela casou com Mroczek, Joseph em 19 Outubro 1897 em Araucária, Paraná, Brasil.

60. Hintze, Johann Otto. Johann Otto nasceu em 25 Janeiro 1839 em Hamburg, Alemanha. Ele faleceu em 21 Dezembro 1909 em Hamburg, Alemanha com 70 anos, 10 meses de idade. Ele era filho de Hintze, Otto Nicolaus e Hejen, Catharina Rebecca. Ele teve um relacionamento com Harm, Alvine Christine Maria.

61. Harm, Alvine Christine Maria. Alvine Christine Maria nasceu em 4 Fevereiro 1852 em Kiel, Schleswig-Holstein, Alemanha. Ela faleceu em 3 Janeiro 1921 em Hamburg, Alemanha com 68 anos, 10 meses de idade.

Filhos de Harm, Alvine Christine Maria e Hintze, Johann Otto

 i. Hintze, Paul August Jonny [30]. Paul August Jonny nasceu em 29 Julho 1881 em Hamburg, Alemanha. Ele faleceu em 17/06/1916 em Araucária, Paraná, Brasil. Ele casou com Costa, Maria Gomes da em 4 Dezembro 1909 em Araucária, Paraná, Brasil.

 ii. Hintze, Carl August Walter. Carl August Walter nasceu em 18 Fevereiro 1891 em Hamburg, Alemanha.

62. Guimarães, Manoel da Costa. Manoel da Costa nasceu em 1862 em Curitiba, Parana, Brasil. Ele faleceu em 14 Janeiro 1905 em Curitiba, Parana, Brasil com 43 anos, 13 dias de idade. Ele era filho de Costa, José Joaquim da e Costa, Francisca Alves da. Ele casou com Espirito Santo, Ritta Maria do em 2
Julho 1885 em Araucária, Paraná, Brasil.

Mais informações sobre Guimarães, Manoel da Costa:

Ocupação: 1892, Araucária, Paraná, Brasil. Na época da criação do Município de Araucária, em 1890, os primeiros representantes do Legislativo eram chamados "VOGAIS" e eram nomeados. A denominação só persistiu até 1892. 9 – Manoel da Costa Guimarães 07/04/1891 a 08/11/1891.

63. Espirito Santo, Ritta Maria do. Ritta Maria do nasceu em 1861 em Castro, Paraná, Brasil. Ela faleceu em 7 Novembro 1927 em Curitiba, Parana, Brasil com 66 anos, 10 meses de idade. Ela era filha de Oliveira, Cap. Jesuino Gomes de e Espirito Santo, Florisbella Maria do.

Filhos de Espirito Santo, Ritta Maria do e Guimarães, Manoel da Costa

i. da Costa, Victor Gomes. Victor Gomes nasceu em 1887. Ele casou com Pereira, Elvia Pia em 20 Julho 1907 em Araucária, Paraná, Brasil.

ii. Costa, Maria Gomes da [31]. Maria Gomes da nasceu 13/10/1888 em Guajuvira, Paraná, Brasil. Ela faleceu em 8 Outubro 1954 em Araucária, Paraná, Brasil. Ela casou com Hintze, Paul August Jonny em 4 Dezembro 1909 em Araucária, Paraná, Brasil. Ela também teve um relacionamento com Cubas, Jose Joao de Lima.

iii. Costa, Noemia Gomes da. Noemia Gomes da nasceu em 1889. Ela faleceu em Jaguariaíva, Paraná, Brasil. Ela teve um relacionamento com Pires, José de Souza.

iv. da Costa, Herciles Gomes. Herciles Gomes nasceu em 1891. Ele teve um relacionamento com Flaresso, Maria Luisa.

v. da Costa, Ritta Gomes. Ritta Gomes nasceu em 1893. Ela teve um relacionamento com Barboza, Antonio Rolin.

vi. Costa, Eliza Gomes da. Eliza Gomes da nasceu em 1894. Ela faleceu em 1908.

vii. da Costa, Brasilio Gomes. Brasilio Gomes nasceu em 1897. Ele faleceu em 14 Junho 1960 em Curitiba, Parana, Brasil. Ele teve um relacionamento com Novello, Francisca.

viii. Costa, Euridice Gomes da. Euridice Gomes da nasceu em 1900. Ela casou com Pires, Benedito de Souza em 25 Julho 1914.

ix. Costa, Balbina Gomes da. Balbina Gomes da nasceu em 1901. Ela faleceu em 30 Outubro 1922. Ela teve um relacionamento com Miranda, Dulcidio F. de.

x. da Costa, Stina Gomes. Stina Gomes nasceu em 1902. Ela casou com Cubas, Alfredo Machado em 20 Outubro 1923 em Araucária, Paraná, Brasil.

Mais informações sobre Espirito Santo, Ritta Maria do e Guimarães, Manoel da Costa:

Casamento: 2 Julho 1885, Araucária, Paraná, Brasil.

Geração 7

66. Soler, Domingo. Domingo nasceu em Puerto Lumbreras, Murcia, Espanha. Ele era filho de Soler, Alfonso e , Micaela Perez. Ele teve um relacionamento com Martinez, Angela.

67. Martinez, Angela. Angela nasceu em Puerto Lumbreras, Murcia, Espanha. Ela era filha de Martinez, Juan e , Maria Martinez.

Filhos de Martinez, Angela e Soler, Domingo

    i. Martinez, Micaela Venancia Soler [33]. Micaela Venancia Soler nasceu em 19 Maio 1878 em Puerto Lumbreras, Murcia, Espanha. Ela faleceu em 13 Maio 1945 em tremembé, Tabatinga, São Paulo, Brasil. Ela casou com Silvente, Pedro Ruiz em Tabatinga, Sao Paulo, Brasil.

    ii. Egea, Maria Garcia.

68. Aravecchia, Giuseppe Domenico. Giuseppe Domenico nasceu em 1831 em Montefiorino, Modena, Italy. Ele faleceu em 1908 com 77 anos de idade. Ele era filho de Aravecchia, Antonio Giuseppe e Costi, Maria (era Pellegrino). Ele casou com Capitani, Victtoria em 3 Agosto 1857.

69. Capitani, Victtoria. Victtoria nasceu em 1831 em Montefiorino, Modena, Italy. Ela faleceu em 2 Agosto 1894 em Montefiorino, Modena, Italy com 63 anos, 7 meses de idade. Ela era filha de Capitani, Luigi e Medici, Santa.

Filhos de Capitani, Victtoria e Aravecchia, Giuseppe Domenico

i. Aravecchia, Alberto Sebastiano [34]. Alberto Sebastiano nasceu em 19 Janeiro 1865 em Montefiorino, Modena, Italy. Ele faleceu em 14/06/1930 em Tabatinga, Brasil. Ele casou com Linari, Caterina em 13 Novembro 1890 em Frassinoro, Modena, Emilia-Romagna, Italy.

ii. Aravecchia, Giovanni.

iii. Aravecchia, Nina.

iv. Aravecchia, Battista. Battista nasceu em 1857 em Montefiorino, Modena, Italy. Ele faleceu em 1929. Ele teve um relacionamento com Madalena, Torri.

Mais informações sobre Capitani, Victtoria e Aravecchia, Giuseppe Domenico:

Casamento: 3 Agosto 1857. atto di matrimonio di Aravecchia Domenico Giuseppe e Capitani Vittoria n. 52 del 1857. Da esso si ricava che il matrimonio è stato celebrato il 3 agosto, che Domenico Giuseppe, figlio di Antonio e Costi Maria (e non Corti) ha 26 anni (per cu i dovrebbe e.

70. Linari, Giacomo. Giacomo nasceu em 1833. Ele faleceu em 17 Agosto 1892 com 59 anos, 7 meses de idade. Ele era filho de Linari, Angelo e , Domenica. Ele teve um relacionamento com Piacentini, Maria.

71. Piacentini, Maria. Maria nasceu em Frassinoro, Modena, Emilia-Romagna, Italy. Ela era filha de Piacentini, Giovani.

Filhos de Piacentini, Maria e Linari, Giacomo

i. Linari, Caterina [35]. Caterina nasceu em 19 Março 1872 em Frassinoro, Modena, Emilia-Romagna, Italy. Ela faleceu em 1936 em Tabatinga, Sao Paulo, Brasil. Ela casou com Aravecchia, Alberto Sebastiano em 13 Novembro 1890 em Frassinoro, Modena, Emilia-Romagna, Italy.

ii. Linari, Luigi. Luigi nasceu em 4 Abril 1877 em Frassinoro,

Modena, Emilia-Romagna, Italy.

iii. Linari, Biagio. Biagio nasceu em 16 Abril 1879 em Frassinoro, Modena, Emilia-Romagna, Italy.

iv. Linari, Luigi. Luigi nasceu em 5 Novembro 1882 em Frassinoro, Modena, Emilia-Romagna, Italy.

v. Linari, Maria Assunta. Maria Assunta nasceu 29/06/1887 em Frassinoro, Modena, Emilia-Romagna, Italy.

76. Tieghi, Carlos. Carlos nasceu em 8 Junho 1820 em Italia. Ele faleceu em 7 Março 1903 com 82 anos, 8 meses de idade. Ele teve um relacionamento com Bencivelli, Elisabetta.

77. Bencivelli, Elisabetta. Elisabetta nasceu em 6 Setembro 1823 em Italia. Ela faleceu em 2 Outubro 1904 com 81 anos, 26 dias de idade.

Filhos de Bencivelli, Elisabetta e Tieghi, Carlos

i. Tieghi, Luigi. Luigi nasceu em 5 Março 1841. Ele faleceu em 2 Setembro 1919.

ii. Tieghi, Fortunato Francesco [38]. Fortunato Francesco nasceu em 24 Novembro 1844 em Canaro, Rovigo. Ele faleceu em 1921. Ele casou com Gennari, Angela em 10 Junho 1875 em Canaro, Rovigo, Veneto, Italy.

82. Gregório, Francisco. Francisco nasceu em Minas Gerais, Brasil. Ele era filho de Gregório, Manoel e Gregorio, Jorgina. Ele teve um relacionamento com Jacinto, Maria.

83. Jacinto, Maria. Maria nasceu em Minas Gerais, Brasil.

Filhos de Jacinto, Maria e Gregório, Francisco

i. Jesus, Laudelina Maria de [41]. Laudelina Maria de nasceu 25/03/1880 em Poços de Caldas, Minas Gerais, Brasil. Ela teve um relacionamento com Souza, João Carlos de.

84. , João Nunes - Leite. João Nunes - Leite nasceu em Itapetininga, Sao Paulo, Brasil. Ele era filho de , José Rodrigues e , Maria Antunes. Ele casou com Rosa, Maria em 16 Setembro 1847 em Nossa Senhora Da Conceição, Tatuí, São Paulo, Brasil.

85. Rosa, Maria. Maria nasceu em Tatuí, Sao Paulo, Brasil.

Filhos de Rosa, Maria e , João Nunes - Leite

i. Almeida, Balthazar Leite de [42]. Balthazar Leite de nasceu em 14 Maio 1854 em Nossa Senhora Da Conceição, Tatuí, São Paulo, Brasil. Ele teve um relacionamento com Camargo, Anna Paula de.

Mais informações sobre Rosa, Maria e , João Nunes - Leite:

Casamento: 16 Setembro 1847, Nossa Senhora Da Conceição, Tatuí, São Paulo, Brasil. familysearch tatuínsc 1847/1861 pg 6.

86. Albuquerque, Manoel Ribeiro de. Ele era filho de Albuquerque, Bento Correa de e Ribeiro, Maria Pedrosa. Ele casou com Penteado, Candida de Camargo em 20 Setembro 1866 em Tatuí, Sao Paulo, Brasil.

87. Penteado, Candida de Camargo. Candida de Camargo nasceu em 27 Agosto 1848 em Santíssima Trindade, Tietê, Sao Paulo, Brasil. Ela foi batizada em 6 Outubro 1848 em Santíssima Trindade, Tietê, São Paulo, Brasil. Ela era filha de Penteado, Jose De Camargo e Leite, Maria De Arruda.

Mais informações sobre Penteado, Candida de Camargo:

Batismo: 6 Outubro 1848, Santíssima Trindade, Tietê, São Paulo, Brasil. C68752-1 System Origin: Brasil-EASy GS Film number: 1154020.

Filhos de Penteado, Candida de Camargo e Albuquerque,

Manoel Ribeiro de

   i. Camargo, Anna Paula de [43]. Anna Paula de nasceu 06/feb/1877 em Tatuí, Sao Paulo, Brasil. Ela teve um relacionamento com Almeida, Balthazar Leite de.

   ii. Albuquerque, Manoel Correa de.

   iii. Camargo, Maria de. Maria de nasceu em 1868.

   iv. Camargo, Avelina Maria de. Avelina Maria de nasceu em 1871.

Mais informações sobre Penteado, Candida de Camargo e Albuquerque, Manoel Ribeiro de:

Casamento: 20 Setembro 1866, Tatuí, Sao Paulo, Brasil. Nossa Senhora da Conceição.

92. Schroeder, Wilhelm. Wilhelm nasceu em 1850 em Kastorf, Mecklenburgische Seenplatte, Mecklenburg-Vorpommern, Alemanha. Ele faleceu em Joinvile, Santa catarina, Brasil. Ele era filho de Schroeder, Johann Georg Christian e Kruger, Anna Sophia Dorothea Holing. Ele casou com Shroeder, Guilhermina Frederica em 1881 em Joinvile, Santa catarina, Brasil.

93. Shroeder, Guilhermina Frederica. Guilhermina Frederica nasceu em 1860 em Joinvile, Santa catarina, Brasil. Ela faleceu em Joinvile, Santa catarina, Brasil.

Filhos de Shroeder, Guilhermina Frederica e Schroeder, Wilhelm

   i. Schroeder, Gustav Wilherm [46]. Gustav Wilherm nasceu em 25 Junho 1869 em Joinvile, Santa catarina, Brasil. Ele faleceu em 19/06/1943 em Canoinhas, Santa catarina, Brasil. Ele teve um relacionamento com Metze, Clara Marie Louise.

Mais informações sobre Shroeder, Guilhermina Frederica e Schroeder, Wilhelm:

Casamento: 1881, Joinvile, Santa catarina, Brasil.

94. Metze, Carl Friedrich. Carl Friedrich nasceu em 1850 em Dresden, Saxony, Alemanha. Ele faleceu em 31/12/1892 em Rio Negro, Paraná, Brasil. Ele era filho de Metze, Gottfried e Tröbs, Johanna Christiana. Ele teve um relacionamento com Foerster, Louisa Wilhelmine.

Mais informações sobre Metze, Carl Friedrich:

Nascimento: 29/01/1843, Evangelisch,Punitz,Posen,Prussia. Nome Carl Friedrich Metze Sexo Male Data de batismo 29 Jan 1843 Lugar do batismo Evangelisch,Punitz,Posen,Prussia Nome do pai Gottlob Metze Nome da mãe Rosina Glabisch.

95. Foerster, Louisa Wilhelmine. Louisa Wilhelmine nasceu 20/02/1849 em Dresden, Saxony, Alemanha. Ela faleceu em 2 Agosto 1902 em Rio Negro, Paraná, Brasil.

Filhos de Foerster, Louisa Wilhelmine e Metze, Carl Friedrich

i. Metze, Clara Marie Louise [47]. Clara Marie Louise nasceu em 8 Julho 1875 em Dresden, Saxony, Alemanha. Ela faleceu em 7 Abril 1941 em Canoinhas, Santa catarina, Brasil. Ela teve um relacionamento com Schroeder, Gustav Wilherm.

96. Ganzert, Johann Carl. Johann Carl nasceu em 1799 em Alemanha. Ele faleceu em 1834 em Brandenburg, Alemanha com 35 anos de idade. Ele casou com Wegner, Dorothee Louise em 8 Outubro 1826 em ragösen, ragösen, zauch-belzig, Brandenburg, Alemanha.

97. Wegner, Dorothee Louise. Dorothee Louise nasceu em Alemanha. Ela era filha de Wagner, Cristian.

Filhos de Wegner, Dorothee Louise e Ganzert, Johann Carl

i. Ganzert, Wilhelm Friedrich [48]. Wilhelm Friedrich nasceu em 7 Junho 1831 em Damelang, Zauch-Belzig, Brandenburg, Alemanha. Ele faleceu em Lapa, Paraná, Brasil. Ele teve um relacionamento com Hagen, Louise.

Mais informações sobre Wegner, Dorothee Louise e Ganzert, Johann Carl:

Casamento: 8 Outubro 1826, ragösen, ragösen, zauch-belzig, Brandenburg, Alemanha. https://www.familysearch.org/ark:/61903/1:1:J3F2-NRG.

100. Wormsbecher, Hermann. Hermann nasceu em 1793 em Saratov, Saratovskaya Oblast', Rússia, Soviet Union. Ele faleceu em 1860 em Saratov, Saratovskaya Oblast', Rússia, Soviet Union com 67 anos de idade. Ele era filho de Wormsbecher, Hermann e Bollinger, Maria Gertrude. Ele teve um relacionamento com , Anna Maria Wormsbecher (Keilmann).

101. , Anna Maria Wormsbecher (Keilmann). Anna Maria Wormsbecher (Keilmann) nasceu em 1796 em Meinhardt, Boaro/Katharinenstadt. Ela faleceu em Katharinenstadt Deutsche Rep.an der Wolga. Ela era filha de , Johannes Keilmann e , Regina Keilmann (born Bornträger).

Filhos de , Anna Maria Wormsbecher (Keilmann) e Wormsbecher, Hermann

i. Wormsbecher, Johann Friedrich [50]. Johann Friedrich nasceu 19/12/1832 em Kathatinenstadt-, Volga, Kirov, Russia. Ele faleceu em 16/03/1925 em Rio Negro, Paraná, Brasil. Ele teve um relacionamento com Gulyach, Margretha.

102. Gulyach, Jacob. Jacob nasceu em 1810 em Kathatinenstadt-, Volga, Kirov, Russia. Ele teve um relacionamento com Gulyach, Helena.

103. Gulyach, Helena. Helena nasceu em 1810 em Kathatinenstadt-, Volga, Kirov, Russia.

Filhos de Gulyach, Helena e Gulyach, Jacob

i. Gulyach, Margretha [51]. Margretha nasceu 27/04/1836 em Kathatinenstadt-, Volga, Kirov, Russia. Ela faleceu em 21/09/1911 em Rio Negro, Paraná, Brasil. Ela teve um relacionamento com Wormsbecher, Johann Friedrich.

104. Ribas, Cel. Manoel Virissimo Taborda. Cel. Manoel Virissimo Taborda nasceu em 1847. Ele faleceu em 23/11/1931 em Curitiba, Parana, Brasil. Ele era filho de Ribas, Vasco Taborda e Conceição, Maria Joaquina da. Ele casou com Cordeiro, Francisca Pires em 7 Outubro 1871 em Araucária, Paraná, Brasil.

105. Cordeiro, Francisca Pires. Ela faleceu em 14 Março 1937 em Curitiba, Parana, Brasil. Ela era filha de Pires, João e Taborda, Manuela Maria.

Filhos de Cordeiro, Francisca Pires e Ribas, Cel. Manoel Virissimo Taborda

i. Ribas, Julio Taborda [52]. Julio Taborda nasceu em 11 Julho 1874 em Curitiba, Parana, Brasil. Ele faleceu em 7 Janeiro 1958 em Curitiba, Parana, Brasil. Ele teve um relacionamento com Mendes, Etelvina. Ele também casou com Cruz, Arminda Fernandes da em 1896 em Curitiba, Parana, Brasil.

ii. Ribas, Margarita Taborda.

iii. Ribas, Maria.

iv. Ribas, Tertuliana.

v. Ribas, Julia. Julia nasceu em 1883. Ela faleceu em 1959.

vi. Ribas, Daria.

vii. Ribas, Narcisa.

Mais informações sobre Cordeiro, Francisca Pires e Ribas, Cel. Manoel Virissimo Taborda:

Casamento: 7 Outubro 1871, Araucária, Paraná, Brasil.

106. Cruz, João da. Ele teve um relacionamento com Oliveira, Benedita de.

107. Oliveira, Benedita de.

Anotações para Oliveira, Benedita de
Filhos de Oliveira, Benedita de e Cruz, João da

i. Cruz, Arminda Fernandes da [53]. Arminda Fernandes da nasceu em 2 Janeiro 1883 em Curitiba, Parana, Brasil. Ela casou com Ribas, Julio Taborda em 1896 em Curitiba, Parana, Brasil.

110. Anjos, Miguel Mendes dos. Miguel Mendes dos nasceu em Curitiba, Parana, Brasil. Ele teve um relacionamento com Anjos, Maria Vieira dos.

111. Anjos, Maria Vieira dos. Maria Vieira dos nasceu em Curitiba, Parana, Brasil. Ela era filha de Santos, Manoel Vieira dos e Lima, Amélia Soares de.

Filhos de Anjos, Maria Vieira dos e Anjos, Miguel Mendes dos

i. Anjos, Veridiana Mendes Dos [55]. Veridiana Mendes Dos nasceu em 1881 em Curitiba, Parana, Brasil. Ela faleceu em 3 Março 1955 em Curitiba, Parana, Brasil. Ela teve um relacionamento com Ribeiro, Jose Pinto. Ela também teve um relacionamento com Cruz, Custódio da. Ela também teve um relacionamento com 2, Marido. Ela também teve um relacionamento com 3, Marido.

118. Warcholyk, Michael. Ele teve um relacionamento com Hudek, Agatha.

119. Hudek, Agatha.

Mais informações sobre Hudek, Agatha:

filhos: Stanislaus Warcholik Joannes Warcholik Josephus Warcholik Marianna Warcholik Antonia Warcholik Paulus Warcholik Franciscus Warcholik.

Filhos de Hudek, Agatha e Warcholyk, Michael

i. Warcholyk, Antonina [59]. Antonina nasceu 17/05/1857 em Ropica Polska,Rzeszowskiego,Poland. Ela faleceu em Araucária, Paraná, Brasil. Ela teve um relacionamento com Kaweski, Andre.

120. Hintze, Otto Nicolaus. Ele teve um relacionamento com Hejen, Catharina Rebecca.

121. Hejen, Catharina Rebecca.

Filhos de Hejen, Catharina Rebecca e Hintze, Otto Nicolaus

i. Hintze, Johann Otto [60]. Johann Otto nasceu em 25 Janeiro 1839 em Hamburg, Alemanha. Ele faleceu em 21 Dezembro 1909 em Hamburg, Alemanha. Ele teve um relacionamento com Harm, Alvine Christine Maria.

124. Costa, José Joaquim da. Ele teve um relacionamento com Costa, Francisca Alves da.

125. Costa, Francisca Alves da. Francisca Alves da nasceu em Araucária, Paraná, Brasil. Ela faleceu em 12 Setembro 1887 em Curitiba, Parana, Brasil. Ela era filha de Guimarães, Desconhecido Alves.

Filhos de Costa, Francisca Alves da e Costa, José Joaquim da

i. Guimarães, Manoel da Costa [62]. Manoel da Costa nasceu em 1862 em Curitiba, Parana, Brasil. Ele faleceu em 14 Janeiro 1905 em Curitiba, Parana, Brasil. Ele casou com Espirito Santo, Ritta Maria do em 2 Julho 1885 em Araucária, Paraná, Brasil.

ii. Costa Farias, Maria da Glória.

iii. Costa, José Joaquim da.

iv. Costa, Militão José da.

126. Oliveira, Cap. Jesuino Gomes de. Cap. Jesuino Gomes de nasceu em 1819. Ele faleceu em 12 Junho 1894 com 75 anos, 5 meses de idade. Ele teve um relacionamento com Espirito Santo, Florisbella Maria do.

127. Espirito Santo, Florisbella Maria do. Florisbella Maria do nasceu em 1824. Ela faleceu em 6 Junho 1902 com 78 anos, 5 meses de idade.

Filhos de Espirito Santo, Florisbella Maria do e Oliveira, Cap. Jesuino Gomes de

i. Espirito Santo, Ritta Maria do [63]. Ritta Maria do nasceu em 1861 em Castro, Paraná, Brasil. Ela faleceu em 7 Novembro 1927 em Curitiba, Parana, Brasil. Ela casou com Guimarães, Manoel da Costa em 2 Julho 1885 em Araucária, Paraná, Brasil.

ii. Valle, Manoel Gomes do.

iii. Oliveira, Leocadia Gomes de.

iv. Oliveira, Francisco Gomes de.

v. Oliveira, Gabriella Gomes de.

vi. Ribeiro, Pedro do Valle ou Pedro Gomes de Oliveira.

vii. Oliveira, Maria.

viii. Oliveira, Marcelino Gomes.

Geração 8

132. Soler, Alfonso. Alfonso nasceu em Puerto Lumbreras, Murcia, Espanha. Ele era filho de Rubio Santiago, Antonio e Solera

Leiva, María Beatriz. Ele teve um relacionamento com , Micaela Perez.

133. , Micaela Perez. Micaela Perez nasceu em Puerto Lumbreras, Murcia, Espanha.

Filhos de , Micaela Perez e Soler, Alfonso

i. Soler, Domingo [66]. Domingo nasceu em Puerto Lumbreras, Murcia, Espanha. Ele teve um relacionamento com Martinez, Angela.

134. Martinez, Juan. Juan nasceu em Puerto Lumbreras, Murcia, Espanha. Ele teve um relacionamento com , Maria Martinez.

135. , Maria Martinez. Maria Martinez nasceu em Puerto Lumbreras, Murcia, Espanha.

Filhos de , Maria Martinez e Martinez, Juan

i. Martinez, Angela [67]. Angela nasceu em Puerto Lumbreras, Murcia, Espanha. Ela teve um relacionamento com Soler, Domingo.

136. Aravecchia, Antonio Giuseppe. Antonio Giuseppe nasceu em 1803 em Montefiorino, Modena, Italy. Ele faleceu em 8 Abril 1859 em Montefiorino, Modena, Italy com 56 anos, 3 meses de idade. Ele teve um relacionamento com Costi, Maria (era Pellegrino).

137. Costi, Maria (era Pellegrino). Maria (era Pellegrino) nasceu em 1806. Ela faleceu em 25/09/1886 em Montefiorino, Modena, Italy.

Filhos de Costi, Maria (era Pellegrino) e Aravecchia, Antonio Giuseppe

i. Aravecchia, Giuseppe Domenico [68]. Giuseppe Domenico nasceu em 1831 em Montefiorino, Modena, Italy. Ele faleceu em 1908. Ele casou com Capitani, Victtoria em 3 Agosto 1857.

ii. Aravecchia, Maria Beatrice. Maria Beatrice nasceu em 1833.

138. Capitani, Luigi. Ele teve um relacionamento com Medici, Santa.

139. Medici, Santa.

Filhos de Medici, Santa e Capitani, Luigi

i. Capitani, Victtoria [69]. Victtoria nasceu em 1831 em Montefiorino, Modena, Italy. Ela faleceu em 2 Agosto 1894 em Montefiorino, Modena, Italy. Ela casou com Aravecchia, Giuseppe Domenico em 3 Agosto 1857.

140. Linari, Angelo. Ele teve um relacionamento com , Domenica.

141. , Domenica.

Filhos de , Domenica e Linari, Angelo

i. Linari, Giacomo [70]. Giacomo nasceu em 1833. Ele faleceu em 17 Agosto 1892. Ele teve um relacionamento com Piacentini, Maria.

142. Piacentini, Giovani.

Filhos de Desconhecido e Piacentini, Giovani

i. Piacentini, Maria [71]. Maria nasceu em Frassinoro, Modena, Emilia-Romagna, Italy. Ela teve um relacionamento com Linari, Giacomo.

164. Gregório, Manoel. Ele teve um relacionamento com Gregorio, Jorgina.

165. Gregorio, Jorgina.

Filhos de Gregorio, Jorgina e Gregório, Manoel

i. Gregório, Francisco [82]. Francisco nasceu em Minas Gerais, Brasil. Ele teve um relacionamento com Jacinto, Maria.

168. , José Rodrigues. Ele teve um relacionamento com , Maria Antunes.

169. , Maria Antunes.

Filhos de , Maria Antunes e , José Rodrigues

i. , João Nunes - Leite [84]. João Nunes - Leite nasceu em Itapetininga, Sao Paulo, Brasil. Ele casou com Rosa, Maria em 16 Setembro 1847 em Nossa Senhora Da Conceição, Tatuí, São Paulo, Brasil.

172. Albuquerque, Bento Correa de. Ele era filho de Meira II, Francisco Correa de e Bueno, Benta Albuquerque. Ele casou com Ribeiro, Maria Pedrosa em 7 Outubro 1854 em Tatuí, Sao Paulo, Brasil.

173. Ribeiro, Maria Pedrosa.

Filhos de Ribeiro, Maria Pedrosa e Albuquerque, Bento Correa de

i. Albuquerque, Manoel Ribeiro de [86]. Ele casou com Penteado, Candida de Camargo em 20 Setembro 1866 em Tatuí, Sao Paulo, Brasil.

ii. Albuquerque, Salvador Ribeiro de.

iii. Albuquerque, Pacífico Correa de.

iv. Albuquerque, Maria Ribeiro de.

Mais informações sobre Ribeiro, Maria Pedrosa e Albuquerque, Bento Correa de:

Casamento: 7 Outubro 1854, Tatuí, Sao Paulo, Brasil. Nossa Senhora da Conceição Tatuí.

174. Penteado, Jose De Camargo. Jose De Camargo nasceu em 1804 em itú, São Paulo, Sao Paulo, Brasil. Ele faleceu em 21/03/1857 em Tietê, Sao Paulo, Brasil. Ele era filho de Penteado, Jose De Camargo e , Anna De Camargo Penteado (born Bueno De Almeida). Ele teve um relacionamento com Leite, Maria De Arruda.

175. Leite, Maria De Arruda. Ela era filha de Leite, Garcia Rodrigues Bueno e , Francisca de Arruda Leite (ou Leite de Arruda).

Filhos de Leite, Maria De Arruda e Penteado, Jose De Camargo

i. Penteado, Candida de Camargo [87]. Candida de Camargo nasceu em 27 Agosto 1848 em Santíssima Trindade, Tietê, Sao Paulo, Brasil. Ela casou com Albuquerque, Manoel Ribeiro de em 20 Setembro 1866 em Tatuí, Sao Paulo, Brasil.

184. Schroeder, Johann Georg Christian. Johann Georg Christian nasceu em 1813 em Kastorf, Mecklenburgische Seenplatte, Mecklenburg-Vorpommern, Alemanha. Ele faleceu em 1903 com 90 anos de idade. Ele teve um relacionamento com Kruger, Anna Sophia Dorothea Holing.

Mais informações sobre Schroeder, Johann Georg Christian:

Emigração: 1856, Hamburg, Alemanha. Navio: HAMBURG Capitão: H. Ahlmann Saída de Hamburgo: 20/10/1856 Chegada na Colônia: 16/12/1856 Passageiros a bordo: 178 J e L Nascimentos a bordo: -Falecimentos a bordo: 17.

185. Kruger, Anna Sophia Dorothea Holing. Anna Sophia Dorothea Holing nasceu em 1815 em Kastorf, Mecklenburgische Seenplatte, Mecklenburg-Vorpommern, Alemanha.

Filhos de Kruger, Anna Sophia Dorothea Holing e

Schroeder, Johann Georg Christian

i. Schroeder, Wilhelm [92]. Wilhelm nasceu em 1850 em Kastorf, Mecklenburgische Seenplatte, Mecklenburg-Vorpommern, Alemanha. Ele faleceu em Joinvile, Santa catarina, Brasil. Ele casou com Shroeder, Guilhermina Frederica em 1881 em Joinvile, Santa catarina, Brasil.

188. Metze, Gottfried. Gottfried nasceu em 1815 em Dresden, Saxony, Alemanha. Ele teve um relacionamento com Tröbs, Johanna Christiana.

189. Tröbs, Johanna Christiana. Johanna Christiana nasceu em 7 Julho 1820 em Buch bei Lausigk, Sachsen, Alemanha.

Filhos de Tröbs, Johanna Christiana e Metze, Gottfried

i. Metze, Carl Friedrich [94]. Carl Friedrich nasceu em 1850 em Dresden, Saxony, Alemanha. Ele faleceu em 31/12/1892 em Rio Negro, Paraná, Brasil. Ele teve um relacionamento com Foerster, Louisa Wilhelmine.

194. Wagner, Cristian.

Filhos de Desconhecido e Wagner, Cristian

i. Wegner, Dorothee Louise [97]. Dorothee Louise nasceu em Alemanha. Ela casou com Ganzert, Johann Carl em 8 Outubro 1826 em ragösen, ragösen, zauch-belzig, Brandenburg, Alemanha.

200. Wormsbecher, Hermann. Hermann nasceu em 1759 em Marburg-friedewald, Alemanha. Ele faleceu em Kathatinenstadt-, Volga, Kirov, Russia. Ele era filho de Wormsbecher, Ernst e Blass, Maria Elisabeth. Ele teve um relacionamento com Bollinger, Maria Gertrude.

201. Bollinger, Maria Gertrude. Maria Gertrude nasceu em 1765 em Heilbronn, Heilbronn, Baden-Württemberg, Alemanha. Ela faleceu em Katharinenstadt, Saratow, Saratov, Russia. Ela era filha de Bollinger, Andreas e Bollinger, Margarethe.

Filhos de Bollinger, Maria Gertrude e Wormsbecher, Hermann

i. Wormsbecher, Hermann [100]. Hermann nasceu em 1793 em Saratov, Saratovskaya Oblast', Rússia, Soviet Union. Ele faleceu em 1860 em Saratov, Saratovskaya Oblast', Rússia, Soviet Union. Ele teve um relacionamento com , Anna Maria Wormsbecher (Keilmann).

ii. Wormsbecher, Margaretha.

iii. Wormsbecher, Johann Bernhard.

iv. Wormsbecher, Johann Andreas.

v. Wormsbecher, Conrad Karl.

vi. Wormsbecher, Johann Peter.

202. , Johannes Keilmann. Johannes Keilmann nasceu em 1775 em Meinhardt, Boaro. Ele faleceu em Unterwalden, Saratovskaja, Russland. Ele era filho de , Konrad Keilmann e , Christina Elizabeth Keilmann (born Lotz). Ele teve um relacionamento com , Regina Keilmann (born Bornträger).

203. , Regina Keilmann (born Bornträger). Regina Keilmann (born Bornträger) nasceu em 1776 em Russia. Ela era filha de , Johann Bornträger e , Maria Bonträger.

Filhos de , Regina Keilmann (born Bornträger) e , Johannes Keilmann

i. , Anna Maria Wormsbecher (Keilmann) [101]. Anna Maria Wormsbecher (Keilmann) nasceu em 1796 em Meinhardt, Boaro/Katharinenstadt. Ela faleceu em Katharinenstadt Deutsche Rep.an der Wolga. Ela teve um relacionamento com Wormsbecher, Hermann.

208. Ribas, Vasco Taborda. Vasco Taborda nasceu em 29 Maio

1807 em Curitiba, Parana, Brasil. Ele faleceu em Curitiba, Parana, Brasil. Ele era filho de Ribas, Ten. Manoel José Taborda - Cap. Nano e Ribas, Maria Rita de Medeiros de Lima Taborda. Ele teve um relacionamento com Conceição, Maria Joaquina da.

209. Conceição, Maria Joaquina da. Ela faleceu em 9 Outubro 1894 em Curitiba, Parana, Brasil.

Filhos de Conceição, Maria Joaquina da e Ribas, Vasco Taborda

i. Ribas, Cel. Manoel Virissimo Taborda [104]. Cel. Manoel Virissimo Taborda nasceu em 1847. Ele faleceu em 23/11/1931 em Curitiba, Parana, Brasil. Ele casou com Cordeiro, Francisca Pires em 7 Outubro 1871 em Araucária, Paraná, Brasil.

ii. Ribas, João Lourenço Taborda. João Lourenço Taborda nasceu em 8 Janeiro 1854 em Curitiba, Parana, Brasil.

iii. Taborda, Maria Serafina.

iv. Taborda, Joaquina Luiza.

v. Ribas, Bento Taborda. Ele teve um relacionamento com Ribas, Maria Balbina da Costa Taborda.

210. Pires, João. Ele teve um relacionamento com Taborda, Manuela Maria.

211. Taborda, Manuela Maria.

Filhos de Taborda, Manuela Maria e Pires, João

i. Cordeiro, Francisca Pires [105]. Ela faleceu em 14 Março 1937 em Curitiba, Parana, Brasil. Ela casou com Ribas, Cel. Manoel Virissimo Taborda em 7 Outubro 1871 em Araucária, Paraná, Brasil.

222. Santos, Manoel Vieira dos. Manoel Vieira dos nasceu em

1843 em Votuverava, Paraná, Brasil. Ele era filho de Santos, João Vieira dos e Oliveira, Isabel de. Ele teve um relacionamento com Lima, Amélia Soares de.

223. Lima, Amélia Soares de. Amélia Soares de nasceu em Votuverava, Paraná, Brasil.

Filhos de Lima, Amélia Soares de e Santos, Manoel Vieira dos

i. Anjos, Maria Vieira dos [111]. Maria Vieira dos nasceu em Curitiba, Parana, Brasil. Ela teve um relacionamento com Anjos, Miguel Mendes dos.

250. Guimarães, Desconhecido Alves.

Filhos de Desconhecido e Guimarães, Desconhecido Alves

i. Costa, Francisca Alves da [125]. Francisca Alves da nasceu em Araucária, Paraná, Brasil. Ela faleceu em 12 Setembro 1887 em Curitiba, Parana, Brasil. Ela teve um relacionamento com Costa, José Joaquim da.

ii. Guimarães, Dr. Francisco Alves.

Geração 9

264. Rubio Santiago, Antonio. Antonio nasceu em 17 Janeiro 1759 em Pliego, Murcia, Murcia, España. Ele faleceu em antes de 1838 em Pliego, Murcia, Murcia, España com menor que 78 anos, 11 meses de idade. Ele era filho de Rubio Vibo, Diego E Santiago Martínez, Juana. Ele Teve Um Relacionamento Com
Solera Leiva, María Beatriz.

265. Solera Leiva, María Beatriz. María Beatriz Nasceu Em 16 Setembro 1761 Em Pliego, Murcia, España. Ela Faleceu Em 18 Março 1838 Em Pliego, Murcia, España Com 76 Anos, 6 Meses De Idade. Ela Era Filha De Solera Cabrera, Alonso E De Leiva Cabrero, Juana.

Filhos De Solera Leiva, María Beatriz e Rubio Santiago, Antonio

i. Soler, Alfonso [132]. Alfonso nasceu em Puerto Lumbreras, Murcia, Espanha. Ele teve um relacionamento com , Micaela Perez.

344. Meira II, Francisco Correa de. Francisco Correa de nasceu em 1757 em Cotia, Sao Paulo, Brasil. Ele faleceu em 15 Novembro 1873 em Cotia, Sao Paulo, Brasil com 116 anos, 10 meses de idade. Ele era filho de Meira, Ignácio Corrêa De e Colonna, Ignácia Paes. Ele teve um relacionamento com Bueno,
Benta Albuquerque.

345. Bueno, Benta Albuquerque. Ela faleceu em Cotia, Sao Paulo, Brasil. Ela era filha de Albuquerque, José Machado de e Camargo, Vitoria Bueno de.

Filhos de Bueno, Benta Albuquerque e Meira II, Francisco Correa de

i. Albuquerque, Bento Correa de [172]. Ele casou com Ribeiro, Maria Pedrosa em 7 Outubro 1854 em Tatuí, Sao Paulo, Brasil.

348. Penteado, Jose De Camargo. Jose De Camargo nasceu em 1770 em Cotia, Sao Paulo, Brasil. Ele faleceu em itú, São Paulo, Sao Paulo, Brasil. Ele era filho de , Jose De Camargo Paes e , Barbara De Camargo Pais (born Pais De Barros). Ele casou com , Anna De Camargo Penteado (born Bueno De Almeida) em
1817 em Porto Feliz, Sao Paulo, Brasil.

Mais informações sobre Penteado, Jose De Camargo:

Casamento: 1817, Porto Feliz, Sao Paulo, Brasil.

349. , Anna De Camargo Penteado (born Bueno De Almeida). Anna De Camargo Penteado (born Bueno De Almeida) nasceu em 1801 em Porto Feliz, Sao Paulo, Brasil. Ela era filha de , Manoel José de Sampaio e , Isabel Maria de Arruda.

Filhos de , Anna De Camargo Penteado (born Bueno De Almeida) e Penteado, Jose De Camargo

i. Penteado, Jose De Camargo [174]. Jose De Camargo nasceu em 1804 em itú, São Paulo, Sao Paulo, Brasil. Ele faleceu em 21/03/1857 em Tietê, Sao Paulo, Brasil. Ele teve um relacionamento com Leite, Maria De Arruda.

Mais informações sobre , Anna De Camargo Penteado (born Bueno De Almeida) e Penteado, Jose De Camargo:

Casamento: 1817, Porto Feliz, Sao Paulo, Brasil. segundo casamento dele.

350. Leite, Garcia Rodrigues Bueno. Ele teve um relacionamento com , Francisca de Arruda Leite (ou Leite de Arruda).

351. , Francisca de Arruda Leite (ou Leite de Arruda).

Filhos de , Francisca de Arruda Leite (ou Leite de Arruda) e Leite, Garcia Rodrigues Bueno

i. Leite, Maria De Arruda [175]. Ela teve um relacionamento com Penteado, Jose De Camargo.

400. Wormsbecher, Ernst. Ernst nasceu em 1729 em Marburg-friedewald, Alemanha. Ele faleceu em 1778 em Kathatinenstadt-, Volga, Kirov, Russia com 49 anos de idade. Ele teve um relacionamento com Blass, Maria Elisabeth.

401. Blass, Maria Elisabeth. Maria Elisabeth nasceu em 1733 em Alemanha. Ela faleceu em Kathatinenstadt-, Volga, Kirov, Russia.

Mais informações sobre Blass, Maria Elisabeth:

Censo: 1798, Kathatinenstadt-, Volga, Kirov, Russia. https://www.yumpu.com/de/document/view/29790643/einwoh nerliste-von-katharinenstadt-fa-1-4-r-das-jahr-1798/7.

Filhos de Blass, Maria Elisabeth e Wormsbecher, Ernst

i. Wormsbecher, Hermann [200]. Hermann nasceu em 1759 em Marburg-friedewald, Alemanha. Ele faleceu em Kathatinenstadt-, Volga, Kirov, Russia. Ele teve um relacionamento com Bollinger, Maria Gertrude.

402. Bollinger, Andreas. Andreas nasceu em Heilbron. Ele faleceu em Katharinenstadt, Saratow, Saratov, Russia. Ele teve um relacionamento com Bollinger, Margarethe.

403. Bollinger, Margarethe. Margarethe nasceu em Heilbronn, Ansbach, Bavaria, Alemanha. Ela faleceu em Kathatinenstadt-, Volga, Kirov, Russia.

Filhos de Bollinger, Margarethe e Bollinger, Andreas

i. Bollinger, Maria Gertrude [201]. Maria Gertrude nasceu em 1765 em Heilbronn, Heilbronn, Baden-Württemberg, Alemanha. Ela faleceu em Katharinenstadt, Saratow, Saratov, Russia. Ela teve um relacionamento com Wormsbecher, Hermann.

ii. Bollinger, Rosina Christina. Rosina Christina nasceu em 1766.

404. , Konrad Keilmann. Konrad Keilmann nasceu em 1746 em Meinhart, Unterweltin, Russia. Ele teve um relacionamento com , Christina Elizabeth Keilmann (born Lotz).

405. , Christina Elizabeth Keilmann (born Lotz). Christina Elizabeth Keilmann (born Lotz) nasceu em 1753 em Meinhart, Unterweltin, Russia. Ela era filha de , Johann Heinrich Lotz.

Filhos de , Christina Elizabeth Keilmann (born Lotz) e , Konrad Keilmann

i. , Johannes Keilmann [202]. Johannes Keilmann nasceu em 1775 em Meinhardt, Boaro. Ele faleceu em Unterwalden, Saratovskaja, Russland. Ele teve um relacionamento com , Regina Keilmann (born Bornträger).

406. , Johann Bornträger. Johann Bornträger nasceu em 1737 em Igersheim. Ele faleceu em Borodajevka, Saratovskaja, Russland. Ele teve um relacionamento com , Maria Bonträger.

407. , Maria Bonträger. Maria Bonträger nasceu em 1738.

Filhos de , Maria Bonträger e , Johann Bornträger

i. , Regina Keilmann (born Bornträger) [203]. Regina Keilmann (born Bornträger) nasceu em 1776 em Russia. Ela teve um relacionamento com , Johannes Keilmann.

416. Ribas, Ten. Manoel José Taborda - Cap. Nano. Ten. Manoel José Taborda - Cap. Nano nasceu em 1770. Ele faleceu em 1831 com 61 anos de idade. Ele era filho de Andrade, Dr. Lourenço Ribeiro de e Pontes, Isabel de Borba. Ele casou com Ribas, Maria Rita de Medeiros de Lima Taborda em 17 Julho 1786 em

Curitiba, Parana, Brasil.

417. Ribas, Maria Rita de Medeiros de Lima Taborda. Maria Rita de Medeiros de Lima Taborda nasceu em 1770. Ela era filha de Medeiros, José Nabos de e Lima, Maria Francisca de.

Filhos de Ribas, Maria Rita de Medeiros de Lima Taborda e Ribas, Ten. Manoel José Taborda - Cap. Nano

i. Ribas, Vasco Taborda [208]. Vasco Taborda nasceu em 29 Maio 1807 em Curitiba, Parana, Brasil. Ele faleceu em Curitiba, Parana, Brasil. Ele teve um relacionamento com Conceição, Maria Joaquina da.

ii. Ribas, Ricardo José Taborda. Ele casou com Andrade, Francisca Joaquina de em 1826. Ele também casou com Bueno, Maria de Paula Ferreira em 1823.

Mais informações sobre Ribas, Maria Rita de Medeiros de Lima Taborda e Ribas, Ten. Manoel José Taborda - Cap. Nano:

Casamento: 17 Julho 1786, Curitiba, Parana, Brasil. Tatuquara.

444. Santos, João Vieira dos. João Vieira dos nasceu em Votuverava, Paraná, Brasil. Ele teve um relacionamento com Oliveira, Isabel de.

445. Oliveira, Isabel de.

Filhos de Oliveira, Isabel de e Santos, João Vieira dos

i. Santos, Manoel Vieira dos [222]. Manoel Vieira dos nasceu em 1843 em Votuverava, Paraná, Brasil. Ele teve um relacionamento com Lima, Amélia Soares de.

Geração 10

528. Rubio Vibo, Diego. Diego nasceu em 30 Julho 1712 em Pliego, Murcia, España. Ele faleceu em (dãcãdã) em Pliego, Murcia, España. Ele era filho de Rubio Miñarro, Ginés e Vivo Fernández, Francisca. Ele teve um relacionamento com Santiago Martínez, Juana.

529. Santiago Martínez, Juana. Juana Nasceu Em 8 Dezembro 1720 Em Pliego, Murcia, España. Ela Faleceu Em (DãCãDã) Em Pliego, Murcia, España. Ela Era Filha De Santiago Baiona, Pedro E Martíncz Martínez, Ginesa.

Filhos de Santiago Martínez, Juana E Rubio Vibo, Diego

i. Rubio Santiago, Antonio [264]. Antonio nasceu em 17 Janeiro 1759 em Pliego, Murcia, Murcia, España. Ele faleceu em antes de 1838 em Pliego, Murcia, Murcia, España. Ele teve um relacionamento com Solera Leiva, María Beatriz.

530. Solera Cabrera, Alonso. Alonso nasceu em 3 Maio 1718 em Pliego, Murcia, España. Ele faleceu em (dãcãdã) em Pliego, Murcia, España. Ele teve um relacionamento com De Leiva Cabrero, Juana.

531. De Leiva Cabrero, Juana. Juana nasceu em 29 Junho 1738 em Pliego, Murcia, España. Ela faleceu em (dãcãdã) em Pliego, Murcia, España.

Filhos de De Leiva Cabrero, Juana E Solera Cabrera, Alonso

i. Solera Leiva, María Beatriz [265]. María Beatriz nasceu em 16 Setembro 1761 em Pliego, Murcia, España. Ela faleceu em 18 Março 1838 em Pliego, Murcia, España. Ela teve um relacionamento com Rubio Santiago, Antonio.

688. Meira, Ignácio Corrêa De. Ignácio Corrêa De nasceu em 1728 em Cotia,SP,Brasil. Ele faleceu em 1777 com 49 anos de idade. Ele era filho de Correa de Meira, Francisco e , Izabel Pires de Azevedo. Ele teve um relacionamento com Colonna, Ignácia Paes.

689. Colonna, Ignácia Paes. Ignácia Paes nasceu em 1729 em S. Amaro,SP,Brasil. Ela faleceu em 1813 com 84 anos de idade. Ela era filha de Paes, Daniel Colonna e , Anna Pimentel.

Filhos de Colonna, Ignácia Paes e Meira, Ignácio Corrêa De

i. Meira II, Francisco Correa de [344]. Francisco Correa de nasceu em 1757 em Cotia, Sao Paulo, Brasil. Ele faleceu em 15 Novembro 1873 em Cotia, Sao Paulo, Brasil. Ele teve um relacionamento com Bueno, Benta Albuquerque.

690. Albuquerque, José Machado de. José Machado de nasceu em 1727 em Cotia, Sao Paulo, Brasil. Ele faleceu em 25/06/1809 em Cotia, Sao Paulo, Brasil. Ele era filho de , Duarte Pacheco De Albuquerque e , Marianna Pacheco De Albuquerque (born MacHado Da Silva). Ele casou com Camargo, Vitoria Bueno de em 26 Maio 1754 em Cotia, Sao Paulo, Brasil.

691. Camargo, Vitoria Bueno de. Vitoria Bueno de nasceu 20/09/1737 em Cotia, Sao Paulo, Brasil. Ela faleceu em 15/04/1806 em Cotia, Sao Paulo, Brasil. Ela era filha de de Figueiró, Francisco Bueno e da Costa, Anna Maria Lopes.

Filhos de Camargo, Vitoria Bueno de e Albuquerque, José Machado de

i. Bueno, Benta Albuquerque [345]. Ela faleceu em Cotia, Sao Paulo, Brasil. Ela teve um relacionamento com Meira II, Francisco Correa de.

Mais informações sobre Camargo, Vitoria Bueno de e Albuquerque, José Machado de:

Casamento: 26 Maio 1754, Cotia, Sao Paulo, Brasil.

696. , Jose De Camargo Paes. Jose De Camargo Paes nasceu em 1720 em itú, São Paulo, Sao Paulo, Brasil. Ele era filho de , Tomas Lopes De Camargo e , Paula Lopes De Camargo (born Da Costa Lopes Camargo). Ele casou com , Barbara De Camargo Pais (born Pais De Barros) em 1757 em Santana de Parnaíba, Sao Paulo, Brasil.

697. , Barbara De Camargo Pais (born Pais De Barros). Barbara De Camargo Pais (born Pais De Barros) nasceu em 28 Outubro 1741 em São Paulo, São Paulo, Brasil. Ela faleceu em 1773 com 31 anos, 2 meses de idade. Ela era filha de Rodrigues Penteado, Antonio e Prado, Rosa Maria da Luz do.

Filhos de , Barbara De Camargo Pais (born Pais De Barros) e , Jose De Camargo Paes

i. Penteado, Jose De Camargo [348]. Jose De Camargo nasceu em 1770 em Cotia, Sao Paulo, Brasil. Ele faleceu em itú, São Paulo, Sao Paulo, Brasil. Ele casou com , Anna De Camargo Penteado (born Bueno De Almeida) em 1817 em Porto Feliz, Sao Paulo, Brasil.

Mais informações sobre , Barbara De Camargo Pais (born Pais De Barros) e , Jose De Camargo Paes:

Casamento: 1757, Santana de Parnaíba, Sao Paulo, Brasil.

698. , Manoel José de Sampaio. Ele teve um relacionamento

com , Isabel Maria de Arruda.

699. , Isabel Maria de Arruda.

Filhos de , Isabel Maria de Arruda e , Manoel José de Sampaio

i. , Anna De Camargo Penteado (born Bueno De Almeida) [349]. Anna De Camargo Penteado (born Bueno De Almeida) nasceu em 1801 em Porto Feliz, Sao Paulo, Brasil. Ela casou com Penteado, Jose De Camargo em 1817 em Porto Feliz, Sao Paulo, Brasil.

810. , Johann Heinrich Lotz. Johann Heinrich Lotz nasceu em 1727 em Stangendorf, He. Ele faleceu em Meinhardt, Saratov. Russland.

Filhos de Desconhecido e , Johann Heinrich Lotz

i. , Christina Elizabeth Keilmann (born Lotz) [405]. Christina Elizabeth Keilmann (born Lotz) nasceu em 1753 em Meinhart, Unterweltin, Russia. Ela teve um relacionamento com , Konrad Keilmann.

832. Andrade, Dr. Lourenço Ribeiro de. Dr. Lourenço Ribeiro de nasceu em 1724 em Curitiba, Parana, Brasil. Ele faleceu em 1799 em Curitiba, Parana, Brasil com 75 anos de idade. Ele era filho de Ribas, Cap. Miguel Rodrigues e Andrade, Maria Rodrigues de (neves). Ele teve um relacionamento com Pontes,
Isabel de Borba.

Mais informações sobre Andrade, Dr. Lourenço Ribeiro de:

Emprego: Curitiba, Parana, Brasil. Capitão Mor.

833. Pontes, Isabel de Borba. Isabel de Borba nasceu em 1752. Ela faleceu em 1771 com 19 anos de idade. Ela era filha de Pontes, Cap. Amaro de Borba e Moraes, Isabel Cardoso de.

Filhos de Pontes, Isabel de Borba e Andrade, Dr. Lourenço

Ribeiro de

i. Ribas, Ten. Manoel José Taborda - Cap. Nano [416]. Ten. Manoel José Taborda - Cap. Nano nasceu em 1770. Ele faleceu em 1831. Ele casou com Ribas, Maria Rita de Medeiros de Lima Taborda em 17 Julho 1786 em Curitiba, Parana, Brasil.

ii. Andrade, José Antonio Ribeiro.

iii. Ribas, Francisca de Paula.

iv. Ribas, Maria Angela Euphrosina.

v. Ribas, Francisco de Paula.

vi. Andrade, Antonio Ribeiro.

vii. Ribas, Anna Maria Espirito Santo.

834. Medeiros, José Nabos de. Ele teve um relacionamento com Lima, Maria Francisca de.

Mais informações sobre Medeiros, José Nabos de:

Emprego: 1768, Curitiba. Vereador de Curitiba em 1768.

835. Lima, Maria Francisca de.

Filhos de Lima, Maria Francisca de e Medeiros, José Nabos de

i. Ribas, Maria Rita de Medeiros de Lima Taborda [417]. Maria Rita de Medeiros de Lima Taborda nasceu em 1770. Ela casou com Ribas, Ten. Manoel José Taborda - Cap. Nano em 17 Julho 1786 em Curitiba, Parana, Brasil.

Geração 11

1056. Rubio Miñarro, Ginés. Ginés nasceu em 25 Setembro 1674 em Pliego, Murcia, Murcia, España. Ele faleceu em Pliego,

Murcia, Murcia, España. Ele teve um relacionamento com Vivo Fernández, Francisca.

1057. Vivo Fernández, Francisca. Francisca nasceu em 13 Novembro 1685 em Pliego, Murcia, Murcia, España. Ela faleceu em Pliego, Murcia, Murcia, España. Ela era filha de Fernández Cayuela, María.

Filhos de Vivo Fernández, Francisca e Rubio Miñarro, Ginés

i. Rubio Vibo, Diego [528]. Diego nasceu em 30 Julho 1712 em Pliego, Murcia, España. Ele faleceu em (dÃ©cÃ©dÃ©) em Pliego, Murcia, España. Ele teve um relacionamento com Santiago Martínez, Juana.

1058. Santiago Baiona, Pedro. Pedro Nasceu Em 16 Setembro 1677 Em Pliego, Murcia, España. Ele Faleceu Em (Dã©Cã©Dã©) Em Pliego, Murcia, España. Ele Era Filho De Santiago, Alonso E Baiona, Ginesa. Ele Teve Um Relacionamento Com Martínez Martínez, Ginesa.

1059. Martínez Martínez, Ginesa. Ginesa Nasceu Cerca de 1690 Em Totana, Murcia, España. Ela Faleceu Em (Dã©Cã©Dã©) Em Pliego, Murcia, España. Ela Era Filha De Martínez, Gonzalo E Martínez, María.

Filhos De Martínez Martínez, Ginesa E Santiago Baiona, Pedro

i. Santiago Martínez, Juana [529]. Juana nasceu em 8 Dezembro 1720 em Pliego, Murcia, España. Ela faleceu em (dÃ©cÃ©dÃ©) em Pliego, Murcia, España. Ela teve um relacionamento com Rubio Vibo, Diego.

1376. Correa de Meira, Francisco. Ele faleceu em 1738. Ele teve um relacionamento com , Izabel Pires de Azevedo.

1377. , Izabel Pires de Azevedo. Izabel Pires de Azevedo nasceu em 1710.

Filhos de , Izabel Pires de Azevedo e Correa de Meira, Francisco

i. Meira, Ignácio Corrêa De [688]. Ignácio Corrêa De nasceu em 1728 em Cotia,SP,Brasil. Ele faleceu em 1777. Ele teve um relacionamento com Colonna, Ignácia Paes.

1378. Paes, Daniel Colonna. Ele faleceu em 25 Outubro 1751 em S. Amaro,SP,Brasil. Ele era filho de Colona, Daniel e Paes da Cunha, Maria (Colona). Ele teve um relacionamento com , Anna Pimentel.

1379. , Anna Pimentel. Anna Pimentel nasceu em 1711. Ela faleceu em 1771 com 60 anos de idade. Ela era filha de , Bernardo Mendes Raposo e do Passo, Izabel Ribeira.

Filhos de , Anna Pimentel e Paes, Daniel Colonna

i. Colonna, Ignácia Paes [689]. Ignácia Paes nasceu em 1729 em S. Amaro,SP,Brasil. Ela faleceu em 1813. Ela teve um relacionamento com Meira, Ignácio Corrêa De.

1380. , Duarte Pacheco De Albuquerque. Duarte Pacheco De Albuquerque nasceu em 1680. Ele faleceu em Cotia, São Paulo, Brasil. Ele era filho de , Manoel Pacheco De Albuquerque e , Catharina Pacheco De Albuquerque (born De Godoy Moreira). Ele teve um relacionamento com , Marianna Pacheco De Albuquerque (born MacHado Da Silva).

1381. , Marianna Pacheco De Albuquerque (born MacHado Da Silva). Marianna Pacheco De Albuquerque (born MacHado Da Silva) nasceu em 1686. Ela faleceu em 1752 em Cotia, São Paulo, Brasil com 66 anos de idade. Ela era filha de Machado, Jeronimo e de Arzam, Maria Egypciaca.

Filhos de , Marianna Pacheco De Albuquerque (born MacHado Da Silva) e , Duarte Pacheco De Albuquerque

i. Albuquerque, José Machado de [690]. José Machado de nasceu em 1727 em Cotia, Sao Paulo, Brasil. Ele faleceu em

25/06/1809 em Cotia, Sao Paulo, Brasil. Ele casou com Camargo, Vitoria Bueno de em 26 Maio 1754 em Cotia, Sao Paulo, Brasil.

1382. de Figueiró, Francisco Bueno. Francisco Bueno nasceu em 1723 em Sao Paulo, Sao Paulo, Brasil. Ele faleceu em 2 Junho 1794 em Cotia, Sao Paulo, Brasil com 71 anos, 5 meses de idade. Ele era filho de da Silva, Mateus de Figueiró e Guedes, Mariana de Camargo. Ele teve um relacionamento com da
Costa, Anna Maria Lopes.

1383. da Costa, Anna Maria Lopes. Anna Maria Lopes nasceu em 28 Abril 1718 em Cotia, Sao Paulo, Brasil. Ela faleceu em 23 Junho 1795 em Cotia, Sao Paulo, Brasil com 77 anos, 1 mês de idade. Ela era filha de de Azevedo, Salvador Nunes e da Costa, Isabel.

Filhos de da Costa, Anna Maria Lopes e de Figueiró, Francisco Bueno

i. Camargo, Vitoria Bueno de [691]. Vitoria Bueno de nasceu 20/09/1737 em Cotia, Sao Paulo, Brasil. Ela faleceu em 15/04/1806 em Cotia, Sao Paulo, Brasil. Ela casou com Albuquerque, José Machado de em 26 Maio 1754 em Cotia, Sao Paulo, Brasil.

1392. , Tomas Lopes De Camargo. Tomas Lopes De Camargo nasceu em 1680. Ele faleceu em 1756 em São Paulo, São Paulo, Brasil com 76 anos de idade. Ele era filho de Ortiz, Fernando de Camargo e Lopes, Joanna. Ele teve um relacionamento com , Paula Lopes De Camargo (born Da Costa Lopes Camargo).

1393. , Paula Lopes De Camargo (born Da Costa Lopes Camargo).

Filhos de , Paula Lopes De Camargo (born Da Costa Lopes Camargo) e , Tomas Lopes De Camargo

i. , Jose De Camargo Paes [696]. Jose De Camargo Paes nasceu em 1720 em itú, São Paulo, Sao Paulo, Brasil. Ele casou com , Barbara De Camargo Pais (born Pais De Barros) em 1757 em Santana de Parnaíba, Sao Paulo, Brasil.

1394. Rodrigues Penteado, Antonio. Antonio nasceu antes de 1699 em S. Paulo,SP,Brasil. Ele faleceu em cerca de 1789 em Santana do Parnaíba,SP,Brasil com maior que aproximadamente 90 anos de idade. Ele era filho de Penteado, João Correa e Barros, Isabel Paes De. Ele teve um relacionamento com Prado, Rosa Maria da Luz do.

1395. Prado, Rosa Maria da Luz do. Rosa Maria da Luz do nasceu em São Paulo, São Paulo, Brasil. Ela era filha de Lemos, Antonio Corrêa De e Prado, Marianna Da Luz.

Filhos de Prado, Rosa Maria da Luz do e Rodrigues Penteado, Antonio

    i. , Barbara De Camargo Pais (born Pais De Barros) [697]. Barbara De Camargo Pais (born Pais De Barros) nasceu em 28 Outubro 1741 em São Paulo, São Paulo, Brasil. Ela faleceu em 1773. Ela casou com , Jose De Camargo Paes em 1757 em Santana de Parnaíba, Sao Paulo, Brasil.

1664. Ribas, Cap. Miguel Rodrigues. Cap. Miguel Rodrigues nasceu em 1694 em Vila de Franca, Viana do Castelo, Portugal. Ele faleceu em 15 Novembro 1774 em Curitiba, Parana, Brasil com 80 anos, 10 meses de idade. Ele era filho de Ribas, Rodrigo Ribeiro. Ele teve um relacionamento com Andrade, Maria Rodrigues de (neves).

1665. Andrade, Maria Rodrigues de (neves). Maria Rodrigues de (neves) nasceu em 15 Agosto 1706 em Curitiba, Parana, Brasil. Ela foi batizada em 15 Agosto 1706 em Curitiba, Parana, Brasil. Ela faleceu em 1730 em Curitiba, Parana, Brasil com 23 anos, 4 meses de idade. Ela era filha de Andrade, Lourenço e Seixas, Izabel Rodrigues.

Mais informações sobre Andrade, Maria Rodrigues de (neves):

Batismo: 15 Agosto 1706, Curitiba, Parana, Brasil. Brasil

Batismos, 1688-1935 batizado: 15 Aug 1706, Nossa Senhora da Luz da Catedral, Catedral, Curitiba, Paraná, Brasil.

Filhos de Andrade, Maria Rodrigues de (neves) e Ribas, Cap. Miguel Rodrigues

i. Ribas, Izabel Ribeiro. Izabel Ribeiro nasceu em 1721. Ela faleceu em 1793.

ii. Ribas, Miguel Ribeiro. Miguel Ribeiro nasceu em 1722. Ele faleceu em 1795.

iii. Ribas, Francisco. Francisco nasceu em 1722.

iv. Andrade, Dr. Lourenço Ribeiro de [832]. Dr. Lourenço Ribeiro de nasceu em 1724 em Curitiba, Parana, Brasil. Ele faleceu em 1799 em Curitiba, Parana, Brasil. Ele teve um relacionamento com Pontes, Isabel de Borba.

v. Ribas, Maria. Maria nasceu em 1726.

1666. Pontes, Cap. Amaro de Borba. Cap. Amaro de Borba nasceu em 1707. Ele era filho de Paes, Belchior de Borba e Pontes, Maria Domingues de. Ele casou com Camargo, Simoa Pereira de em 1727. Ele também teve um relacionamento com Moraes, Isabel Cardoso de.

Mais informações sobre Camargo, Simoa Pereira de e Pontes, Cap. Amaro de Borba:

Casamento: 1727.

1667. Moraes, Isabel Cardoso de. Isabel Cardoso de nasceu em 1707. Ela era filha de Cardoso, Francisco Barreto e Moraes, Ines Pedroso de.

Filhos de Moraes, Isabel Cardoso de e Pontes, Cap. Amaro de Borba

i. Pontes, Isabel de Borba [833]. Isabel de Borba nasceu em

1752. Ela faleceu em 1771. Ela teve um relacionamento com Andrade, Dr. Lourenço Ribeiro de.

ii. Moraes, Clara Maria Domingues de.

iii. Pontes, Anna de Borba. Anna de Borba nasceu em Guarulhos, Sao Paulo, Brasil.

iv. Oliveira, Francisco Pacheco de. Francisco Pacheco de nasceu em Guarulhos, Sao Paulo, Brasil. Ele faleceu em 1732.

v. Pontes, João de Borba.

Geração 12

2115. Fernández Cayuela, María. María nasceu cerca de 1660 em Pliego, Murcia, Murcia, España. Ela faleceu em Pliego, Murcia, Murcia, España. Ela era filha de Fernández, Alonso e Cayuela, Francisca.

Filhos de Fernández Cayuela, María e Desconhecido

i. Vivo Fernández, Francisca [1057]. Francisca nasceu em 13 Novembro 1685 em Pliego, Murcia, Murcia, España. Ela faleceu em Pliego, Murcia, Murcia, España. Ela teve um relacionamento com Rubio Miñarro, Ginés.

2116. Santiago, Alonso. Alonso nasceu cerca de 1650 em Pliego, Murcia, España. Ele faleceu em (dÃ©cÃ©dÃ©) em Pliego, Murcia, España. Ele teve um relacionamento com BAIONA, Ginesa.

2117. Baiona, Ginesa. Ginesa nasceu cerca de 1652 em Pliego, Murcia, España. Ela faleceu em (dÃ©cÃ©dÃ©).

Filhos de Baiona, Ginesa E Santiago, Alonso

I. Santiago Baiona, Pedro [1058]. Pedro Nasceu Em 16 Setembro 1677 Em Pliego, Murcia, España. Ele Faleceu Em (DãCãDã) Em Pliego, Murcia, España. Ele Teve Um

Relacionamento Com Martínez Martínez, Ginesa.

2118. Martínez, Gonzalo. Gonzalo Nasceu Cerca de 1660 Em Totana, Murcia, España. Ele Faleceu Em (DãCãDã) Em Totana, Murcia, España. Ele Teve Um Relacionamento Com Martínez, María.

2119. Martínez, María. María nasceu cerca de 1663 em Totana, Murcia, España. Ela faleceu em (dÃcÃdÃ) em Totana, Murcia, España.

Filhos de Martínez, María E Martínez, Gonzalo

I. Martínez Martínez, Ginesa [1059]. Ginesa Nasceu Cerca de 1690 Em Totana, Murcia, España. Ela Faleceu Em (DãCãDã) Em Pliego, Murcia, España. Ela Teve Um Relacionamento Com Santiago Baiona, Pedro.

2756. Colona, Daniel. Ele faleceu em 1701. Ele teve um relacionamento com Paes da Cunha, Maria (Colona).

2757. Paes da Cunha, Maria (Colona). Ela faleceu em 1747 em Santo Amaro, Sao Paulo, Brasil. Ela era filha de Rodrigues Paes, Antonio.

Filhos de Paes da Cunha, Maria (Colona) e Colona, Daniel

i. Paes, Daniel Colonna [1378]. Ele faleceu em 25 Outubro 1751 em S. Amaro,SP,Brasil. Ele teve um relacionamento com , Anna Pimentel.

2758. , Bernardo Mendes Raposo. Ele faleceu em 1760. Ele era filho de Raposo, Thomé Mendes e Pimentel, Ana da Costa. Ele teve um relacionamento com do Passo, Izabel Ribeira.

2759. do Passo, Izabel Ribeira. Izabel Ribeira nasceu 08/mai/1690 em Santo Amaro, São Paulo, Brasil. Ela faleceu em 1760. Ela era filha de do Passo, Gaspar João e , Simoa Ribeiro.

Filhos de do Passo, Izabel Ribeira e , Bernardo Mendes

Raposo

i. , Anna Pimentel [1379]. Anna Pimentel nasceu em 1711. Ela faleceu em 1771. Ela teve um relacionamento com Paes, Daniel Colonna.

2760. , Manoel Pacheco De Albuquerque. Manoel Pacheco De Albuquerque nasceu em 1643. Ele faleceu em 1743 com 100 anos de idade. Ele era filho de , Capitão Duarte Pacheco De Albuquerque e , Simoa Duarte Pacheco De Albuquerque (born De Siqueira). Ele teve um relacionamento com , Catharina Pacheco De Albuquerque (born De Godoy Moreira).

2761. , Catharina Pacheco De Albuquerque (born De Godoy Moreira). Catharina Pacheco De Albuquerque (born De Godoy Moreira) nasceu em 1662. Ela era filha de , João Ribeiro De Proença e , Paula De Godoy Ribeiro De Proença (born Saavedra).

Filhos de , Catharina Pacheco De Albuquerque (born De Godoy Moreira) e , Manoel Pacheco De Albuquerque

i. , Duarte Pacheco De Albuquerque [1380]. Duarte Pacheco De Albuquerque nasceu em 1680. Ele faleceu em Cotia, São Paulo, Brasil. Ele teve um relacionamento com , Marianna Pacheco De Albuquerque (born MacHado Da Silva).

2762. Machado, Jeronimo. Jeronimo nasceu em Guimarães, Braga, Portugal. Ele faleceu em 1695 em Brasil. Ele era filho de Da Silva, Chistovao e Martins, Maria. Ele teve um relacionamento com de Arzam, Maria Egypciaca.

2763. de Arzam, Maria Egypciaca. Maria Egypciaca nasceu cerca de 1640 em Brasil. Ela era filha de de Arzam, Braz Rodrigues e , Maria De Arzam (born Egypciaca).

Filhos de de Arzam, Maria Egypciaca e Machado, Jeronimo

i. , Marianna Pacheco De Albuquerque (born MacHado Da Silva) [1381]. Marianna Pacheco De Albuquerque (born MacHado Da Silva) nasceu em 1686. Ela faleceu em 1752 em Cotia, São

Paulo, Brasil. Ela teve um relacionamento com , Duarte Pacheco De Albuquerque.

2764. da Silva, Mateus de Figueiró. Mateus de Figueiró nasceu em 1678 em São Paulo, Sao Paulo, Brasil. Ele faleceu em 1729 em São Paulo, Sao Paulo, Brasil com 51 anos de idade. Ele era filho de da Silva, João Figueiró e Furtado, Maria Ribeiro. Ele teve um relacionamento com Guedes, Mariana de Camargo.

2765. Guedes, Mariana de Camargo. Mariana de Camargo nasceu em São Paulo, Sao Paulo, Brasil. Ela faleceu em 1749 em Santo Amaro, Sao Paulo, Brasil. Ela era filha de Alcoforado, Francisco Pinto Guedes e de Camargo, Mariana.

Filhos de Guedes, Mariana de Camargo e da Silva, Mateus de Figueiró

i. de Figueiró, Francisco Bueno [1382]. Francisco Bueno nasceu em 1723 em Sao Paulo, Sao Paulo, Brasil. Ele faleceu em 2 Junho 1794 em Cotia, Sao Paulo, Brasil. Ele teve um relacionamento com da Costa, Anna Maria Lopes.

2766. de Azevedo, Salvador Nunes. Ele teve um relacionamento com da Costa, Isabel.

2767. da Costa, Isabel. Isabel nasceu em 1681 em Cotia, Sao Paulo, Brasil. Ela faleceu em Sao Paulo, Sao Paulo, Brasil. Ela era filha de Gato, Manoel Pacheco II e da Costa, Francisca de Carvalho.

Filhos de da Costa, Isabel e de Azevedo, Salvador Nunes

i. da Costa, Anna Maria Lopes [1383]. Anna Maria Lopes nasceu em 28 Abril 1718 em Cotia, Sao Paulo, Brasil. Ela faleceu em 23 Junho 1795 em Cotia, Sao Paulo, Brasil. Ela teve um relacionamento com de Figueiró, Francisco Bueno.

2784. Ortiz, Fernando de Camargo. Ele faleceu em 1690 em São Paulo,,São Paulo,Brasil. Ele era filho de Camargo, Fernão de "o Tigre" e Prado, Marianna do. Ele teve um relacionamento com

Lopes, Joanna.

2785. Lopes, Joanna. Joanna nasceu em 1645 em Cotia, São Paulo, Brasil. Ela faleceu em 23 Janeiro 1692 em São Paulo, São Paulo, Brasil com 47 anos, 22 dias de idade. Ela era filha de Lopes, Gonçalo e Silva, Catharina da.

Filhos de Lopes, Joanna e Ortiz, Fernando de Camargo

i. , Tomas Lopes De Camargo [1392]. Tomas Lopes De Camargo nasceu em 1680. Ele faleceu em 1756 em São Paulo, São Paulo, Brasil. Ele teve um relacionamento com , Paula Lopes De Camargo (born Da Costa Lopes Camargo).

2788. Penteado, João Correa. João Correa Nasceu Cerca de 1660 Em São Paulo,São Paulo,Brasil. Ele Faleceu Em 1726 Em São Paulo,São Paulo,Brasil com aproximadamente 66 anos de idade. Ele era filho de Rodrigues Penteado, Francisco e de Miranda, Clara. Ele teve um relacionamento com Barros, Isabel Paes De.

2789. Barros, Isabel Paes De. Isabel Paes De nasceu cerca de 1673. Ela faleceu em cerca de 1753 em Santana do Parnaíba,SP,Brasil com aproximadamente 80 anos de idade. Ela era filha de Barros, Pedro Vaz de e de Mesquita, Maria Leite.

Filhos de Barros, Isabel Paes De e Penteado, João Correa

i. Rodrigues Penteado, Antonio [1394]. Antonio nasceu antes de 1699 em S. Paulo,SP,Brasil. Ele faleceu em cerca de 1789 em Santana do Parnaíba,SP,Brasil. Ele teve um relacionamento com Prado, Rosa Maria da Luz do.

2790. Lemos, Antonio Corrêa De. Antonio Corrêa De nasceu cerca de 1651 em S. Paulo,SP,Brasil. Ele faleceu em cerca de 1739 com aproximadamente 88 anos de idade. Ele era filho de Lemos, Antonio Correa De. Ele teve um relacionamento com Prado, Marianna Da Luz.

2791. Prado, Marianna Da Luz. Marianna Da Luz nasceu cerca de 1678 em São Paulo, Sao Paulo, Brasil. Ela faleceu em cerca de

1721 em São Paulo, Sao Paulo, Brasil com aproximadamente 43 anos de idade. Ela era filha de Medeiros, Joao Lopes De E Luz, Marianna Da.

Filhos De Prado, Marianna Da Luz e Lemos, Antonio Corrêa De

i. Prado, Rosa Maria da Luz do [1395]. Rosa Maria da Luz do nasceu em São Paulo, São Paulo, Brasil. Ela teve um relacionamento com Rodrigues Penteado, Antonio.

3328. Ribas, Rodrigo Ribeiro. Rodrigo Ribeiro nasceu em Vila de Franca, Viana do Castelo, Portugal.

Filhos de Desconhecido e Ribas, Rodrigo Ribeiro

i. Ribas, Cap. Miguel Rodrigues [1664]. Cap. Miguel Rodrigues nasceu em 1694 em Vila de Franca, Viana do Castelo, Portugal. Ele faleceu em 15 Novembro 1774 em Curitiba, Parana, Brasil. Ele teve um relacionamento com Andrade, Maria Rodrigues de (neves).

3330. Andrade, Lourenço. Lourenço nasceu em 1672 em Dornelas, Viseu, Portugal. Ele faleceu em 18/02/1733 em Curitiba, Parana, Brasil. Ele era filho de Andrade, Marcos de e Lourenço, Catharina Luiz. Ele teve um relacionamento com Seixas, Izabel Rodrigues.

3331. Seixas, Izabel Rodrigues. Izabel Rodrigues nasceu em 1676 em Cananeia, Sao Paulo, Brasil. Ela faleceu em 15/05/1744 em Curitiba, Parana, Brasil. Ela era filha de Seixas, João Rodrigues de (F) e Barbosa, Maria Maciel.

Filhos de Seixas, Izabel Rodrigues e Andrade, Lourenço

i. Andrade, Antonio Rodrigues de. Antonio Rodrigues de nasceu em 1699. Ele faleceu em 1769.

ii. Andrade, Maria Rodrigues de (neves) [1665]. Maria Rodrigues de (neves) nasceu em 15 Agosto 1706 em Curitiba,

Parana, Brasil. Ela faleceu em 1730 em Curitiba, Parana, Brasil. Ela teve um relacionamento com Ribas, Cap. Miguel Rodrigues.

iii. Andrade, Agostinho Rodrigues de. Agostinho Rodrigues de nasceu em 1714. Ele faleceu em 1767.

3332. Paes, Belchior de Borba. Belchior de Borba nasceu em Santo Amaro, Sao Paulo, Brasil. Ele faleceu em 1739. Ele era filho de Gato, Manoel Pacheco Borba e Paes, Anna da Veiga. Ele casou com Pontes, Maria Domingues de em 1687 em Santo Amaro, Sao Paulo, Brasil.

3333. Pontes, Maria Domingues de. Maria Domingues de nasceu em 1658 em Santo Amaro, Sao Paulo, Brasil. Ela era filha de Pontes, Pedro Nunes de e Ribeiro, Ines Domingues.

Filhos de Pontes, Maria Domingues de e Paes, Belchior de Borba

i. Pontes, Cap. Amaro de Borba [1666]. Cap. Amaro de Borba nasceu em 1707. Ele casou com Camargo, Simoa Pereira de em 1727. Ele também teve um relacionamento com Moraes, Isabel Cardoso de.

Mais informações sobre Pontes, Maria Domingues de e Paes, Belchior de Borba:

Casamento: 1687, Santo Amaro, Sao Paulo, Brasil.

3334. Cardoso, Francisco Barreto. Francisco Barreto nasceu em 1697. Ele era filho de Siqueira, Alvaro Barreto de e Fonseca, Margarida Cardoso da. Ele teve um relacionamento com Moraes, Ines Pedroso de.

3335. Moraes, Ines Pedroso de.

Filhos de Moraes, Ines Pedroso de e Cardoso, Francisco Barreto

i. Moraes, Isabel Cardoso de [1667]. Isabel Cardoso de

nasceu em 1707. Ela teve um relacionamento com Pontes, Cap. Amaro de Borba.

Geração 13

4230. Fernández, Alonso. Alonso nasceu cerca de 1630 em Pliego, Murcia, Murcia, España. Ele faleceu em Pliego, Murcia, Murcia, España. Ele teve um relacionamento com Cayuela, Francisca.

4231. Cayuela, Francisca. Francisca nasceu cerca de 1633 em Pliego, Murcia, Murcia, España. Ela faleceu em Pliego, Murcia, Murcia, España.

Filhos de Cayuela, Francisca e Fernández, Alonso

i. Fernández Cayuela, María [2115]. María nasceu cerca de 1660 em Pliego, Murcia, Murcia, España. Ela faleceu em Pliego, Murcia, Murcia, España.

5514. Rodrigues Paes, Antonio. Antonio nasceu em 1620 em São Paulo, Brasil. Ele faleceu em 1675 em Goiás, Brasil com 55 anos de idade. Ele era filho de Paes, João e Rodrigues, Suzana.

Filhos de Desconhecido e Rodrigues Paes, Antonio

i. Paes da Cunha, Maria (Colona) [2757]. Ela faleceu em 1747 em Santo Amaro, Sao Paulo, Brasil. Ela teve um relacionamento com Colona, Daniel.

5516. Raposo, Thomé Mendes. Thomé Mendes nasceu em Avis,Portalegre,Alentejo,Portugal. Ele faleceu em S. Amaro,SP,Brasil. Ele teve um relacionamento com Pimentel, Ana da Costa.

5517. Pimentel, Ana da Costa. Ela faleceu em 1732. Ela era filha de Costa, Fructuoso da e Pimentel, Sebastiana (da Costa).

Filhos de Pimentel, Ana da Costa e Raposo, Thomé Mendes

i. , Bernardo Mendes Raposo [2758]. Ele faleceu em 1760. Ele teve um relacionamento com do Passo, Izabel Ribeira.

5518. do Passo, Gaspar João. Ele era filho de do Passo, João Luiz e Garcia, Benta. Ele teve um relacionamento com , Simoa Ribeiro.

5519. , Simoa Ribeiro. Ela era filha de Furtado, Francisco e Alvarenga, Isabel Ribeiro De.

Filhos de , Simoa Ribeiro e do Passo, Gaspar João

i. do Passo, Izabel Ribeira [2759]. Izabel Ribeira nasceu 08/mai/1690 em Santo Amaro, São Paulo, Brasil. Ela faleceu em 1760. Ela teve um relacionamento com , Bernardo Mendes Raposo.

5520. , Capitão Duarte Pacheco De Albuquerque. Capitão Duarte Pacheco De Albuquerque nasceu em 1580. Ele faleceu em 1677 em São Paulo, São Paulo, Brasil com 97 anos de idade. Ele casou com , Simoa Duarte Pacheco De Albuquerque (born De Siqueira) em 1641 em São Paulo, São Paulo, Brasil.

5521. , Simoa Duarte Pacheco De Albuquerque (born De Siqueira). Simoa Duarte Pacheco De Albuquerque (born De Siqueira) nasceu em 1625 em Santo Amaro, Sao Paulo, Brasil. Ela faleceu em 1646 com 21 anos de idade. Ela era filha de , Aleixo Jorge c , Maria De Siqueira Nunes.

Filhos de , Simoa Duarte Pacheco De Albuquerque (born De Siqueira) e , Capitão Duarte Pacheco De Albuquerque

i. , Manoel Pacheco De Albuquerque [2760]. Manoel Pacheco De Albuquerque nasceu em 1643. Ele faleceu em 1743. Ele teve um relacionamento com , Catharina Pacheco De Albuquerque (born De Godoy Moreira).

Mais informações sobre , Simoa Duarte Pacheco De Albuquerque (born De Siqueira) e , Capitão Duarte Pacheco De Albuquerque:

Casamento: 1641, São Paulo, São Paulo, Brasil.

5522. , João Ribeiro De Proença. João Ribeiro De Proença nasceu em 1609 em São Paulo, São Paulo, Brasil. Ele faleceu em 18 Agosto 1670 em São Paulo, São Paulo, Brasil com 61 anos, 7 meses de idade. Ele era filho de , Francisco De Proença e , Izabel De Proença (born Ribeiro). Ele teve um relacionamento
com , Paula De Godoy Ribeiro De Proença (born Saavedra).

5523. , Paula De Godoy Ribeiro De Proença (born Saavedra). Paula De Godoy Ribeiro De Proença (born Saavedra) nasceu em 1610. Ela era filha de , João Fernandes De Saavedra e , Maria Moreira De Saavedra (born De Godoy).

Filhos de , Paula De Godoy Ribeiro De Proença (born Saavedra) e , João Ribeiro De Proença

i. , Catharina Pacheco De Albuquerque (born De Godoy Moreira) [2761]. Catharina Pacheco De Albuquerque (born De Godoy Moreira) nasceu em 1662. Ela teve um relacionamento com , Manoel Pacheco De Albuquerque.

5524. Da SILVA, Chistovao. Chistovao nasceu em 1574 em Guimarães, Braga, Portugal. Ele faleceu em Sao Paulo,Brasil. Ele teve um relacionamento com MARTINS, Maria.

5525. MARTINS, Maria. Maria nasceu em 1578 em Guimarães, Braga, Portugal. Ela faleceu em Sao Paulo,Brasil.

Filhos de MARTINS, Maria e Da SILVA, Chistovao

i. MACHADO, Jeronimo [2762]. Jeronimo nasceu em Guimarães, Braga, Portugal. Ele faleceu em 1695 em Brasil. Ele teve um relacionamento com de Arzam, Maria Egypciaca.

5526. de Arzam, Braz Rodrigues. Braz Rodrigues nasceu em 1612 em Sao Paulo,SP,Brasil. Ele faleceu em 1692 com 80 anos de idade. Ele era filho de , Cornelio De Arzam (Arzão) (Corneles da Azan) e , Elvira De Arzão (Ou De Arzam) (born Rodrigues (Avó)). Ele teve um relacionamento com , Maria De Arzam (born Egypciaca).

5527. , Maria De Arzam (born Egypciaca).

Filhos de , Maria De Arzam (born Egypciaca) e de Arzam, Braz Rodrigues

i. de Arzam, Maria Egypciaca [2763]. Maria Egypciaca nasceu cerca de 1640 em Brasil. Ela teve um relacionamento com MACHADO, Jeronimo.

5528. da Silva, João Figueiró. João Figueiró nasceu em 1653 em Portugal. Ele faleceu em 1682 em São Paulo, São Paulo, Brasil com 29 anos de idade. Ele teve um relacionamento com Furtado, Maria Ribeiro.

5529. Furtado, Maria Ribeiro. Maria Ribeiro nasceu em 1655. Ela faleceu em 4 Abril 1689 em São Paulo, São Paulo, Brasil com 34 anos, 3 meses de idade. Ela era filha de Furtado, Francisco e Alvarenga, Isabel Ribeiro De.

Filhos de Furtado, Maria Ribeiro e da Silva, João Figueiró

i. da Silva, Mateus de Figueiró [2764]. Mateus de Figueiró nasceu em 1678 em São Paulo, Sao Paulo, Brasil. Ele faleceu em 1729 em São Paulo, Sao Paulo, Brasil. Ele teve um relacionamento com Guedes, Mariana de Camargo.

5530. Alcoforado, Francisco Pinto Guedes. Francisco Pinto Guedes nasceu cerca de 1640 em Sermanha,Sedielos,Portugal. Ele faleceu em 15 Novembro 1701 em S. Paulo,SP,Brasil com aproximadamente 61 anos, 10 meses de idade. Ele era filho de da Fonseca Osório, João Pereira e Guedes, Catharina (Alcoforado). Ele

teve um relacionamento com de Camargo, Mariana.

5531. de Camargo, Mariana. Mariana nasceu em 1635 em Sao Paulo, Sao Paulo, Brasil. Ela faleceu em 14 Novembro 1707 em Sao Paulo, Sao Paulo, Brasil com 72 anos, 10 meses de idade. Ela era filha de Moraes, Baltazar de Lemos e III e Camargo, Maria

Bueno de.

Filhos de de Camargo, Mariana e Alcoforado, Francisco Pinto Guedes

i. Guedes, Mariana de Camargo [2765]. Mariana de Camargo nasceu em São Paulo, Sao Paulo, Brasil. Ela faleceu em 1749 em Santo Amaro, Sao Paulo, Brasil. Ela teve um relacionamento com da Silva, Mateus de Figueiró.

5534. Gato, Manoel Pacheco II. Manoel Pacheco nasceu em 1656 em Sao Paulo, Sao Paulo, Brasil. Ele faleceu em 16 Julho 1715 em Cotia, Sao Paulo, Brasil com 59 anos, 6 meses de idade. Ele era filho de Gato, Manoel Pacheco Borba I e Paes, Anna de Veiga. Ele teve um relacionamento com da Costa, Francisca
de Carvalho.

5535. da Costa, Francisca de Carvalho. Francisca de Carvalho nasceu em Cotia, Sao Paulo, Brasil. Ela faleceu em 1 Janeiro 1729 em Cotia, Sao Paulo, Brasil. Ela era filha de Cruz, Domingos Gonçalves Da e da Costa, Isabel de Carvalho.

Filhos de da Costa, Francisca de Carvalho e Gato, Manoel Pacheco II

i. da Costa, Isabel [2767]. Isabel nasceu em 1681 em Cotia, Sao Paulo, Brasil. Ela faleceu em Sao Paulo, Sao Paulo, Brasil. Ela teve um relacionamento com de Azevedo, Salvador Nunes.

5568. Camargo, Fernão de "o Tigre". Fernão de "o Tigre" nasceu em 1608 em São Paulo de Piratininga - SP - Brasil. Ele faleceu em 29 Dezembro 1678 em Sao Paulo, Brasil com 70 anos, 11 meses de idade. Ele era filho de Ortiz deCamargo, José (Jusepe) e Domingues, Leonor. Ele teve um relacionamento com
Prado, Marianna do.

5569. Prado, Marianna do. Marianna do nasceu em 1610 em São Paulo. Ela faleceu em 1688 em São Paulo- SP com 78 anos de idade. Ela era filha de de Santa Maria, João e do Prado, Felipa.

Filhos de Prado, Marianna do e Camargo, Fernão de "o Tigre"

i. Ortiz, Fernando de Camargo [2784]. Ele faleceu em 1690 em São Paulo,,São Paulo,Brasil. Ele teve um relacionamento com Lopes, Joanna.

5570. Lopes, Gonçalo. Gonçalo nasceu aproximadamente 1620 em Santa Marinha, Porto, Portugal. Ele faleceu em aproximadamente 1690 em São Paulo, São Paulo, Brasil. Ele era filho de Lopes, Pedro e Costa, Anna da. Ele teve um relacionamento com Silva, Catharina da.

5571. Silva, Catharina da. Catharina da nasceu aproximadamente 1620 em São Paulo, São Paulo, Brasil. Ela faleceu em 26 fevereiro 1694 em São Paulo, Brasil. Ela era filha de da Silva, Cosme e Gonçalves, Isabel.

Filhos de Silva, Catharina da e Lopes, Gonçalo

i. Lopes, Joanna [2785]. Joanna nasceu em 1645 em Cotia, São Paulo, Brasil. Ela faleceu em 23 Janeiro 1692 em São Paulo, São Paulo, Brasil. Ela teve um relacionamento com Ortiz, Fernando de Camargo.

5576. Rodrigues Penteado, Francisco. Francisco nasceu cerca de 1620 em Pernambuco, Brasil. Ele faleceu em cerca de 1673 com aproximadamente 53 anos de idade. Ele era filho de Correia, Manoel. Ele teve um relacionamento com de Miranda, Clara.

5577. de Miranda, Clara. Ela faleceu em 1682. Ela era filha de , Antonio Rodrigues De Miranda e Leite, Potencia.

Filhos de de Miranda, Clara e Rodrigues Penteado, Francisco

i. Penteado, João Correa [2788]. João Correa Nasceu Cerca de 1660 Em São Paulo,São Paulo,Brasil. Ele Faleceu Em 1726 Em São Paulo,São Paulo,Brasil. Ele teve um relacionamento com Barros, Isabel Paes De.

5578. Barros, Pedro Vaz de. Pedro Vaz de nasceu em 1646 em São Paulo, São Paulo, Brasil. Ele faleceu em 22 março 1695 em São Paulo, São Paulo, Brasil. Ele era filho de Pedroso de Barros, Antonio e , Maria Pires de Medeiros. Ele teve um relacionamento com de Mesquita, Maria Leite.

5579. de Mesquita, Maria Leite. Maria Leite nasceu em 1648 em Santana de Parnaíba, Santana de Parnaíba, São Paulo, Brasil. Ela faleceu em 1732 em São Paulo, São Paulo, Brasil com 84 anos de idade. Ela era filha de Rodrigues de Mesquita, Domingos e Dias, Maria.

Filhos de de Mesquita, Maria Leite e Barros, Pedro Vaz de

i. Barros, Isabel Paes De [2789]. Isabel Paes De nasceu cerca de 1673. Ela faleceu em cerca de 1753 em Santana do Parnaíba,SP,Brasil. Ela teve um relacionamento com Penteado, João Correa.

5580. Lemos, Antonio Correa De. Antonio Correa De nasceu em 1625 em São Paulo, Sao Paulo, Brasil. Ele faleceu em 1664 em São Paulo, Sao Paulo, Brasil com 39 anos de idade. Ele era filho de Lemos, José Corrêa de e Lira, Francisca de.

Filhos de Desconhecido e Lemos, Antonio Correa De

i. Lemos, Antonio Corrêa De [2790]. Antonio Corrêa De nasceu cerca de 1651 em S. Paulo,SP,Brasil. Ele faleceu em cerca de 1739. Ele teve um relacionamento com Prado, Marianna Da Luz.

5582. Medeiros, Joao Lopes De. Joao Lopes De nasceu em 1640 em São Paulo, Sao Paulo, Brasil. Ele faleceu em 1686 em Atibaia, Sao Paulo, Brasil com 46 anos de idade. Ele era filho de Lopes, Mathias E Do Prado, Catharina. Ele Teve Um Relacionamento Com Luz, Marianna Da.

5583. Luz, Marianna Da. Marianna Da Nasceu Cerca de 1640 Em São Paulo,Brasil. Ela Faleceu Em Cerca de 1685 Em Atibaia,São Paulo,Brasil com aproximadamente 45 anos de idade. Ela era filha de Preto, Inocêncio Fernandes e Cortes, Catharina

(Fernandes).

Filhos de Luz, Marianna Da e Medeiros, Joao Lopes De

i. Prado, Marianna Da Luz [2791]. Marianna Da Luz nasceu cerca de 1678 em São Paulo, Sao Paulo, Brasil. Ela faleceu em cerca de 1721 em São Paulo, Sao Paulo, Brasil. Ela teve um relacionamento com Lemos, Antonio Corrêa De.

6660. Andrade, Marcos de. Marcos de nasceu em 1646 em Dornelas, Viseu, Portugal. Ele teve um relacionamento com Lourenço, Catharina Luiz.

6661. Lourenço, Catharina Luiz. Catharina Luiz nasceu em 1650 em Dornelas, Viseu, Portugal.

Filhos de Lourenço, Catharina Luiz e Andrade, Marcos de

i. Andrade, Manoel de. Manoel de nasceu em 1665.

ii. Andrade, Maria de. Maria de nasceu em 1670.

iii. Andrade, Lourenço [3330]. Lourenço nasceu em 1672 em Dornelas, Viseu, Portugal. Ele faleceu em 18/02/1733 em Curitiba, Parana, Brasil. Ele teve um relacionamento com Seixas, Izabel Rodrigues.

6662. Seixas, João Rodrigues de (F). João Rodrigues de (F) nasceu em 1640 em Vila, de, Viana do Castelo, Portugal. Ele faleceu em 13/04/1700. Ele era filho de Seixas, Antonio Rodrigues e Martins, Catharina. Ele teve um relacionamento com Barbosa, Maria Maciel.

Mais informações sobre Seixas, João Rodrigues de (F):

Fundador da vila que seria Curitiba: Primeiro a migrar para o local que seria curitiba.

6663. Barbosa, Maria Maciel. Maria Maciel nasceu em 1630 em Cananeia, Sao Paulo, Brasil. Ela era filha de Seixas, Cap. Antonio

Rodrigues e Martins, Catharina.

Filhos de Barbosa, Maria Maciel e Seixas, João Rodrigues de (F)

i. Seixas, Antonio Rodrigues. Antonio Rodrigues nasceu em 1670. Ele faleceu em 1735.

ii. Seixas, Izabel Rodrigues [3331]. Izabel Rodrigues nasceu em 1676 em Cananeia, Sao Paulo, Brasil. Ela faleceu em 15/05/1744 em Curitiba, Parana, Brasil. Ela teve um relacionamento com Andrade, Lourenço.

6664. Gato, Manoel Pacheco Borba. Manoel Pacheco Borba nasceu em 1622 em ilha terceira, Açores, Aveiro, Portugal. Ele faleceu em 18 Agosto 1692 em Santo Amaro, Sao Paulo, Brasil com 70 anos, 7 meses de idade. Ele era filho de Linhares, Manuel Pacheco e Gato, Beatriz de Borba. Ele teve um
relacionamento com Paes, Anna da Veiga.

6665. Paes, Anna da Veiga. Ela era filha de Paes, Cap. João e Rodrigues, Suzana (a moça).

Filhos de Paes, Anna da Veiga e Gato, Manoel Pacheco Borba

i. Paes, Belchior de Borba [3332]. Belchior de Borba nasceu em Santo Amaro, Sao Paulo, Brasil. Ele faleceu em 1739. Ele casou com Pontes, Maria Domingues de em 1687 em Santo Amaro, Sao Paulo, Brasil.

6666. Pontes, Pedro Nunes de. Ele era filho de Nunes, Pedro e Pontes, Catharina de. Ele teve um relacionamento com Ribeiro, Ines Domingues.

6667. Ribeiro, Ines Domingues. Ela era filha de Domingues II, Pedro e Mendes, Maria.

Filhos de Ribeiro, Ines Domingues e Pontes, Pedro Nunes de

i. Pontes, Maria Domingues de [3333]. Maria Domingues de nasceu em 1658 em Santo Amaro, Sao Paulo, Brasil. Ela casou com Paes, Belchior de Borba em 1687 em Santo Amaro, Sao Paulo, Brasil.

6668. Siqueira, Alvaro Barreto de. Ele faleceu em 1719. Ele era filho de Palha, Francisco Barreto e Ribeiro, Mercia. Ele teve um relacionamento com Fonseca, Margarida Cardoso da.

6669. Fonseca, Margarida Cardoso da. Ela era filha de Aranha, Francisco da Fonseca e Cardoso, Mecia.

Filhos de Fonseca, Margarida Cardoso da e Siqueira, Alvaro Barreto de

i. Cardoso, Francisco Barreto [3334]. Francisco Barreto nasceu em 1697. Ele teve um relacionamento com Moraes, Ines Pedroso de.

Geração 14

11028. Paes, João. João nasceu cerca de 1585 em São Paulo, , SP, Brasil. Ele faleceu em 8 janeiro 1695 em São Paulo, Brasil. Ele era filho de Fernandes Ramalho, André e Paes, Maria. Ele teve um relacionamento com Rodrigues, Suzana.

11029. Rodrigues, Suzana. Suzana nasceu em 1596 em São Paulo, Brasil. Ela faleceu em 30 novembro 1698 em São Paulo, São Paulo, Brasil.

Filhos de Rodrigues, Suzana e Paes, João

i. Rodrigues Paes, Antonio [5514]. Antonio nasceu em 1620 em São Paulo, Brasil. Ele faleceu em 1675 em Goiás, Brasil.

11034. Costa, Fructuoso da. Fructuoso da nasceu em 1615 em São Paulo, São Paulo,Brasil. Ele faleceu em 1659 em São Paulo, São Paulo,Brasil com 44 anos de idade. Ele teve um relacionamento com Pimentel, Sebastiana (da Costa).

11035. Pimentel, Sebastiana (da Costa).

Filhos de Pimentel, Sebastiana (da Costa) e Costa, Fructuoso da

i. Pimentel, Ana da Costa [5517]. Ela faleceu em 1732. Ela teve um relacionamento com Raposo, Thomé Mendes.

11036. do Passo, João Luiz. João Luiz nasceu em 1643. Ele faleceu em 1711 com 68 anos de idade. Ele teve um relacionamento com Garcia, Benta.

11037. Garcia, Benta. Benta nasceu em <Sao Vicente, Sao Paulo, Brasil>. Ela faleceu em 1730 em Sao Paulo,Brasil.

Filhos de Garcia, Benta e do Passo, João Luiz

i. do Passo, Gaspar João [5518]. Ele teve um relacionamento com , Simoa Ribeiro.

11038. Furtado, Francisco. Francisco nasceu em S. Paulo,SP,Brasil. Ele faleceu em cerca de 1689 em S. Paulo,SP,Brasil. Ele teve um relacionamento com Alvarenga, Isabel Ribeiro De.

11039. Alvarenga, Isabel Ribeiro De. Isabel Ribeiro De nasceu cerca de 1618 em S. Paulo,SP,Brasil. Ela faleceu em S. Amaro,SP,Brasil. Ela era filha de Silva, Domingos Da e , Maria Ribeiro de Alvarenga.

Filhos de Alvarenga, Isabel Ribeiro De e Furtado, Francisco

i. , Simoa Ribeiro [5519]. Ela teve um relacionamento com do Passo, Gaspar João.

11042. , Aleixo Jorge. Aleixo Jorge nasceu em 1558. Ele faleceu em 1638 com 80 anos de idade. Ele era filho de , Simão Jorge e , Agostinha Rodrigues. Ele teve um relacionamento com , Maria De Siqueira Nunes.

11043. , Maria De Siqueira Nunes. Maria De Siqueira Nunes nasceu em 1580. Ela faleceu em 1672 com 92 anos de idade.

Filhos de , Maria De Siqueira Nunes e , Aleixo Jorge

i. , Simoa Duarte Pacheco De Albuquerque (born De Siqueira) [5521]. Simoa Duarte Pacheco De Albuquerque (born De Siqueira) nasceu em 1625 em Santo Amaro, Sao Paulo, Brasil. Ela faleceu em 1646. Ela casou com , Capitão Duarte Pacheco De Albuquerque em 1641 em São Paulo, São Paulo, Brasil.

11044. , Francisco De Proença. Francisco De Proença nasceu em 1567 em Santos, São Paulo, Brasil. Ele faleceu em 10 Junho 1638 em Igreja do Colégio dos Jesuítas, São Paulo, São Paulo, Brasil com 71 anos, 5 meses de idade. Ele era filho de , Antonio De De Proença e , Maria Castanho De Proença (born
Castanho). Ele teve um relacionamento com , Izabel De Proença (born Ribeiro).

11045. , Izabel De Proença (born Ribeiro). Izabel De Proença (born Ribeiro) nasceu em Santos, São Paulo, Brasil. Ela faleceu em Santos, São Paulo, Brasil. Ela era filha de , Maria Ribeiro (born Duarte).

Filhos de , Izabel De Proença (born Ribeiro) e , Francisco De Proença

i. , João Ribeiro De Proença [5522]. João Ribeiro De Proença nasceu em 1609 em São Paulo, São Paulo, Brasil. Ele faleceu em 18 Agosto 1670 em São Paulo, São Paulo, Brasil. Ele teve um relacionamento com , Paula De Godoy Ribeiro De Proença (born Saavedra).

11046. , João Fernandes De Saavedra. João Fernandes De Saavedra nasceu em 1593 em são paulo. Ele faleceu em 13 Fevereiro 1677 em São paulo com 84 anos, 1 mês de idade. Ele era filho de de Saavedra, Francisco e , Maria Moreira. Ele teve um relacionamento com , Maria Moreira De Saavedra (born De Godoy).

11047. , Maria Moreira De Saavedra (born De Godoy). Maria Moreira De Saavedra (born De Godoy) nasceu em 1600 em Taubaté, Sao Paulo, Brasil. Ela faleceu em 1670 em Taubaté, Sao Paulo, Brasil com 70 anos de idade. Ela era filha de , Balthazar De Godoy e , Paula De Godoy (born Moreira).

Filhos de , Maria Moreira De Saavedra (born De Godoy) e , João Fernandes De Saavedra

i. , Paula De Godoy Ribeiro De Proença (born Saavedra) [5523]. Paula De Godoy Ribeiro De Proença (born Saavedra) nasceu em 1610. Ela teve um relacionamento com , João Ribeiro De Proença.

11052. , Cornelio De Arzam (Arzão) (Corneles da Azan). Cornelio De Arzam (Arzão) (Corneles da Azan) nasceu em 1584 em Harzing, Brugges, West Vloandern, Flandres Vlaams Gewest, Bélgica. Ele teve um relacionamento com , Elvira De Arzão (Ou De Arzam) (born Rodrigues (Avó)).

Mais informações sobre , Cornelio De Arzam (Arzão) (Corneles da Azan):

inquisição: Esta família, que contou entre os bandeirantes e exploradores do sertão vários vultos preeminentes, teve começo em São Paulo, em Cornelio de Arzam. Natural de Flandres, homem estimado e de recursos, que veio à capitania de São Vicente na companhia de Dom F.

11053. , Elvira De Arzão (Ou De Arzam) (born Rodrigues (Avó)). Ela era filha de , Martim Fernandes Tenorio De Aguilar e , Suzana Fernandes Tenorio De Aguilar (born Rodrigues).

Filhos de , Elvira De Arzão (Ou De Arzam) (born Rodrigues (Avó)) e , Cornelio De Arzam (Arzão) (Corneles da Azan)

i. de Arzam, Braz Rodrigues [5526]. Braz Rodrigues nasceu em 1612 em Sao Paulo,SP,Brasil. Ele faleceu em 1692. Ele teve um relacionamento com , Maria De Arzam (born Egypciaca).

11058. Furtado, Francisco. Francisco nasceu em S. Paulo,SP,Brasil. Ele faleceu em cerca de 1689 em S. Paulo,SP,Brasil. Ele era filho de Furtado, Leonel (Daniel) e Mendes, Gracia. Ele teve um relacionamento com Alvarenga, Isabel Ribeiro De.

11059. Alvarenga, Isabel Ribeiro De. Isabel Ribeiro De nasceu cerca de 1618 em S. Paulo,SP,Brasil. Ela faleceu em S. Amaro,SP,Brasil. Ela era filha de de Alvarenga, Maria Ribeiro.

Filhos de Alvarenga, Isabel Ribeiro De e Furtado, Francisco

i. Furtado, Maria Ribeiro [5529]. Maria Ribeiro nasceu em 1655. Ela faleceu em 4 Abril 1689 em São Paulo, São Paulo, Brasil. Ela teve um relacionamento com da Silva, João Figueiró.

11060. da Fonseca Osório, João Pereira. João Pereira nasceu em 1604 em Portugal. Ele faleceu em 1659 com 55 anos de idade. Ele era filho de Pereira, Manuel e Ozório, Leonor. Ele teve um relacionamento com Guedes, Catharina (Alcoforado).

11061. Guedes, Catharina (Alcoforado). Catharina (Alcoforado) nasceu em Portugal. Ela faleceu em 30 Agosto 1662 em Santa Maria de Sediclos, Peso da Régua, Vila Real, Portugal. Ela era filha de Guedes, Fracisco Pinto e Nunes, Andresa.

Filhos de Guedes, Catharina (Alcoforado) e da Fonseca Osório, João Pereira

i. Alcoforado, Francisco Pinto Guedes [5530]. Francisco Pinto Guedes nasceu cerca de 1640 em Sermanha,Sediclos,Portugal. Ele faleceu em 15 Novembro 1701 em S. Paulo,SP,Brasil. Ele teve um relacionamento com de Camargo, Mariana.

11062. Moraes, Baltazar de Lemos e III. Baltazar de Lemos e nasceu em 1620. Ele faleceu em Minas Gerais, Brasil. Ele era filho de Lemos, Don Francisco de e Antas, Isabel Moraes de. Ele teve um relacionamento com Camargo, Maria Bueno de.

11063. Camargo, Maria Bueno de. Maria Bueno de nasceu em 1625 em São Paulo, Sao Paulo, Brasil.

Filhos de Camargo, Maria Bueno de e Moraes, Baltazar de Lemos e III

i. de Camargo, Mariana [5531]. Mariana nasceu em 1635 em Sao Paulo, Sao Paulo, Brasil. Ela faleceu em 14 Novembro 1707 em Sao Paulo, Sao Paulo, Brasil. Ela teve um relacionamento com Alcoforado, Francisco Pinto Guedes.

11068. Gato, Manoel Pacheco Borba I. Manoel Pacheco Borba nasceu em 23 Dezembro 1620 em Terceira, Azores, Portugal. Ele faleceu em 7 Abril 1709 em Sao Paulo, Sao Paulo, Brasil com 88 anos, 3 meses de idade. Ele era filho de Pacheco Linhares, Manuel e de Borba Gato, Beatriz. Ele teve um relacionamento
com Paes, Anna de Veiga.

11069. Paes, Anna de Veiga. Anna de Veiga nasceu em 20 Janeiro 1637 em Sao Paulo, Sao Paulo, Brasil. Ela faleceu em 13 Julho 1712 em Sao Paulo, Sao Paulo, Brasil com 75 anos, 5 meses de idade. Ela era filha de Rodrigues, Susana a Moça.

Filhos de Paes, Anna de Veiga e Gato, Manoel Pacheco Borba I

i. Gato, Manoel Pacheco II [5534]. Manoel Pacheco nasceu em 1656 em Sao Paulo, Sao Paulo, Brasil. Ele faleceu em 16 Julho 1715 em Cotia, Sao Paulo, Brasil. Ele teve um relacionamento com da Costa, Francisca de Carvalho.

11070. Cruz, Domingos Gonçalves Da. Domingos Gonçalves Da nasceu em Portugal. Ele faleceu em cerca de 1680 em S. Paulo,SP,Brasil. Ele teve um relacionamento com da Costa, Isabel de Carvalho.

11071. da Costa, Isabel de Carvalho. Isabel de Carvalho nasceu em 1619 em Sao Paulo, Sao Paulo, Brasil. Ela faleceu em Sao Paulo, Sao Paulo, Brasil. Ela era filha de da Costa, João de

Carvalho e Siqueira, Paula Nunes de.

Filhos de da Costa, Isabel de Carvalho e Cruz, Domingos Gonçalves Da

i. da Costa, Francisca de Carvalho [5535]. Francisca de Carvalho nasceu em Cotia, Sao Paulo, Brasil. Ela faleceu em 1 Janeiro 1729 em Cotia, Sao Paulo, Brasil. Ela teve um relacionamento com Gato, Manoel Pacheco II.

11136. Ortiz deCamargo, José (Jusepe). José (Jusepe) nasceu cerca de 1560 em Castrojeriz, Burgos, Burgos, Castilla-Leon, Espanha. Ele faleceu em cerca de 1619 em S. Paulo,SP,Brasil com aproximadamente 59 anos de idade. Ele teve um relacionamento com Domingues, Leonor.

11137. Domingues, Leonor. Leonor nasceu em 1582 em Viana do Castelo, Portugal. Ela faleceu em 1630 em São Paulo de Piratininga, Sao Paulo, Sao Paulo, Brasil com 48 anos de idade.

Filhos de Domingues, Leonor e Ortiz deCamargo, José (Jusepe)

i. Camargo, Fernão de "o Tigre" [5568]. Fernão de "o Tigre" nasceu em 1608 em São Paulo de Piratininga - SP - Brasil. Ele faleceu em 29 Dezembro 1678 em Sao Paulo, Brasil. Ele teve um relacionamento com Prado, Marianna do.

11138. de Santa Maria, João. João nasceu em 1564 em Castela, Espanha. Ele faleceu em 1642 em São Paulo,Brasil com 78 anos de idade. Ele teve um relacionamento com do Prado, Felipa.

11139. do Prado, Felipa. Felipa nasceu CA 1587 em Sao Paulo, Brasil. Ela faleceu cerca de 1674 em São Paulo,Brasil. Ela era filha de Leme, Pedro e Prado, Helena De.

Filhos de do Prado, Felipa e de Santa Maria, João

i. Prado, Marianna do [5569]. Marianna do nasceu em 1610 em São Paulo. Ela faleceu em 1688 em São Paulo- SP. Ela teve um relacionamento com Camargo, Fernão de "o Tigre".

11140. Lopes, Pedro. Pedro nasceu em 1565 em Aveiro, Portugal. Ele faleceu em 14 janeiro 1652 em Sardoura (Santa Maria), Aveiro, Portugal. Ele teve um relacionamento com Costa, Anna da.

11141. Costa, Anna da. Anna da nasceu em 1588 em Portugal. Ela faleceu em 24 outubro 1638 em Sardoura, Aveiro, Portugal.

Filhos de Costa, Anna da e Lopes, Pedro

i. Lopes, Gonçalo [5570]. Gonçalo nasceu aproximadamente 1620 em Santa Marinha, Porto, Portugal. Ele faleceu em aproximadamente 1690 em São Paulo, São Paulo, Brasil. Ele teve um relacionamento com Silva, Catharina da.

11142. da Silva, Cosme. Cosme nasceu cerca de 1600. Ele teve um relacionamento com Gonçalves, Isabel.

11143. Gonçalves, Isabel. Isabel nasceu em 1589 em São Paulo, Brasil. Ela faleceu em São Paulo, Brasil.

Filhos de Gonçalves, Isabel e da Silva, Cosme

i. Silva, Catharina da [5571]. Catharina da nasceu aproximadamente 1620 em São Paulo, São Paulo, Brasil. Ela faleceu em 26 fevereiro 1694 em São Paulo, Brasil. Ela teve um relacionamento com Lopes, Gonçalo.

11152. Correia, Manoel. Manoel nasceu cerca de 1590 em Lisboa, Portugal.

Filhos de Desconhecido e Correia, Manoel

i. Rodrigues Penteado, Francisco [5576]. Francisco nasceu cerca de 1620 em Pernambuco, Brasil. Ele faleceu em cerca de 1673. Ele teve um relacionamento com de Miranda, Clara.

11154. , Antonio Rodrigues De Miranda. Antonio Rodrigues

De Miranda nasceu cerca de 1556 em Lamego, Viseu, Portugal. Ele faleceu em Junho 1637 em São Paulo, São Paulo, Brasil com aproximadamente 81 anos, 5 meses de idade. Ele era filho de Rodrigues, Francisco e Rodrigues, Andreza. Ele teve um relacionamento com Leite, Potencia.

11155. Leite, Potencia. Potencia nasceu aproximadamente 1600 em São Paulo, São Paulo, Brasil. Ela faleceu em 1689. Ela era filha de Furtado, Paschoal Leite e do Prado, Izabel.

Filhos de Leite, Potencia e , Antonio Rodrigues De Miranda

i. de Miranda, Clara [5577]. Ela faleceu em 1682. Ela teve um relacionamento com Rodrigues Penteado, Francisco.

11156. Pedroso de Barros, Antonio. Antonio nasceu cerca de 1599 em São Paulo,SP,BRA. Ele faleceu em 1 Maio 1651 com aproximadamente 52 anos, 4 meses de idade. Ele era filho de Vaz de Barros, Pedro e Leme, Luzia. Ele teve um relacionamento com , Maria Pires de Medeiros.

11157. , Maria Pires de Medeiros. Maria Pires de Medeiros nasceu cerca de 1622 em Sao Paulo, Sao Paulo, Brasil. Ela faleceu em 1651 em São Paulo, São Paulo, Brasil com aproximadamente 29 anos de idade. Ela era filha de Pires de Medeiros, Salvador e Alvarenga, Ignez Monteiro de.

Filhos de , Maria Pires de Medeiros e Pedroso de Barros, Antonio

i. Barros, Pedro Vaz de [5578]. Pedro Vaz de nasceu em 1646 em São Paulo, São Paulo, Brasil. Ele faleceu em 22 março 1695 em São Paulo, São Paulo, Brasil. Ele teve um relacionamento com de Mesquita, Maria Leite.

11158. Rodrigues de Mesquita, Domingos. Domingos nasceu cerca de 1637 em Torre de Moncorvo, , Bragança, Portugal. Ele teve um relacionamento com Dias, Maria.

11159. Dias, Maria. Ela faleceu em cerca de 1669. Ela era filha de Leme, Pedro Dias Pais e Leite, Maria (Paes Leme).

Filhos de Dias, Maria e Rodrigues de Mesquita, Domingos

i. de Mesquita, Maria Leite [5579]. Maria Leite nasceu em 1648 em Santana de Parnaíba, Santana de Parnaíba, São Paulo, Brasil. Ela faleceu em 1732 em São Paulo, São Paulo, Brasil. Ela teve um relacionamento com Barros, Pedro Vaz de.

11160. Lemos, José Corrêa de. José Corrêa de nasceu em 1554 em Espírito Santo, Brasil. Ele faleceu em Espírito Santo, Brasil. Ele teve um relacionamento com Lira, Francisca de.

11161. Lira, Francisca de. Francisca de nasceu em 1558 em Espírito Santo, Brasil. Ela faleceu em Espírito Santo, Brasil.

Filhos de Lira, Francisca de e Lemos, José Corrêa de

i. Lemos, Antonio Correa De [5580]. Antonio Correa De nasceu em 1625 em São Paulo, Sao Paulo, Brasil. Ele faleceu em 1664 em São Paulo, Sao Paulo, Brasil.

11164. Lopes, Mathias. Mathias Nasceu Cerca de 1610 Em São Paulo,Brasil. Ele Era Filho De Lopes, Mathias E Medeiros, Catharina De. Ele teve um relacionamento com do Prado, Catharina.

11165. do Prado, Catharina. Catharina nasceu em 1610 em São Paulo-SP.

Filhos de do Prado, Catharina E Lopes, Mathias

i. Medeiros, Joao Lopes De [5582]. Joao Lopes De nasceu em 1640 em São Paulo, Sao Paulo, Brasil. Ele faleceu em 1686 em Atibaia, Sao Paulo, Brasil. Ele teve um relacionamento com Luz, Marianna Da.

11166. Preto, Inocêncio Fernandes. Inocêncio Fernandes nasceu cerca de 1607 em S. Paulo,SP,Brasil. Ele faleceu em cerca de 1682 em S. Paulo,SP,Brasil com aproximadamente 75 anos de idade. Ele teve um relacionamento com Cortes, Catharina (Fernandes).

11167. Cortes, Catharina (Fernandes). Ela faleceu em antes de 1624.

Filhos de Cortes, Catharina (Fernandes) e Preto, Inocêncio Fernandes

    i. Luz, Marianna Da [5583]. Marianna Da Nasceu Cerca de 1640 Em São Paulo,Brasil. Ela faleceu em cerca de 1685 em Atibaia,São Paulo,Brasil. Ela teve um relacionamento com Medeiros, Joao Lopes De.

13324. Seixas, Antonio Rodrigues. Antonio Rodrigues nasceu em 1628 em Vila, de, Viana do Castelo, Portugal. Ele faleceu em 1700 com 72 anos de idade. Ele era filho de Seixas, João Roiz e Barbosa, Maria Maciel. Ele teve um relacionamento com Martins, Catharina.

13325. Martins, Catharina. Catharina nasceu em Vila, de, Viana do Castelo, Portugal.

Filhos de Martins, Catharina e Seixas, Antonio Rodrigues

    i. Seixas, João Rodrigues de (F) [6662]. João Rodrigues de (F) nasceu em 1640 em Vila, de, Viana do Castelo, Portugal. Ele faleceu em 13/04/1700. Ele teve um relacionamento com Barbosa, Maria Maciel.

13326. Seixas, Cap. Antonio Rodrigues. Cap. Antonio Rodrigues nasceu em 1620 em Viana do Castelo, Portugal. Ele casou com Martins, Catharina em 1639 em Viana do Castelo, Portugal.

13327. Martins, Catharina. Catharina nasceu em 1619 em Viana do Castelo, Portugal.

Filhos de Martins, Catharina e Seixas, Cap. Antonio Rodrigues

i. Barbosa, Maria Maciel [6663]. Maria Maciel nasceu em 1630 em Cananeia, Sao Paulo, Brasil. Ela teve um relacionamento com Seixas, João Rodrigues de (F).

Mais informações sobre Martins, Catharina e Seixas, Cap. Antonio Rodrigues:

Casamento: 1639, Viana do Castelo, Portugal.

13328. Linhares, Manuel Pacheco. Manuel Pacheco nasceu em ilha terceira, Açores, Aveiro, Portugal. Ele casou com Gato, Beatriz de Borba em 1610.

13329. Gato, Beatriz de Borba. Beatriz de Borba nasceu em ilha terceira, Açores, Aveiro, Portugal. Ela era filha de Gato, Desconhecido.

Filhos de Gato, Beatriz de Borba e Linhares, Manuel Pacheco

i. Gato, Manoel Pacheco Borba [6664]. Manoel Pacheco Borba nasceu em 1622 em ilha terceira, Açores, Aveiro, Portugal. Ele faleceu em 18 Agosto 1692 em Santo Amaro, Sao Paulo, Brasil. Ele teve um relacionamento com Paes, Anna da Veiga.

ii. Gato, Bento de Borba.

iii. Gato, João de Borba. João de Borba nasceu em 1610 em ilha terceira, Açores, Aveiro, Portugal. Ele teve um relacionamento com Rodrigues, Sebastiana.

Mais informações sobre Gato, Beatriz de Borba e Linhares, Manuel Pacheco:

Casamento: 1610.

13330. Paes, Cap. João. Cap. João nasceu em 1585 em Portugal. Ele faleceu em 1615 em São Paulo, Sao Paulo, Brasil com 30 anos de idade. Ele era filho de Ramalho, André Fernandes e Paes, Maria.

Ele teve um relacionamento com Rodrigues, Suzana (a moça).

13331. Rodrigues, Suzana (a moça). Suzana (a moça) nasceu em 1597 em São Paulo, Sao Paulo, Brasil. Ela era filha de Aguilar, Martim Rodrigues Tenório de e Rodrigues, Suzana.

Filhos de Rodrigues, Suzana (a moça) e Paes, Cap. João

i. Paes, Anna da Veiga [6665]. Ela teve um relacionamento com Gato, Manoel Pacheco Borba.

13332. Nunes, Pedro. Ele faleceu em 1623 em São Paulo, Sao Paulo, Brasil. Ele era filho de Nunes, Antão e Siqueira, Maria de. Ele teve um relacionamento com Pontes, Catharina de.

13333. Pontes, Catharina de. Ela faleceu em 1621.

Filhos de Pontes, Catharina de e Nunes, Pedro

i. Pontes, Pedro Nunes de [6666]. Ele teve um relacionamento com Ribeiro, Ines Domingues.

13334. Domingues II, Pedro. Pedro nasceu em 1621. Ele era filho de Domingues, Amaro e Ribeiro II, Catharina. Ele teve um relacionamento com Mendes, Maria.

13335. Mendes, Maria. Ela faleceu em 1680.

Filhos de Mendes, Maria e Domingues II, Pedro

i. Ribeiro, Ines Domingues [6667]. Ela teve um relacionamento com Pontes, Pedro Nunes de.

13336. Palha, Francisco Barreto. Francisco Barreto nasceu em Rio de Janeiro, Rio de Janeiro, Brasil. Ele teve um relacionamento com Ribeiro, Mercia.

13337. Ribeiro, Mercia. Ela era filha de Siqueira I, Francisco Bicudo de e , Maria Ribeiro.

Filhos de Ribeiro, Mercia e Palha, Francisco Barreto

i. Siqueira, Alvaro Barreto de [6668]. Ele faleceu em 1719. Ele teve um relacionamento com Fonseca, Margarida Cardoso da.

13338. Aranha, Francisco da Fonseca. Ele teve um relacionamento com Cardoso, Mecia.

13339. Cardoso, Mecia. Mecia nasceu em 1615. Ela era filha de Lourenço, Antonio e, Izabel Cardoso I.

Filhos de Cardoso, Mecia e Aranha, Francisco da Fonseca

i. Fonseca, Margarida Cardoso da [6669]. Ela teve um relacionamento com Siqueira, Alvaro Barreto de.

Geração 15

22056. Fernandes Ramalho, André. André nasceu em 1530 em São Paulo, São Paulo, Brasil. Ele faleceu em 1588 em São Paulo, São Paulo, Brasil com 58 anos de idade. Ele era filho de Bartira, Bartira ou MBICY- Isabel Dias. Ele teve um relacionamento com Paes, Maria.

22057. Paes, Maria. Maria nasceu cerca de 1551 em „Portugal. Ela faleceu em 1616 em São Paulo,São Paulo,Brasil com aproximadamente 65 anos de idade.

Filhos de Paes, Maria e Fernandes Ramalho, André

i. Paes, João [11028]. João nasceu cerca de 1585 em São Paulo, , SP, Brasil. Ele faleceu em 8 janeiro 1695 em São Paulo, Brasil. Ele teve um relacionamento com Rodrigues, Suzana.

22078. Silva, Domingos Da. Ele faleceu em cerca de 1627 em No Sertao DE SAO PAULO. Ele teve um relacionamento com , Maria Ribeiro de Alvarenga.

22079. , Maria Ribeiro de Alvarenga. Maria Ribeiro de Alvarenga nasceu em 1595. Ela faleceu em 1680 com 85 anos de idade. Ela era filha de Pedroso Ribeiro Alvarenga, Estevão e Missel, Maria.

Filhos de , Maria Ribeiro de Alvarenga e Silva, Domingos Da

i. Alvarenga, Isabel Ribeiro De [11039]. Isabel Ribeiro De nasceu cerca de 1618 em S. Paulo,SP,Brasil. Ela faleceu em S. Amaro,SP,Brasil. Ela teve um relacionamento com Furtado, Francisco.

22084. , Simão Jorge. Simão Jorge nasceu em 1526 em Viana do Castelo, Portugal. Ele faleceu em 1600 em Brasil com 74 anos de idade. Ele teve um relacionamento com , Agostinha Rodrigues.

22085. , Agostinha Rodrigues. Agostinha Rodrigues nasceu em 1546 em Porto, Porto, Portugal. Ela faleceu em 1600 em São Paulo, Brasil com 54 anos de idade. Ela era filha de Rodrigues, Garcia e Velho, Izabel.

Filhos de , Agostinha Rodrigues e , Simão Jorge

i. , Aleixo Jorge [11042]. Aleixo Jorge nasceu em 1558. Ele faleceu em 1638. Ele teve um relacionamento com , Maria De Siqueira Nunes.

22088. , Antonio De De Proença. Antonio De De Proença nasceu em 1545 em Vila Belmonte Teixoso, Guarda, Beira Alta, Portugal. Ele faleceu em 1605 com 60 anos de idade. Ele era filho de , Maffeo De Tassis e , Catarina De Tassis (born Rodrigues). Ele teve um relacionamento com , Maria Castanho De Proença
(born Castanho).

22089. , Maria Castanho De Proença (born Castanho). Maria Castanho De Proença (born Castanho) nasceu em Montemor-o-Novo, Évora, Portugal. Ela era filha de , Antonio Rodrigues De Almeida.

Filhos de , Maria Castanho De Proença (born Castanho) e , Antonio De De Proença

i. , Francisco De Proença [11044]. Francisco De Proença nasceu em 1567 em Santos, São Paulo, Brasil. Ele faleceu em 10 Junho 1638 em Igreja do Colégio dos Jesuítas, São Paulo, São Paulo, Brasil. Ele teve um relacionamento com , Izabel De Proença (born Ribeiro).

22091. , Maria Ribeiro (born Duarte). Ela era filha de , Joane Annes Sobrinho e , Izabel Annes Sobrinho (born Duarte).

Filhos de , Maria Ribeiro (born Duarte) e Desconhecido

i. , Izabel De Proença (born Ribeiro) [11045]. Izabel De Proença (born Ribeiro) nasceu em Santos, São Paulo, Brasil. Ela faleceu em Santos, São Paulo, Brasil. Ela teve um relacionamento com , Francisco De Proença.

22092. de Saavedra, Francisco. Francisco nasceu em Castela, Espanha. Ele faleceu em São Paulo, São Paulo, Brasil. Ele teve um relacionamento com , Maria Moreira.

Mais informações sobre de Saavedra, Francisco:

detalhes: 1575. Genealogia Paulistana Luiz Gonzaga da Silva Leme (1852-1919) Vol VIII - Pág. .382 a 403 Tit. Saavedras Esta família teve princípio (em S. Paulo) em Francisco de Saavedra, natural de Castella, que foi pessoa de consideração e respeito em S. Paulocas.

22093. , Maria Moreira. Maria Moreira nasceu em 1575 em Brasil. Ela era filha de , Jorge Moreira e , Isabel Rodrigues Velho.

Filhos de , Maria Moreira e de Saavedra, Francisco

i. , João Fernandes De Saavedra [11046]. João Fernandes De Saavedra nasceu em 1593 em são paulo. Ele faleceu em 13 Fevereiro 1677 em São paulo. Ele teve um relacionamento com , Maria Moreira De Saavedra (born De Godoy).

22094. , Balthazar De Godoy. Balthazar De Godoy nasceu em 1561 em Albuquerque, Castela, Espanha. Ele faleceu em 1623 em

Sao Paulo, Sao Paulo, Brasil com 62 anos de idade. Ele teve um relacionamento com , Paula De Godoy (born Moreira).

22095. , Paula De Godoy (born Moreira). Paula De Godoy (born Moreira) nasceu em 1570 em Taubate, SP, Brasil. Ela faleceu em 1623 em Taubate, SP, Brasil com 53 anos de idade.

Filhos de , Paula De Godoy (born Moreira) e , Balthazar De Godoy

i. , Maria Moreira De Saavedra (born De Godoy) [11047]. Maria Moreira De Saavedra (born De Godoy) nasceu em 1600 em Taubaté, Sao Paulo, Brasil. Ela faleceu em 1670 em Taubaté, Sao Paulo, Brasil. Ela teve um relacionamento com , João Fernandes De Saavedra.

22106. , Martim Fernandes Tenorio De Aguilar. Martim Fernandes Tenorio De Aguilar nasceu em 1573 em Castela. Ele teve um relacionamento com , Suzana Fernandes Tenorio De Aguilar (born Rodrigues).

22107. , Suzana Fernandes Tenorio De Aguilar (born Rodrigues). Suzana Fernandes Tenorio De Aguilar (born Rodrigues) nasceu em 1573 em Santo Amaro, Sao Paulo, Brasil.

Filhos de , Suzana Fernandes Tenorio De Aguilar (born Rodrigues) e , Martim Fernandes Tenorio De Aguilar

i. , Elvira De Arzão (Ou De Arzam) (born Rodrigues (Avó)) [11053]. Ela teve um relacionamento com , Cornelio De Arzam (Arzão) (Corneles da Azan).

22116. Furtado, Leonel (Daniel). Leonel (Daniel) nasceu em Monsanto de Caminha, Portugal. Ele era filho de Furtado, Simão e Luiz, Catarina. Ele teve um relacionamento com Mendes, Gracia.

22117. Mendes, Gracia. Ela faleceu em 1696. Ela era filha de Mendes, André e Affonso, Izabel Filha.

Filhos de Mendes, Gracia e Furtado, Leonel (Daniel)

i. Furtado, Francisco [11058]. Francisco nasceu em S. Paulo,SP,Brasil. Ele faleceu em cerca de 1689 em S. Paulo,SP,Brasil. Ele teve um relacionamento com Alvarenga, Isabel Ribeiro De.

22119. de Alvarenga, Maria Ribeiro.

Filhos de de Alvarenga, Maria Ribeiro e Desconhecido

i. Alvarenga, Isabel Ribeiro De [11059]. Isabel Ribeiro De nasceu cerca de 1618 em S. Paulo,SP,Brasil. Ela faleceu em S. Amaro,SP,Brasil. Ela teve um relacionamento com Furtado, Francisco.

22120. Pereira, Manuel. Manuel nasceu em 1585. Ele faleceu em 1655 com 70 anos de idade. Ele casou com Ozório, Leonor em 4 Abril 1601 em São Miguel de Lobrigos, Vila Real, Portugal.

22121. Ozório, Leonor. Leonor nasceu em 1585. Ela faleceu em 27 Setembro 1607 em Encambalados, São Miguel de Lobrigos, Vila Real, Portugal com 22 anos, 8 meses de idade.

Filhos de Ozório, Leonor e Pereira, Manuel

i. da Fonseca Osório, João Pereira [11060]. João Pereira nasceu em 1604 em Portugal. Ele faleceu em 1659. Ele teve um relacionamento com Guedes, Catharina (Alcoforado).

Mais informações sobre Ozório, Leonor e Pereira, Manuel:

Casamento: 4 Abril 1601, São Miguel de Lobrigos, Vila Real, Portugal.

22122. Guedes, Fracisco Pinto. Fracisco Pinto nasceu em 1590. Ele faleceu em 25/03/1644 em Santa Maria de Sedielos, Peso da Régua, Vila Real, Portugal. Ele teve um relacionamento com Nunes, Andresa.

22123. Nunes, Andresa. Andresa nasceu em 1590. Ela faleceu

em 1634 em Portugal com 44 anos de idade.

Filhos de Nunes, Andresa e Guedes, Fracisco Pinto

i. Guedes, Catharina (Alcoforado) [11061]. Catharina (Alcoforado) nasceu em Portugal. Ela faleceu em 30 Agosto 1662 em Santa Maria de Sedielos, Peso da Régua, Vila Real, Portugal. Ela teve um relacionamento com da Fonseca Osório, João Pereira.

22124. Lemos, Don Francisco de. Don Francisco de nasceu em Castela, Coimbra, Portugal. Ele era filho de Lemos, Francisco Correa de. Ele casou com Antas, Isabel Moraes de em 1626.

22125. Antas, Isabel Moraes de. Isabel Moraes de nasceu em 1605. Ela faleceu em 1630 em São Paulo, Sao Paulo, Brasil com 25 anos de idade. Ela era filha de de Morais de Antas, Baltazar o Moço e Rodrigues, Ignez.

Filhos de Antas, Isabel Moraes de e Lemos, Don Francisco de

i. Moraes, Baltazar de Lemos e III [11062]. Baltazar de Lemos e nasceu em 1620. Ele faleceu em Minas Gerais, Brasil. Ele teve um relacionamento com Camargo, Maria Bueno de.

Mais informações sobre Antas, Isabel Moraes de e Lemos, Don Francisco de:

Casamento: 1626.

22136. Pacheco Linhares, Manuel. Ele teve um relacionamento com de Borba Gato, Beatriz.

22137. de Borba Gato, Beatriz. Beatriz nasceu em Terceira.

Filhos de de Borba Gato, Beatriz e Pacheco Linhares, Manuel

i. Gato, Manoel Pacheco Borba I [11068]. Manoel Pacheco Borba nasceu em 23 Dezembro 1620 em Terceira, Azores,

Portugal. Ele faleceu em 7 Abril 1709 em Sao Paulo, Sao Paulo, Brasil. Ele teve um relacionamento com Paes, Anna de Veiga.

22139. Rodrigues, Susana a Moça.

Filhos de Rodrigues, Susana a Moça e Desconhecido

i. Paes, Anna de Veiga [11069]. Anna de Veiga nasceu em 20 Janeiro 1637 em Sao Paulo, Sao Paulo, Brasil. Ela faleceu em 13 Julho 1712 em Sao Paulo, Sao Paulo, Brasil. Ela teve um relacionamento com Gato, Manoel Pacheco Borba I.

22142. da Costa, João de Carvalho. João de Carvalho nasceu em 1605 em Coimbra, Coimbra, Portugal. Ele faleceu em Sao Paulo, Sao Paulo, Brasil. Ele teve um relacionamento com Siqueira, Paula Nunes de.

22143. Siqueira, Paula Nunes de. Paula Nunes de nasceu em 1606 em Sorocaba, São Paulo, Brasil. Ela era filha de Siqueira, Antonio Nunes De e Cabral, Maria Maciel.

Filhos de Siqueira, Paula Nunes de e da Costa, João de Carvalho

i. da Costa, Isabel de Carvalho [11071]. Isabel de Carvalho nasceu em 1619 em Sao Paulo, Sao Paulo, Brasil. Ela faleceu em Sao Paulo, Sao Paulo, Brasil. Ela teve um relacionamento com Cruz, Domingos Gonçalves Da.

22278. Leme, Pedro. Pedro nasceu 24 de outubro de 1570 em São Vicente, São Paulo, Brasil. Ele faleceu em 13 janeiro 1640 em São Paulo, Brasil. Ele era filho de Esteves, Brás e Leme, Leonor I. Ele teve um relacionamento com Prado, Helena De.

22279. Prado, Helena De. Helena De nasceu cerca de 1575 em Guaratinguetá,SP,Brasil. Ela faleceu em S. Paulo,SP,Brasil. Ela era filha de Prado, João do e Vicente, Filippa.

Filhos de Prado, Helena De e Leme, Pedro

i. do Prado, Felipa [11139]. Felipa nasceu CA 1587 em Sao Paulo, Brasil. Ela faleceu cerca de 1674 em São Paulo,Brasil. Ela teve um relacionamento com de Santa Maria, João.

22308. Rodrigues, Francisco. Francisco nasceu em 1530 em Portugal. Ele faleceu em Portugal. Ele teve um relacionamento com Rodrigues, Andreza.

22309. Rodrigues, Andreza. Andreza nasceu cerca de 1537 em Lamego, Viseu, Portugal. Ela faleceu em São Paulo, Brasil.

Filhos de Rodrigues, Andreza e Rodrigues, Francisco

i. , Antonio Rodrigues De Miranda [11154]. Antonio Rodrigues De Miranda nasceu cerca de 1556 em Lamego, Viseu, Portugal. Ele faleceu em Junho 1637 em São Paulo, São Paulo, Brasil. Ele teve um relacionamento com Leite, Potencia.

22310. Furtado, Paschoal Leite. Paschoal Leite nasceu em Ilha de Santa Maria, Azores, Portugal. Ele faleceu em 1614 em São Paulo, Sao Paulo, Brasil. Ele era filho de Leite, Gonçalo Martins e da Silva Leme, Maria. Ele teve um relacionamento com do Prado, Izabel.

22311. do Prado, Izabel. Izabel nasceu cerca de 1580 em Sao Vicente, Sao Paulo, Brasil. Ela faleceu em 1668 em Sao Paulo, Sao Paulo, Brasil com aproximadamente 88 anos de idade.

Filhos de do Prado, Izabel e Furtado, Paschoal Leite

i. Leite, Potencia [11155]. Potencia nasceu aproximadamente 1600 em São Paulo, São Paulo, Brasil. Ela faleceu em 1689. Ela teve um relacionamento com , Antonio Rodrigues De Miranda.

22312. Vaz de Barros, Pedro. Pedro nasceu cerca de 1560 em Lisboa,PRT. Ele faleceu em 28 Março 1644 em São Paulo,SP,BRA com aproximadamente 84 anos, 2 meses de idade. Ele era filho de Pedroso, Jerônimo e Vaz, Joana. Ele teve um relacionamento com Leme, Luzia.

22313. Leme, Luzia. Luzia nasceu aproximadamente 1590 em São Paulo, Brasil. Ela faleceu em 22 Novembro 1655 em São Paulo, São Paulo, Brasil. Ela era filha de Paes, Fernando Dias e Leme, Lucrécia.

Filhos de Leme, Luzia e Vaz de Barros, Pedro

i. Pedroso de Barros, Antonio [11156]. Antonio nasceu cerca de 1599 em São Paulo,SP,BRA. Ele faleceu em 1 Maio 1651. Ele teve um relacionamento com , Maria Pires de Medeiros.

22314. Pires de Medeiros, Salvador. Salvador nasceu cerca de 1553 em São Paulo, São Paulo, Brasil. Ele faleceu em 1642 em São Paulo, São Paulo, Brasil com aproximadamente 89 anos de idade. Ele era filho de Pires, Salvador e Rodrigues, Maria. Ele teve um relacionamento com Fernandes, Mécia. Ele também teve
um relacionamento com Alvarenga, Ignez Monteiro de.

22315. Alvarenga, Ignez Monteiro de. Ignez Monteiro de nasceu em 1583 em São Paulo, Brasil. Ela faleceu em cerca de 1639 em São Vicente, São Paulo, Brasil com aproximadamente 56 anos de idade.

Filhos de Alvarenga, Ignez Monteiro de e Pires de Medeiros, Salvador

i. , Maria Pires de Medeiros [11157]. Maria Pires de Medeiros nasceu cerca de 1622 em Sao Paulo, Sao Paulo, Brasil. Ela faleceu em 1651 em São Paulo, São Paulo, Brasil. Ela teve um relacionamento com Pedroso de Barros, Antonio.

22318. Leme, Pedro Dias Pais. Pedro Dias Pais nasceu em 1585. Ele teve um relacionamento com Leite, Maria (Paes Leme).

22319. Leite, Maria (Paes Leme). Maria nasceu em Sao Paulo, Brasil. Ela faleceu em 13 Maio 1667 em São Paulo, Brasil. Ela era filha de Leite Furtado, Pascoal e do Prado, Izabel.

Filhos de Leite, Maria (Paes Leme) e Leme, Pedro Dias Pais

i. Dias, Maria [11159]. Ela faleceu em cerca de 1669. Ela teve um relacionamento com Rodrigues de Mesquita, Domingos.

22328. Lopes, Mathias. Mathias Nasceu Cerca de 1585 Em São Paulo,Brasil. Ele Faleceu Em Cerca de 1651 Em São Paulo,Brasil Com Aproximadamente 66 Anos De Idade. Ele Teve Um Relacionamento Com Medeiros, Catharina De.

22329. Medeiros, Catharina De. Catharina De Nasceu Cerca de 1590 Em São Paulo,Brasil. Ela Faleceu Em Cerca de 1629 Em São Paulo,Brasil com aproximadamente 39 anos de idade. Ela era filha de Pires de Medeiros, Salvador e Fernandes, MÉCIA.

Filhos de Medeiros, Catharina De E Lopes, Mathias

I. Lopes, Mathias [11164]. Mathias Nasceu Cerca de 1610 Em São Paulo,Brasil. Ele teve um relacionamento com do Prado, Catharina.

26648. Seixas, João Roiz. Ele teve um relacionamento com Barbosa, Maria Maciel.

26649. Barbosa, Maria Maciel.

Filhos de Barbosa, Maria Maciel e Seixas, João Roiz

i. Seixas, Antonio Rodrigues [13324]. Antonio Rodrigues nasceu em 1628 em Vila, de, Viana do Castelo, Portugal. Ele faleceu em 1700. Ele teve um relacionamento com Martins, Catharina.

26658. Gato, Desconhecido.

Filhos de Desconhecido e Gato, Desconhecido

i. Gato, Beatriz de Borba [13329]. Beatriz de Borba nasceu em ilha terceira, Açores, Aveiro, Portugal. Ela casou com Linhares, Manuel Pacheco em 1610.

ii. Gato, Balthazar de Borba.

iii. Gato, Belchior de Borba.

26660. Ramalho, André Fernandes. André Fernandes nasceu em 1530. Ele faleceu em 1585 em Santo Andre, Sao Paulo, Brasil com 55 anos de idade. Ele era filho de Bartira, Bartira ou MBICY-Isabel Dias. Ele teve um relacionamento com Paes, Maria.

Mais informações sobre Ramalho, André Fernandes:

Emprego: 1 - 1. André Ramalho, filho mais velho, n. por volta de 1513/20, em 1553 serviu de guia ao Padre Nóbrega, em sua missão nos Campos de Piratininga. Américo de Moura acha que poderia ser o mesmo André Fernandes, n. Portugal, f. 1588, São Paulo, que em 1556.

26661. Paes, Maria. Maria nasceu em 1565 em Portugal. Ela faleceu em 19 Abril 1616 em São Vicente, Sao Paulo, Brasil com 51 anos, 3 meses de idade.

Filhos de Paes, Maria e Ramalho, André Fernandes

i. Paes, Cap. João [13330]. Cap. João nasceu em 1585 em Portugal. Ele faleceu em 1615 em São Paulo, Sao Paulo, Brasil. Ele teve um relacionamento com Rodrigues, Suzana (a moça).

26662. Aguilar, Martim Rodrigues Tenório de. Martim Rodrigues Tenório de nasceu em 1580 em Espanha. Ele faleceu em 1603 em sertao, dorio, Paraná, Brasil com 23 anos de idade. Ele teve um relacionamento com Rodrigues, Suzana.

Mais informações sobre Aguilar, Martim Rodrigues Tenório de:

Emprego: Martim Rodrigues Tenório de Aguiar, e não Martim Fernandes, como escreveu Silva Leme, antes de 30 de julho de 1589 estava C.c. Suzana Rodrigues (irmã de Baltazar Rodrigues e viúva de Damião Simões, sapateiro, inventariado em 1578, deixando o filho Damião S.

26663. Rodrigues, Suzana. Suzana nasceu em 1580 em Santo Amaro, Sao Paulo, Brasil. Ela faleceu em 1650 em Santo Amaro, Sao Paulo, Brasil com 70 anos de idade.

Filhos de Rodrigues, Suzana e Aguilar, Martim Rodrigues Tenório de

    i. Rodrigues, Suzana (a moça) [13331]. Suzana (a moça) nasceu em 1597 em São Paulo, Sao Paulo, Brasil. Ela teve um relacionamento com Paes, Cap. João.

26664. Nunes, Antão. Antão nasceu em Portugal. Ele teve um relacionamento com Siqueira, Maria de.

26665. Siqueira, Maria de. Ela era filha de Mendonça, Antonio de Siqueira.

Filhos de Siqueira, Maria de e Nunes, Antão

    i. Nunes, Pedro [13332]. Ele faleceu em 1623 em São Paulo, Sao Paulo, Brasil. Ele teve um relacionamento com Pontes, Catharina de.

26668. Domingues, Amaro. Amaro nasceu em São Paulo, Sao Paulo, Brasil. Ele faleceu em 1636. Ele era filho de Domingues I, Pedro e Fernandes, Clara. Ele teve um relacionamento com Ribeiro II, Catharina.

26669. Ribeiro II, Catharina. Ela faleceu em 1690. Ela era filha de Mendes I, Braz e Ribeiro I, Catharina.

Filhos de Ribeiro II, Catharina e Domingues, Amaro

    i. Domingues II, Pedro [13334]. Pedro nasceu em 1621. Ele teve um relacionamento com Mendes, Maria.

26674. Siqueira I, Francisco Bicudo de. Francisco Bicudo de nasceu em 1602. Ele faleceu em 1642 com 40 anos de idade. Ele era filho de Siqueira I, Manoel de e Bicudo I, Mecia Nunes. Ele teve um relacionamento com , Maria Ribeiro.

26675. , Maria Ribeiro.

Filhos de , Maria Ribeiro e Siqueira I, Francisco Bicudo de

i. Ribeiro, Mercia [13337]. Ela teve um relacionamento com Palha, Francisco Barreto.

26678. Lourenço, Antonio. Ele faleceu em 6 Março 1658 em São Paulo, Sao Paulo, Brasil. Ele era filho de , Domingos Luiz O Carvoeiro e Camacho, Anna. Ele teve um relacionamento com , Izabel Cardoso I.

26679. , Izabel Cardoso I. Izabel Cardoso I nasceu em 1595 em São Paulo, Sao Paulo, Brasil. Ela faleceu em 1661 em São Paulo, Sao Paulo, Brasil com 66 anos de idade. Ela era filha de , Gaspar Vaz (fundador de Mogi das Cruzes) e , Francisca Cardoso I.

Filhos de , Izabel Cardoso I e Lourenço, Antonio

i. Cardoso, Mecia [13339]. Mecia nasceu em 1615. Ela teve um relacionamento com Aranha, Francisco da Fonseca.

Geração 16

44113. Bartira, Bartira ou MBICY- Isabel Dias. Bartira ou MBICY- Isabel Dias nasceu em 1499. Ela faleceu em 1559 com 60 anos de idade. Ela era filha de Tibiriça, Cacique (Martim Afonso de Souza) e , Potira.

Filhos de Bartira, Bartira ou MBICY- Isabel Dias e Desconhecido

i. Ramalho, André Fernandes [26660]. André Fernandes nasceu em 1530. Ele faleceu em 1585 em Santo Andre, Sao Paulo, Brasil. Ele teve um relacionamento com Paes, Maria.

ii. Fernandes Ramalho, André [22056]. André nasceu em 1530 em São Paulo, São Paulo, Brasil. Ele faleceu em 1588 em São Paulo, São Paulo, Brasil. Ele teve um relacionamento com Paes,

Maria.

    iii. Ramalho, Joanna. Joanna nasceu em Brasil. Ela teve um relacionamento com Ferreira, Jorge (CapiTão Mor-governador).

    44158. Pedroso Ribeiro Alvarenga, Estevão. Estevão nasceu em São Paulo, São Paulo, Brasil. Ele faleceu em São Paulo, São Paulo, Brasil. Ele era filho de , Antônio Rodrigues de Alvarenga e , Anna Ribeiro Baião. Ele teve um relacionamento com Missel, Maria.

    44159. Missel, Maria. Maria nasceu cerca de 1580 em São Paulo, Sao Paulo, Brasil. Ela faleceu em 11 Maio 1660 em São Paulo, Sao Paulo, Brasil com aproximadamente 80 anos, 4 meses de idade. Ela era filha de GIGANTE, JOÃO MISSEL e Goncalves, Izabel.

    Filhos de Missel, Maria e Pedroso Ribeiro Alvarenga, Estevão

    i. , Maria Ribeiro de Alvarenga [22079]. Maria Ribeiro de Alvarenga nasceu em 1595. Ela faleceu em 1680. Ela teve um relacionamento com Silva, Domingos Da.

    44170. Rodrigues, Garcia. Garcia nasceu cerca de 1490 em Porto,Portugal. Ele faleceu em cerca de 1590 em Santos,SP,Brasil com aproximadamente 100 anos de idade. Ele era filho de Rodrigues, Antonio e , Antônia Rodrigues. Ele teve um relacionamento com Velho, Izabel.

    44171. Velho, Izabel. Izabel nasceu em 1515 em Porto, Portugal. Ela faleceu em 1590 em Santos, Sao Paulo, Brasil com 75 anos de idade.

    Filhos de Velho, Izabel e Rodrigues, Garcia

    i. , Agostinha Rodrigues [22085]. Agostinha Rodrigues nasceu em 1546 em Porto, Porto, Portugal. Ela faleceu em 1600 em São Paulo, Brasil. Ela teve um relacionamento com , Simão Jorge.

    44176. , Maffeo De Tassis. Maffeo De Tassis nasceu em 1490 em italy. Ele faleceu em 1536 em Portugal com 46 anos de idade.

Ele era filho de , Rogerius Ii. (Roger) De Tasso Ii (Roger Von Taxis) e , Allegra De Tasso (born Albricci). Ele teve um relacionamento com , Catarina De Tassis (born Rodrigues).

44177. , Catarina De Tassis (born Rodrigues). Catarina De Tassis (born Rodrigues) nasceu em 1530 em Portugal. Ela faleceu em Portugal.

Filhos de , Catarina De Tassis (born Rodrigues) e , Maffeo De Tassis

 i. , Antonio De De Proença [22088]. Antonio De De Proença nasceu em 1545 em Vila Belmonte Teixoso, Guarda, Beira Alta, Portugal. Ele faleceu em 1605. Ele teve um relacionamento com , Maria Castanho De Proença (born Castanho).

44178. , Antonio Rodrigues De Almeida.

Filhos de Desconhecido e , Antonio Rodrigues De Almeida

 i. , Maria Castanho De Proença (born Castanho) [22089]. Maria Castanho De Proença (born Castanho) nasceu em Montemor-o-Novo, Évora, Portugal. Ela teve um relacionamento com , Antonio De De Proença.

44182. , Joane Annes Sobrinho. Ele teve um relacionamento com , Izabel Annes Sobrinho (born Duarte).

44183. , Izabel Annes Sobrinho (born Duarte).

Filhos de , Izabel Annes Sobrinho (born Duarte) e , Joane Annes Sobrinho

 i. , Maria Ribeiro (born Duarte) [22091].

44186. , Jorge Moreira. Jorge Moreira nasceu em 1550. Ele teve um relacionamento com , Isabel Rodrigues Velho.

44187. , Isabel Rodrigues Velho. Ela era filha de , Garcia Rodrigues e , Isabel Velho.

Filhos de , Isabel Rodrigues Velho e , Jorge Moreira

i. , Maria Moreira [22093]. Maria Moreira nasceu em 1575 em Brasil. Ela teve um relacionamento com de Saavedra, Francisco.

44232. Furtado, Simão. Ele faleceu em 1620. Ele era filho de Furtado, João e Cunha, Ana Teixeira da. Ele casou com Luiz, Catarina em 1570 em Portugal.

44233. Luiz, Catarina. Catarina nasceu em 1570 em Monsanto, Santarem, Portugal. Ela faleceu em Novembro 1615 em Viana do Castelo, Portugal com 45 anos, 10 meses de idade.

Filhos de Luiz, Catarina e Furtado, Simão

i. Furtado, Leonel (Daniel) [22116]. Leonel (Daniel) nasceu em Monsanto de Caminha, Portugal. Ele teve um relacionamento com Mendes, Gracia.

Mais informações sobre Luiz, Catarina e Furtado, Simão:

Casamento: 1570, Portugal.

44234. Mendes, André. André nasceu em 1541. Ele faleceu em 1622 em Brasil com 81 anos de idade. Ele era filho de Vasconcellos, Alvaro Mendes de e Abreu, Francisca Dias de. Ele teve um relacionamento com Affonso, Izabel Filha.

44235. Affonso, Izabel Filha. Izabel nasceu em 1550 em Portugal. Ela faleceu em depois de 10 Julho 1642 em São Paulo, Brasil com mais de 92 anos, 6 meses de idade. Ela era filha de Gomes, Pedro e Affonso, Izabel.

Filhos de Affonso, Izabel Filha e Mendes, André

i. Mendes, Gracia [22117]. Ela faleceu em 1696. Ela teve um relacionamento com Furtado, Leonel (Daniel).

44248. Lemos, Francisco Correa de. Francisco Correa de nasceu em 1620 em Espírito Santo, Brasil. Ele faleceu em 23 agosto 1697 em São Paulo, São Paulo, Brasil. Ele era filho de Lemos, José Corrêa de e Lira, Francisca de.

Filhos de Desconhecido e Lemos, Francisco Correa de

i. Lemos, Don Francisco de [22124]. Don Francisco de nasceu em Castela, Coimbra, Portugal. Ele casou com Antas, Isabel Moraes de em 1626.

44250. de Morais de Antas, Baltazar o Moço. Ele era filho de de Morais de Antas, Balthazar e Anes, Brites Rodrigues. Ele teve um relacionamento com Rodrigues, Ignez.

44251. Rodrigues, Ignez. Ignez nasceu cerca de 1575. Ela faleceu em S. Paulo,SP,Brasil. Ela era filha de Maia, Domingos Gonçalves da.

Filhos de Rodrigues, Ignez e de Morais de Antas, Baltazar o Moço

i. Antas, Isabel Moraes de [22125]. Isabel Moraes de nasceu em 1605. Ela faleceu em 1630 em São Paulo, Sao Paulo, Brasil. Ela casou com Lemos, Don Francisco de em 1626.

44286. Siqueira, Antonio Nunes De. Antonio Nunes De nasceu cerca de 1560 em Santos,SP,Brasil. Ele faleceu em cerca de 1613 com aproximadamente 53 anos de idade. Ele era filho de NUNES, Antão e de Siqueira, Maria. Ele teve um relacionamento com Cabral, Maria Maciel.

44287. Cabral, Maria Maciel. Maria Maciel nasceu cerca de 1560. Ela faleceu em cerca de 1611 em São Paulo, Sao Paulo, Brasil com aproximadamente 51 anos de idade.

Filhos de Cabral, Maria Maciel e Siqueira, Antonio Nunes De

i. Siqueira, Paula Nunes de [22143]. Paula Nunes de nasceu em 1606 em Sorocaba, São Paulo, Brasil. Ela teve um relacionamento com da Costa, João de Carvalho.

44556. Esteves, Brás. Brás nasceu em 1535 em Funchal, Madeira, Portugal. Ele faleceu em 1603 em São Paulo, Sao Paulo, Brasil com 68 anos de idade. Ele era filho de Rodrigues Esteves, Paulo e Rodrigues Esteves, Senhora. Ele teve um relacionamento com Leme, Leonor I.

44557. Leme, Leonor I. Leonor nasceu em 1540 em São Mamede, Obidos, Leiria, Portugal. Ela faleceu em 1633 em Sao Paulo, Brasil com 93 anos de idade. Ela era filha de Fernandes, Luzia.

Filhos de Leme, Leonor I e Esteves, Brás

i. Leme, Pedro [22278]. Pedro nasceu 24 de outubro de 1570 em São Vicente, São Paulo, Brasil. Ele faleceu em 13 janeiro 1640 em São Paulo, Brasil. Ele teve um relacionamento com Prado, Helena De.

44558. Prado, João do. João do nasceu em 1510 em Olivença, Tras os Montes, Portugal. Ele faleceu em 13 Fevereiro 1597 em Arraial do capitão-mor João Pereira de Souza Botafogo, no sertão da Parnahiba com 87 anos, 1 mês de idade. Ele era filho de Vaz Furtado de Souza, Jorge Fernão e Velho, Catarina
Nunes. Ele teve um relacionamento com Vicente, Filippa.

44559. Vicente, Filippa. Ela faleceu em 1627 em Sao Paulo, Sao Paulo, Brasil. Ela era filha de Vicente, Pedro e de Faria, Maria.

Filhos de Vicente, Filippa e Prado, João do

i. Prado, Helena De [22279]. Helena De nasceu cerca de 1575 em Guaratinguetá,SP,Brasil. Ela faleceu em S. Paulo,SP,Brasil. Ela teve um relacionamento com Leme, Pedro.

44620. Leite, Gonçalo Martins. Gonçalo Martins nasceu 10 de janeiro de 1503 em Açores, Aveiro, Portugal. Ele teve um relacionamento com da Silva Leme, Maria.

44621. da Silva Leme, Maria. Maria nasceu em 1505 em Veleda,

Portugal.

Filhos de da Silva Leme, Maria e Leite, Gonçalo Martins

i. Furtado, Paschoal Leite [22310]. Paschoal Leite nasceu em Ilha de Santa Maria, Azores, Portugal. Ele faleceu em 1614 em São Paulo, Sao Paulo, Brasil. Ele teve um relacionamento com do Prado, Izabel.

44624. Pedroso, Jerônimo. Jerônimo nasceu aproximadamente 1545 em Portugal. Ele faleceu em Portugal. Ele teve um relacionamento com Vaz, Joana.

44625. Vaz, Joana. Joana nasceu aproximadamente 1550 em Portugal.

Filhos de Vaz, Joana e Pedroso, Jerônimo

i. Vaz de Barros, Pedro [22312]. Pedro nasceu cerca de 1560 em Lisboa,PRT. Ele faleceu em 28 Março 1644 em São Paulo,SP,BRA. Ele teve um relacionamento com Leme, Luzia.

44626. Paes, Fernando Dias. Ele faleceu em 1605 em São Paulo, SP, Brasil. Ele era filho de Leme, Pedro e Paes, Isabel. Ele teve um relacionamento com Leme, Lucrécia.

44627. Leme, Lucrécia. Lucrécia nasceu cerca de 1570 em Abrantes,Santarem,,Portugal. Ela faleceu em 1 Julho 1641 em São Paulo,,São Paulo,Brasil com aproximadamente 71 anos, 6 meses de idade. Ela era filha de Esteves, Brás e LEME, Leonor.

Filhos de Leme, Lucrécia e Paes, Fernando Dias

i. Leme, Luzia [22313]. Luzia nasceu aproximadamente 1590 em São Paulo, Brasil. Ela faleceu em 22 Novembro 1655 em São Paulo, São Paulo, Brasil. Ela teve um relacionamento com Vaz de Barros, Pedro.

44628. Pires, Salvador. Salvador nasceu cerca de 1515 em Porto, Portugal. Ele faleceu em cerca de 1592 em Santo André, Sao Paulo,

Brasil com aproximadamente 77 anos de idade. Ele era filho de Pires de Darque, João e Rodrigues, Maria. Ele teve um relacionamento com Rodrigues, Maria.

44629. Rodrigues, Maria. Maria nasceu em 1545 em Porto,Portugal. Ela faleceu em depois de 1580 em S. Vicente,SP,Brasil com mais de 35 anos de idade.

Filhos de Rodrigues, Maria e Pires, Salvador

i. Pires de Medeiros, Salvador [22314]. Salvador nasceu cerca de 1553 em São Paulo, São Paulo, Brasil. Ele faleceu em 1642 em São Paulo, São Paulo, Brasil. Ele teve um relacionamento com FERNANDES, MÉCIA. Ele também teve um relacionamento com Alvarenga, Ignez Monteiro de.

44638. Leite Furtado, Pascoal. Pascoal nasceu em 1565 em ILha de Santa Maria, Açores-Portugal. Ele faleceu em 4 Maio 1614 em SP com 49 anos, 4 meses de idade. Ele era filho de Leite, Gonçalo Martins e da Silva Leme, Maria. Ele teve um relacionamento com do Prado, Izabel.

44639. do Prado, Izabel. Izabel nasceu cerca de 1580 em Sao Vicente, Sao Paulo, Brasil. Ela faleceu em 1668 em Sao Paulo, Sao Paulo, Brasil com aproximadamente 88 anos de idade.

Filhos de do Prado, Izabel e Leite Furtado, Pascoal

i. Leite, Maria (Paes Leme) [22319]. Maria nasceu em Sao Paulo, Brasil. Ela faleceu em 13 Maio 1667 em São Paulo, Brasil. Ela teve um relacionamento com Leme, Pedro Dias Pais.

44658. Pires de Medeiros, Salvador. é a mesma pessoa que [22314].

44659. Fernandes, Mécia. Mécia Nasceu Cerca de 1565 Em São Paulo,São Paulo,Brasil. Ela Faleceu Em Cerca de 1625 Em São Paulo,São Paulo,Brasil Com Aproximadamente 60 Anos De Idade. Ela Era Filha De Fernandes, Antonio E Rodrigues, Antonia.

Filhos De Fernandes, Mécia E Pires De Medeiros, Salvador

I. Medeiros, Catharina De [22329]. Catharina De Nasceu Cerca de 1590 Em São Paulo,Brasil. Ela Faleceu Em Cerca de 1629 Em São Paulo,Brasil. Ela Teve Um Relacionamento Com Lopes, Mathias.

53321. Bartira, Bartira ou MBICY- Isabel Dias. é a mesma pessoa que [44113].

53330. Mendonça, Antonio de Siqueira. Ele era filho de Siqueira I, Antonio de e Pinto, Victoria Nunes.

Filhos de Desconhecido e Mendonça, Antonio de Siqueira

i. Siqueira, Maria de [26665]. Ela teve um relacionamento com Nunes, Antão.

53336. Domingues I, Pedro. Ele teve um relacionamento com Fernandes, Clara.

53337. Fernandes, Clara.

Filhos de Fernandes, Clara e Domingues I, Pedro

i. Domingues, Amaro [26668]. Amaro nasceu em São Paulo, Sao Paulo, Brasil. Ele faleceu em 1636. Ele teve um relacionamento com Ribeiro II, Catharina.

53338. Mendes I, Braz. Ele teve um relacionamento com Ribeiro I, Catharina.

53339. Ribeiro I, Catharina.

Filhos de Ribeiro I, Catharina e Mendes I, Braz

i. Ribeiro II, Catharina [26669]. Ela faleceu em 1690. Ela teve um relacionamento com Domingues, Amaro.

53348. Siqueira I, Manoel de. Manoel de nasceu em Portugal.

Ele era filho de Siqueira I, Antonio de e Pinto, Victoria Nunes. Ele teve um relacionamento com Bicudo I, Mecia Nunes.

53349. Bicudo I, Mecia Nunes. Mecia Nunes nasceu em 1570 em Cotia, São Paulo, Brasil. Ela faleceu em 1647 em Cotia, São Paulo, Brasil com 77 anos de idade. Ela era filha de Bicudo I, Antonio e Carneiro, NN Bicudo.

Filhos de Bicudo I, Mecia Nunes e Siqueira I, Manoel de

i. Siqueira I, Francisco Bicudo de [26674]. Francisco Bicudo de nasceu em 1602. Ele faleceu em 1642. Ele teve um relacionamento com , Maria Ribeiro.

53356. , Domingos Luiz O Carvoeiro. Domingos Luiz O Carvoeiro nasceu em Marinhota, Santa Maria da Carvoeira, Portugal. Ele faleceu em 1615 em São Paulo, Sao Paulo, Brasil. Ele era filho de Luiz, Lourenço e Domingues, Leonor. Ele teve um relacionamento com Camacho, Anna.

53357. Camacho, Anna. Anna nasceu em 1550 em São Paulo, São Paulo, Brasil. Ela faleceu em 1613 em São Paulo, Sao Paulo, Brasil com 63 anos de idade. Ela era filha de Camacho, Gonçalo e Ferreira, Catharina Ramalho.

Filhos de Camacho, Anna e , Domingos Luiz O Carvoeiro

i. Lourenço, Antonio [26678]. Ele faleceu em 6 Março 1658 em São Paulo, Sao Paulo, Brasil. Ele teve um relacionamento com , Izabel Cardoso I.

53358. , Gaspar Vaz (fundador de Mogi das Cruzes). Gaspar Vaz (fundador de Mogi das Cruzes) nasceu em 1560 em Capitania, do, Espirito Santo, Brasil. Ele faleceu em 1636 com 76 anos de idade. Ele era filho de Guedes, Antonio Vaz e Correa, Margarida. Ele teve um relacionamento com , Francisca Cardoso I.

53359. , Francisca Cardoso I. Francisca Cardoso I nasceu em 1560 em Mogi das Cruzes, Sao Paulo, Brasil. Ela faleceu em 14 Março 1616 em São Paulo, Sao Paulo, Brasil com 56 anos, 2 meses de idade. Ela era filha de , Braz Cardoso Sr e , Francisca da Costa.

Filhos de , Francisca Cardoso I e , Gaspar Vaz (fundador de Mogi das Cruzes)

i. , Izabel Cardoso I [26679]. Izabel Cardoso I nasceu em 1595 em São Paulo, Sao Paulo, Brasil. Ela faleceu em 1661 em São Paulo, Sao Paulo, Brasil. Ela teve um relacionamento com Lourenço, Antonio.

Geração 17

88226. Tibiriça, Cacique (Martim Afonso de Souza). Cacique (Martim Afonso de Souza) nasceu em 1487. Ele faleceu em 25/12/1562. Ele era filho de , Cacique Guayaná Amyipagûana. Ele teve um relacionamento com , Potira.

88227. , Potira.

Filhos de , Potira e Tibiriça, Cacique (Martim Afonso de Souza)

i. Bartira, Bartira ou MBICY- Isabel Dias [53321]. Bartira ou MBICY- Isabel Dias nasceu em 1499. Ela faleceu em 1559.

88316. , Antônio Rodrigues de Alvarenga. Antônio Rodrigues de Alvarenga nasceu em 1550. Ele faleceu em 1614 com 64 anos de idade. Ele era filho de Soeiro, Baltazar Alvares de Alvarenga e Monteiro, Messia. Ele teve um relacionamento com , Anna Ribeiro Baião.

88317. , Anna Ribeiro Baião. Anna Ribeiro Baião nasceu em 1550. Ela faleceu em 1647 com 97 anos de idade. Ela era filha de Parente, Estêvão Ribeiro Bayão e , Madalena Fernandes Feijó de Madureira.

Filhos de , Anna Ribeiro Baião e , Antônio Rodrigues de Alvarenga

i. Pedroso Ribeiro Alvarenga, Estevão [44158]. Estevão

nasceu em São Paulo, São Paulo, Brasil. Ele faleceu em São Paulo, São Paulo, Brasil. Ele teve um relacionamento com Missel, Maria.

88318. Gigante, João Missel. João Missel Nasceu Cerca de 1550. Ele Faleceu Em 1598 Em São Paulo,São Paulo,Brasil Com Aproximadamente 48 Anos De Idade. Ele Teve Um Relacionamento Com Goncalves, Izabel.

88319. Goncalves, Izabel. Izabel Nasceu Em 1567 Em S. Paulo, Sp. Ela Era Filha De , Marco Fernades O Velho E , Maria Affonso.

Filhos De Goncalves, Izabel E Gigante, João Missel

i. Missel, Maria [44159]. Maria nasceu cerca de 1580 em São Paulo, Sao Paulo, Brasil. Ela faleceu em 11 Maio 1660 em São Paulo, Sao Paulo, Brasil. Ela teve um relacionamento com Pedroso Ribeiro Alvarenga, Estevão.

88340. Rodrigues, Antonio. Antonio nasceu em 1470 em Portugal. Ele faleceu em 1545 em São Vicente, Sao Paulo, Brasil com 75 anos de idade. Ele teve um relacionamento com , Antônia Rodrigues.

88341. , Antônia Rodrigues. Antônia Rodrigues nasceu em 1515 em Portugal. Ela faleceu em Porto, Porto, Portugal.

Filhos de , Antônia Rodrigues e Rodrigues, Antonio

i. Rodrigues, Garcia [44170]. Garcia nasceu cerca de 1490 em Porto,Portugal. Ele faleceu em cerca de 1590 em Santos,SP,Brasil. Ele teve um relacionamento com Velho, Izabel.

88352. , Rogerius Ii. (Roger) De Tasso Ii (Roger Von Taxis). Rogerius Ii. (Roger) De Tasso Ii (Roger Von Taxis) nasceu em 1445 em Camerata Cornello, Bergamo, Lombardia, Italy. Ele faleceu em 1514 em Rome, italy com 69 anos de idade. Ele era filho de Tassis Cornello, Paxius e Magnasco, Tonola de. Ele
teve um relacionamento com , Allegra De Tasso (born Albricci).

88353. , Allegra De Tasso (born Albricci). Allegra De Tasso (born Albricci) nasceu em 1447 em italy. Ela faleceu em 1514 em italy com 67 anos de idade.

Filhos de , Allegra De Tasso (born Albricci) e , Rogerius Ii. (Roger) De Tasso Ii (Roger Von Taxis)

    i. , Maffeo De Tassis [44176]. Maffeo De Tassis nasceu em 1490 em italy. Ele faleceu em 1536 em Portugal. Ele teve um relacionamento com , Catarina De Tassis (born Rodrigues).

88374. , Garcia Rodrigues. Ele teve um relacionamento com , Isabel Velho.

88375. , Isabel Velho. Isabel Velho nasceu em 1490.

Filhos de , Isabel Velho e , Garcia Rodrigues

    i. , Isabel Rodrigues Velho [44187]. Ela teve um relacionamento com , Jorge Moreira.

88464. Furtado, João. João nasceu em 1619 em Portugal. Ele faleceu em 1652 em Portugal com 33 anos de idade. Ele era filho de Furtado, Domingos de Goes. Ele teve um relacionamento com Cunha, Ana Teixeira da.

88465. Cunha, Ana Teixeira da. Ana Teixeira da nasceu em 1635. Ela faleceu em 1692 em Brasil com 57 anos de idade. Ela era filha de Abreu, Antonio Da Cunha De e Silva, Isabel Da.

Filhos de Cunha, Ana Teixeira da e Furtado, João

    i. Furtado, Simão [44232]. Ele faleceu em 1620. Ele casou com Luiz, Catarina em 1570 em Portugal.

88468. Vasconcellos, Alvaro Mendes de. Alvaro Mendes de nasceu em 1502. Ele era filho de Vasconcellos, João Mendes de e , Joana de Sousa. Ele teve um relacionamento com Abreu, Francisca Dias de.

88469. Abreu, Francisca Dias de. Francisca Dias de nasceu em 1502. Ela era filha de , Fernão Vasques Abreu, Sr. de Cerrnache dos Alhos e , Francisca Dias Cabral.

Filhos de Abreu, Francisca Dias de e Vasconcellos, Alvaro Mendes de

i. Mendes, André [44234]. André nasceu em 1541. Ele faleceu em 1622 em Brasil. Ele teve um relacionamento com Affonso, Izabel Filha.

88470. Gomes, Pedro. Pedro nasceu em 1532. Ele teve um relacionamento com Affonso, Izabel.

88471. Affonso, Izabel. Izabel nasceu em 1534. Ela era filha de Rodrigues, Antonio e Rodrigues, Antonia.

Filhos de Affonso, Izabel e Gomes, Pedro

i. Affonso, Izabel Filha [44235]. Izabel nasceu em 1550 em Portugal. Ela faleceu em depois de 10 Julho 1642 em São Paulo, Brasil. Ela teve um relacionamento com Mendes, André.

88496. Lemos, José Corrêa de. José Corrêa de nasceu em 1554 em Espírito Santo, Brasil. Ele faleceu em Espírito Santo, Brasil. Ele teve um relacionamento com Lira, Francisca de.

88497. Lira, Francisca de. Francisca de nasceu em 1558 em Espírito Santo, Brasil. Ela faleceu em Espírito Santo, Brasil.

Filhos de Lira, Francisca de e Lemos, José Corrêa de

i. Lemos, Francisco Correa de [44248]. Francisco Correa de nasceu em 1620 em Espírito Santo, Brasil. Ele faleceu em 23 agosto 1697 em São Paulo, São Paulo, Brasil.

88500. de Morais de Antas, Balthazar. Ele era filho de de Morais de Antas, Pedro e , Ines Navarro de Antas. Ele teve um relacionamento com Anes, Brites Rodrigues.

88501. Anes, Brites Rodrigues. Brites Rodrigues nasceu em 1539 em Porto, Lisboa, Portugal.

Filhos de Anes, Brites Rodrigues e de Morais de Antas, Balthazar

i. de Morais de Antas, Baltazar o Moço [44250]. Ele teve um relacionamento com Rodrigues, Ignez.

88502. Maia, Domingos Gonçalves da. Domingos Gonçalves da nasceu em 1530 em Madeira, Portugal. Ele faleceu em 30 abril 1627 em São Paulo, Brasil. Ele foi sepultado em São Paulo, São Paulo, Brasil.

Mais informações sobre Maia, Domingos Gonçalves da:

Sepultamento: São Paulo, São Paulo, Brasil.

Filhos de Desconhecido e Maia, Domingos Gonçalves da

i. Rodrigues, Ignez [44251]. Ignez nasceu cerca de 1575. Ela faleceu em S. Paulo,SP,Brasil. Ela teve um relacionamento com de Morais de Antas, Baltazar o Moço.

88572. NUNES, Antão. Antão nasceu em 1540 em Portugal. Ele faleceu em cerca de 1580 em Santos, São Paulo, Brasil com aproximadamente 40 anos de idade. Ele teve um relacionamento com de Siqueira, Maria.

88573. de Siqueira, Maria. Maria nasceu em 1544. Ela faleceu em Brasil. Ela era filha de Mendonça, Antonio de Siqueira de e Maciel, Maria (Barbosa Calheiros).

Filhos de de Siqueira, Maria e NUNES, Antão

i. Siqueira, Antonio Nunes De [44286]. Antonio Nunes De nasceu cerca de 1560 em Santos,SP,Brasil. Ele faleceu em cerca de 1613. Ele teve um relacionamento com Cabral, Maria Maciel.

89112. Rodrigues Esteves, Paulo. Paulo nasceu em 1500 em

Funchal, Portugal. Ele faleceu em 1600 com 100 anos de idade. Ele era filho de , Martim Lem. Ele teve um relacionamento com Rodrigues Esteves, Senhora.

89113. Rodrigues Esteves, Senhora. Senhora nasceu em 1500 em Funchal, Portugal. Ela faleceu em 1560 com 60 anos de idade.

Filhos de Rodrigues Esteves, Senhora e Rodrigues Esteves, Paulo

    i. Esteves, Brás [44556]. Brás nasceu em 1535 em Funchal, Madeira, Portugal. Ele faleceu em 1603 em São Paulo, Sao Paulo, Brasil. Ele teve um relacionamento com Leme, Leonor I.

89115. Fernandes, Luzia. Luzia nasceu em 1522. Ela faleceu em 1560 em São Vicente-SP com 38 anos de idade. Ela era filha de Annes, Fernão e Esteves, Leonor.

Filhos de Fernandes, Luzia e Desconhecido

    i. Leme, Leonor I [44557]. Leonor nasceu em 1540 em São Mamede, Obidos, Leiria, Portugal. Ela faleceu em 1633 em Sao Paulo, Brasil. Ela teve um relacionamento com Esteves, Brás.

89116. Vaz Furtado de Souza, Jorge Fernão. Jorge Fernão nasceu entre 10 Janeiro 1449 e 10 Janeiro 1452 em Santa Maria, Lisboa, Portugal. Ele faleceu em Santa Maria, Lisboa, Portugal. Ele era filho de Martins Furtado, Rui e Botelho, Maria Rodrigues. Ele teve um relacionamento com Velho, Catarina Nunes.

89117. Velho, Catarina Nunes. Catarina Nunes nasceu em Portugal. Ela faleceu em Portugal.

Filhos de Velho, Catarina Nunes e Vaz Furtado de Souza, Jorge Fernão

    i. Prado, João do [44558]. João do nasceu em 1510 em Olivença, Tras os Montes, Portugal. Ele faleceu em 13 Fevereiro 1597 em Arraial do capitão-mor João Pereira de Souza Botafogo, no sertão da Parnahiba. Ele teve um relacionamento com Vicente,

Filippa.

89118. Vicente, Pedro. Pedro nasceu CA 1510 em Portugal. Ele faleceu em 13 Fevereiro 1585 em São Vicente, , SP, BRA. Ele era filho de Vicente, Manoel e Horta, Maria Jose. Ele teve um relacionamento com de Faria, Maria.

89119. de Faria, Maria. Maria nasceu cerca de 1520 em Portugal. Ela faleceu em cerca de 1590 em São Vicente, São Paulo, Brasil com aproximadamente 70 anos de idade. Ela era filha de Machado Pereira, Manuel e Santos, Rosa Farias.

Filhos de de Faria, Maria e Vicente, Pedro

i. Vicente, Filippa [44559]. Ela faleceu em 1627 em São Paulo, Sao Paulo, Brasil. Ela teve um relacionamento com Prado, João do.

89252. Leme, Pedro. Pedro nasceu em Madeira, Portugal. Ele faleceu em cerca de 1600 em Sao Paulo, Brasil. Ele era filho de Leme, Antão e de Barros Gonclaves de Llera, Catalina. Ele teve um relacionamento com Paes, Isabel.

89253. Paes, Isabel. Isabel nasceu aproximadamente 1508 em Abrantes, Santarém, Portugal. Ela faleceu em 1544 em Funchal, Ilha da Madeira, Açores, Portugal. Ela era filha de Dias Páes, Fernándo e Betim, María.

Filhos de Paes, Isabel e Leme, Pedro

i. Paes, Fernando Dias [44626]. Ele faleceu em 1605 em São Paulo, SP, Brasil. Ele teve um relacionamento com Leme, Lucrécia.

89254. Esteves, Brás. Brás nasceu em 1535 em Funchal, Madeira, Portugal. Ele faleceu em 1603 em São Paulo, Sao Paulo, Brasil com 68 anos de idade. Ele era filho de Esteves, Pauolo Rodrigues e Rodrigues Esteves, Senhora. Ele teve um relacionamento com LEME, Leonor.

89255. LEME, Leonor. Leonor nasceu em 1540 em Funchal,

Madeira, Portugal. Ela faleceu em 13 Janeiro 1633 em São Vicente, Sao Paulo, Brasil com 93 anos, 12 dias de idade. Ela era filha de Fernandes, Luzia.

Filhos de LEME, Leonor e Esteves, Brás

i. Leme, Lucrécia [44627]. Lucrécia nasceu cerca de 1570 em Abrantes,Santarem,,Portugal. Ela faleceu em 1 Julho 1641 em São Paulo,,São Paulo,Brasil. Ela teve um relacionamento com Paes, Fernando Dias.

89256. Pires de Darque, João. João nasceu cerca de 1495 em Porto, Porto, Portugal. Ele faleceu em 1556 em São Vicente, São Paulo, Brasil com aproximadamente 61 anos de idade. Ele era filho de Pires, Jorge e de Figueiredo, Antonia. Ele teve um relacionamento com Rodrigues, Maria.

89257. Rodrigues, Maria. Maria nasceu em Porto, Porto, Portugal. Ela faleceu em 1579.

Filhos de Rodrigues, Maria e Pires de Darque, João

i. Pires, Salvador [44628]. Salvador nasceu cerca de 1515 em Porto, Portugal. Ele faleceu em cerca de 1592 em Santo André, Sao Paulo, Brasil. Ele teve um relacionamento com Rodrigues, Maria.

89276. Leite, Gonçalo Martins. Gonçalo Martins nasceu 10 de janeiro de 1503 em Açores, Aveiro, Portugal. Ele teve um relacionamento com da Silva Leme, Maria.

89277. da Silva Leme, Maria. Maria nasceu em 1505 em Veleda, Portugal.

Filhos de da Silva Leme, Maria e Leite, Gonçalo Martins

i. Leite Furtado, Pascoal [44638]. Pascoal nasceu em 1565 em ILha de Santa Maria, Açores-Portugal. Ele faleceu em 4 Maio 1614 em SP. Ele teve um relacionamento com do Prado, Izabel.

89316. Pires, Salvador. é a mesma pessoa que [44628].

89317. Rodrigues, Maria. é a mesma pessoa que [44629].

89318. Fernandes, Antonio. Antonio Nasceu Cerca de 1520 Em São Paulo,São Paulo,Brasil. Ele Era Filho De Fernandes Pessoa, Cosme E , Karay-Yó Terebe. Ele Teve Um Relacionamento Com Rodrigues, Antonia.

89319. Rodrigues, Antonia. Ela Faleceu Em Cerca de 1646. Ela Era Filha De Rodrigues, Antonio E Rodrigues, Antonia.

Filhos De Rodrigues, Antonia E Fernandes, Antonio

I. Fernandes, Mécia [44659]. Mécia Nasceu Cerca de 1565 Em São Paulo,São Paulo,Brasil. Ela Faleceu Em Cerca de 1625 Em São Paulo,São Paulo,Brasil. Ela teve um relacionamento com Pires de Medeiros, Salvador.

106642. Tibiriça, Cacique (Martim Afonso de Souza). é a mesma pessoa que [88226].

106643. , Potira. é a mesma pessoa que [88227].

106660. Siqueira I, Antonio de. Antonio de nasceu em Portugal. Ele teve um relacionamento com Pinto, Victoria Nunes.

106661. Pinto, Victoria Nunes. Victoria Nunes nasceu em Sao Vicente, Sao Paulo, Brasil. Ela era filha de Pinto, Francisco.

Filhos de Pinto, Victoria Nunes e Siqueira I, Antonio de

i. Siqueira I, Manoel de [53348]. Manoel de nasceu em Portugal. Ele teve um relacionamento com Bicudo I, Mecia Nunes.

ii. Mendonça, Antonio de Siqueira [53330].

106696. Siqueira I, Antonio de. é a mesma pessoa que [106660].

106697. Pinto, Victoria Nunes. é a mesma pessoa que [106661].

106698. Bicudo I, Antonio. Antonio nasceu em 1550 em Ilha de São Miguel, Açores, Aveiro, Portugal. Ele era filho de Bicudo, Vicente Anes. Ele teve um relacionamento com Carneiro, NN Bicudo.

106699. Carneiro, NN Bicudo. Ela era filha de , Antão Nunes e , Maria de Siqueira.

Filhos de Carneiro, NN Bicudo e Bicudo I, Antonio

i. Bicudo I, Mecia Nunes [53349]. Mecia Nunes nasceu em 1570 em Cotia, São Paulo, Brasil. Ela faleceu em 1647 em Cotia, São Paulo, Brasil. Ela teve um relacionamento com Siqueira I, Manoel de.

106712. Luiz, Lourenço. Lourenço nasceu em Portugal. Ele teve um relacionamento com Domingues, Leonor.

106713. Domingues, Leonor. Leonor nasceu em Portugal.

Filhos de Domingues, Leonor e Luiz, Lourenço

i. , Domingos Luiz O Carvoeiro [53356]. Domingos Luiz O Carvoeiro nasceu em Marinhota, Santa Maria da Carvoeira, Portugal. Ele faleceu em 1615 em São Paulo, Sao Paulo, Brasil. Ele teve um relacionamento com Camacho, Anna.

106714. Camacho, Gonçalo. Gonçalo nasceu em 1525 em Viana do Castelo, Portugal. Ele era filho de , Balthazar Nunes e Ramalho, Catharina. Ele teve um relacionamento com Ferreira, Catharina Ramalho.

106715. Ferreira, Catharina Ramalho. Ela era filha de Ferreira, Jorge (CapiTão Mor-governador) e Ramalho, Joanna.

Filhos de Ferreira, Catharina Ramalho e Camacho, Gonçalo

i. Camacho, Anna [53357]. Anna nasceu em 1550 em São Paulo, São Paulo, Brasil. Ela faleceu em 1613 em São Paulo, Sao Paulo, Brasil. Ela teve um relacionamento com , Domingos Luiz O

Carvoeiro.

106716. Guedes, Antonio Vaz. Antonio Vaz nasceu em Mezamfrio, Portugal. Ele faleceu em 1643 em Capitania, do, Espirito Santo, Brasil. Ele teve um relacionamento com Correa, Margarida.

106717. Correa, Margarida. Margarida nasceu em 1525 em Portugal.

Filhos de Correa, Margarida e Guedes, Antonio Vaz

i. , Gaspar Vaz (fundador de Mogi das Cruzes) [53358]. Gaspar Vaz (fundador de Mogi das Cruzes) nasceu em 1560 em Capitania, do, Espirito Santo, Brasil. Ele faleceu em 1636. Ele teve um relacionamento com , Francisca Cardoso I.

106718. , Braz Cardoso Sr. Braz Cardoso Sr nasceu em Portugal. Ele teve um relacionamento com , Francisca da Costa.

106719. , Francisca da Costa. Francisca da Costa nasceu em 1535.

Filhos de , Francisca da Costa e , Braz Cardoso Sr

i. , Francisca Cardoso I [53359]. Francisca Cardoso I nasceu em 1560 em Mogi das Cruzes, Sao Paulo, Brasil. Ela faleceu em 14 Março 1616 em São Paulo, Sao Paulo, Brasil. Ela teve um relacionamento com , Gaspar Vaz (fundador de Mogi das Cruzes).

Geração 18

176452. , Cacique Guayaná Amyipagûana. Ele teve um relacionamento com , NN. Ele também teve um relacionamento com Desconhecido.

Filhos de Desconhecido e , Cacique Guayaná Amyipagûana

i. Tibiriça, Cacique (Martim Afonso de Souza) [106642]. Cacique (Martim Afonso de Souza) nasceu em 1487. Ele faleceu em 25/12/1562. Ele teve um relacionamento com , Potira.

176632. Soeiro, Baltazar Alvares de Alvarenga. Baltazar Alvares de Alvarenga nasceu antes de 1535 em Lamego, Viseu, Portugal. Ele faleceu em 1610 em São Paulo, São Paulo, Brasil. Ele era filho de Alvarenga, Bernardo Anes Soeiro de e Vaz, Joana. Ele teve um relacionamento com Monteiro, Messia.

176633. Monteiro, Messia. Messia nasceu aproximadamente 1538 em Lamego, Viseu, Portugal. Ela faleceu em 1610 em São Paulo, São Paulo, Brasil. Ela era filha de Monteiro, Gaspar e Corrêa, Catarina Dias.

Filhos de Monteiro, Messia e Soeiro, Baltazar Alvares de Alvarenga

i. , Antônio Rodrigues de Alvarenga [88316]. Antônio Rodrigues de Alvarenga nasceu em 1550. Ele faleceu em 1614. Ele teve um relacionamento com , Anna Ribeiro Baião.

176634. Parente, Estêvão Ribeiro Bayão. Estêvão Ribeiro Bayão nasceu cerca de 1540 em Beja,Portugal. Ele Faleceu Em 1644 Em Salvador,Bahia,Brasil com aproximadamente 104 anos de idade. Ele era filho de RIBEIRO, JOÃO e , Maria Ribeiro. Ele teve um relacionamento com , Madalena Fernandes Feijó de Madureira.

176635. , Madalena Fernandes Feijó de Madureira. Madalena Fernandes Feijó de Madureira nasceu em 1536. Ela era filha de Feijó de Madureira, Fernandes.

Filhos de , Madalena Fernandes Feijó de Madureira e Parente, Estêvão Ribeiro Bayão

i. , Anna Ribeiro Baião [88317]. Anna Ribeiro Baião nasceu em 1550. Ela faleceu em 1647. Ela teve um relacionamento com , Antônio Rodrigues de Alvarenga.

176638. , Marco Fernades O Velho. Marco Fernades O Velho nasceu em 1502. Ele faleceu em 1595 com 93 anos de idade. Ele teve um relacionamento com , Maria Affonso.

176639. , Maria Affonso. Maria Affonso nasceu em 1502. Ela era filha de , Pedro Affonso Gago e , Índia Tapúia.

Filhos de , Maria Affonso e , Marco Fernades O Velho

i. Goncalves, Izabel [88319]. Izabel nasceu em 1567 em S. Paulo, SP. Ela teve um relacionamento com Gigante, João Missel.

176704. Tassis Cornello, Paxius. Paxius nasceu About:1412-00-00. Ele faleceu em Between:1478/00/00-1496/00/00 em Cornello, Bergamo, Italy. Ele era filho de Tassis de Cornello, Rogerius de. Ele teve um relacionamento com Magnasco, Tonola de.

176705. Magnasco, Tonola de. Tonola de nasceu cerca de 1425 em Italy. Ela faleceu em cerca de 1504 com aproximadamente 79 anos de idade.

Filhos de Magnasco, Tonola de e Tassis Cornello, Paxius

i. , Rogerius Ii. (Roger) De Tasso Ii (Roger Von Taxis) [88352]. Rogerius Ii. (Roger) De Tasso Ii (Roger Von Taxis) nasceu em 1445 em Camerata Cornello, Bergamo, Lombardia, Italy. Ele faleceu em 1514 em Rome, italy. Ele teve um relacionamento com , Allegra De Tasso (born Albricci).

176928. Furtado, Domingos de Goes. Domingos de Goes nasceu em 1590 em Portugal. Ele faleceu em 1640 em Portugal com 50 anos de idade.

Filhos de Desconhecido e Furtado, Domingos de Goes

i. Furtado, João [88464]. João nasceu em 1619 em Portugal. Ele faleceu em 1652 em Portugal. Ele teve um relacionamento com Cunha, Ana Teixeira da.

176930. Abreu, Antonio Da Cunha De. Antonio Da Cunha De nasceu cerca de 1605 em S. André de Telões,Amarante,Portugal. Ele teve um relacionamento com Silva, Isabel Da.

176931. Silva, Isabel Da. Isabel Da nasceu cerca de 1616 em S. Paulo,SP,Brasil. Ela faleceu em cerca de 1663 em S. Paulo,SP,Brasil com aproximadamente 47 anos de idade. Ela era filha de Furquim, Cláudio e da Silva, Maria.

Filhos de Silva, Isabel Da e Abreu, Antonio Da Cunha De

i. Cunha, Ana Teixeira da [88465]. Ana Teixeira da nasceu em 1635. Ela faleceu em 1692 em Brasil. Ela teve um relacionamento com Furtado, João.

176936. Vasconcellos, João Mendes de. João Mendes de nasceu em 1478. Ele era filho de Vasconcellos, Alvaro Mendes de e Fonseca, Leonor Ribeiro da. Ele teve um relacionamento com , Joana de Sousa.

176937. , Joana de Sousa. Joana de Sousa nasceu em 1480.

Filhos de , Joana de Sousa e Vasconcellos, João Mendes de

i. Vasconcellos, Alvaro Mendes de [88468]. Alvaro Mendes de nasceu em 1502. Ele teve um relacionamento com Abreu, Francisca Dias de.

176938. , Fernão Vasques Abreu, Sr. de Cerrnache dos Alhos. Fernão Vasques Abreu, Sr. de Cerrnache dos Alhos nasceu em 1465. Ele faleceu em 1503 com 38 anos de idade. Ele era filho de , Vasco Gomes de Abreu, senhor de Valadares e , Joana de Eça - Francisca de Eça. Ele teve um relacionamento com ,
Francisca Dias Cabral.

176939. , Francisca Dias Cabral. Francisca Dias Cabral nasceu em 1398. Ela faleceu em 1458 com 60 anos de idade.

Filhos de , Francisca Dias Cabral e , Fernão Vasques Abreu, Sr. de Cerrnache dos Alhos

i. Abreu, Francisca Dias de [88469]. Francisca Dias de nasceu em 1502. Ela teve um relacionamento com Vasconcellos, Alvaro Mendes de.

176942. Rodrigues, Antonio. Antonio nasceu em 1505. Ele casou com Rodrigues, Antonia em São Vicente, Sao Paulo, Brasil.

176943. Rodrigues, Antonia. Antonia nasceu em 1505. Ela era filha de , Piqueroby Maioral de Hururay e , Índia Piquerobi (Tribo Botucudos).

Filhos de Rodrigues, Antonia e Rodrigues, Antonio

i. Affonso, Izabel [88471]. Izabel nasceu em 1534. Ela teve um relacionamento com Gomes, Pedro.

Mais informações sobre Rodrigues, Antonia e Rodrigues, Antonio:

Casamento: São Vicente, Sao Paulo, Brasil. Antonio Rodrigues, encontrado já em terra juntamente com João Ramalho quando em 1532 desembarcou em S. Vicente Martim Affonso de Souza, vivia maritalmente com a filha de Piquiroby maioral de Ururay, a qual foi depois batizada com o nome de Antonia Rodrigue.

177000. de Morais de Antas, Pedro. Ele teve um relacionamento com , Ines Navarro de Antas.

177001. , Ines Navarro de Antas.

Filhos de , Ines Navarro de Antas e de Morais de Antas, Pedro

i. de Morais de Antas, Balthazar [88500]. Ele teve um relacionamento com Anes, Brites Rodrigues.

177146. Mendonça, Antonio de Siqueira de. Antonio de Siqueira de nasceu depois de 1550 em São Paulo, Brasil. Ele faleceu em DECEASED. Ele teve um relacionamento com Maciel, Maria (Barbosa Calheiros).

177147. Maciel, Maria (Barbosa Calheiros).

Filhos de Maciel, Maria (Barbosa Calheiros) e Mendonça, Antonio de Siqueira de

i. de Siqueira, Maria [88573]. Maria nasceu em 1544. Ela faleceu em Brasil. Ela teve um relacionamento com NUNES, Antão.

178224. , Martim Lem. Martim Lem nasceu em estimado 1445 em Bélgica.

Filhos de Desconhecido e , Martim Lem

i. Rodrigues Esteves, Paulo [89112]. Paulo nasceu em 1500 em Funchal, Portugal. Ele faleceu em 1600. Ele teve um relacionamento com Rodrigues Esteves, Senhora.

178230. Annes, Fernão. Fernão nasceu aproximadamente 1490 em São Mamede, Leiria, Portugal. Ele faleceu em antes de 1542. Ele teve um relacionamento com Esteves, Leonor.

178231. Esteves, Leonor. Leonor nasceu desde 1449 para 1509 em Funchal, Madeira, Portugal. Ela faleceu em Madeira, Portugal.

Filhos de Esteves, Leonor e Annes, Fernão

i. Fernandes, Luzia [89115]. Luzia nasceu em 1522. Ela faleceu em 1560 em São Vicente-SP.

ii. Fernandes, Luzia. Luzia nasceu em 1522. Ela faleceu em 1560 em São Vicente-SP.

178232. Martins Furtado, Rui. Rui nasceu em 1500 em Sao Roque, São Miguel, Azores, Portugal. Ele faleceu em 1584 em São Paulo, São Paulo, State of São Paulo, Brasil com 84 anos de idade. Ele teve um relacionamento com Botelho, Maria Rodrigues.

178233. Botelho, Maria Rodrigues. Maria Rodrigues nasceu cerca de 1485.

Filhos de Botelho, Maria Rodrigues e Martins Furtado, Rui

i. Vaz Furtado de Souza, Jorge Fernão [89116]. Jorge Fernão nasceu entre 10 Janeiro 1449 e 10 Janeiro 1452 em Santa Maria, Lisboa, Portugal. Ele faleceu em Santa Maria, Lisboa, Portugal. Ele teve um relacionamento com Velho, Catarina Nunes.

178236. Vicente, Manoel. Manoel nasceu em 1481 em Portugal. Ele faleceu em 1550 em São Vicente, São Paulo, Brasil com 69 anos de idade. Ele era filho de Afonso Calvo, Belchior e Afonso Calvo, Mécia. Ele teve um relacionamento com Horta, Maria Jose.

178237. Horta, Maria Jose. Maria Jose nasceu aproximadamente 1480 em Lisbon, Lisbon, Portugal. Ela faleceu em aproximadamente 1560 em São Vicente, São Paulo, Brasil.

Filhos de Horta, Maria Jose e Vicente, Manoel

i. Vicente, Pedro [89118]. Pedro nasceu CA 1510 em Portugal. Ele faleceu em 13 Fevereiro 1585 em São Vicente, , SP, BRA. Ele teve um relacionamento com de Faria, Maria.

178238. Machado Pereira, Manuel. Manuel nasceu Perto de 1480 em São Jorge, Açores, Portugal. Ele faleceu em 1548 em Portugal. Ele era filho de Machado, Francisco e Pereira, Maria. Ele teve um relacionamento com Santos, Rosa Farias.

178239. Santos, Rosa Farias. Rosa Farias nasceu em 1500 em Portugal. Ela faleceu em Portugal. Ela era filha de Santos, João de Faria e Silveira, Ana.

Filhos de Santos, Rosa Farias e Machado Pereira, Manuel

i. de Faria, Maria [89119]. Maria nasceu cerca de 1520 em Portugal. Ela faleceu em cerca de 1590 em São Vicente, São Paulo, Brasil. Ela teve um relacionamento com Vicente, Pedro.

178504. Leme, Antão. Antão nasceu em 1490 em Funchal, Madeira, Portugal. Ele faleceu em 1580 em Vicente, Para, Brasil com 90 anos de idade. Ele teve um relacionamento com de Barros

Gonclaves de Llera, Catalina.

178505. de Barros Gonclaves de Llera, Catalina. Catalina nasceu entre 10 Janeiro 1468 e 9 Janeiro 1469 em Funchal, Madeira Islands, Portugal. Ela faleceu em entre 10 Janeiro 1567 e 10 Janeiro 1568 em Funchal, Ilha da, Madeira, Portugal com entre 98 anos, 1 dia e 100 anos de idade. Ela era filha de Gonçalves da Camara, Pedro.

Filhos de de Barros Gonclaves de Llera, Catalina e Leme, Antão

i. Leme, Pedro [89252]. Pedro nasceu em Madeira, Portugal. Ele faleceu em cerca de 1600 em Sao Paulo, Brasil. Ele teve um relacionamento com Paes, Isabel.

178506. Dias Páes, Fernándo. Fernándo nasceu em 1480 em Portugal. Ele teve um relacionamento com Betim, María.

178507. Betim, María. María nasceu em 1480 em Portugal.

Filhos de Betim, María e Dias Páes, Fernándo

i. Paes, Isabel [89253]. Isabel nasceu aproximadamente 1508 em Abrantes, Santarém, Portugal. Ela faleceu em 1544 em Funchal, Ilha da Madeira, Açores, Portugal. Ela teve um relacionamento com Leme, Pedro.

178508. Esteves, Pauolo Rodrigues. Pauolo Rodrigues nasceu em 1500 em Portugal. Ele era filho de , Martim Lem. Ele teve um relacionamento com Rodrigues Esteves, Senhora.

178509. Rodrigues Esteves, Senhora. Senhora nasceu em 1500 em Funchal, Portugal. Ela faleceu em 1560 com 60 anos de idade.

Filhos de Rodrigues Esteves, Senhora e Esteves, Pauolo Rodrigues

i. Esteves, Brás [89254]. Brás nasceu em 1535 em Funchal, Madeira, Portugal. Ele faleceu em 1603 em São Paulo, Sao Paulo,

Brasil. Ele teve um relacionamento com LEME, Leonor.

178511. Fernandes, Luzia. Luzia nasceu em 1522. Ela faleceu em 1560 em São Vicente-SP com 38 anos de idade. Ela era filha de Annes, Fernão e Esteves, Leonor.

Filhos de Fernandes, Luzia e Desconhecido

i. LEME, Leonor [89255]. Leonor nasceu em 1540 em Funchal, Madeira, Portugal. Ela faleceu em 13 Janeiro 1633 em São Vicente, Sao Paulo, Brasil. Ela teve um relacionamento com Esteves, Brás.

178512. Pires, Jorge. Jorge nasceu em 1470 em Porto, Porto, Portugal. Ele faleceu em Santo André, São Paulo, Brasil. Ele teve um relacionamento com de Figueiredo, Antonia.

178513. de Figueiredo, Antonia. Antonia nasceu aproximadamente 1470 em Portugal. Ela faleceu em 1578 em Santo Andre, São Paulo, Brasil.

Filhos de de Figueiredo, Antonia e Pires, Jorge

i. Pires de Darque, João [89256]. João nasceu cerca de 1495 em Porto, Porto, Portugal. Ele faleceu em 1556 em São Vicente, São Paulo, Brasil. Ele teve um relacionamento com Rodrigues, Maria.

178632. Pires de Darque, João. é a mesma pessoa que [89256].

178633. Rodrigues, Maria. é a mesma pessoa que [89257].

178636. Fernandes Pessoa, Cosme. Cosme nasceu em Portugal. Ele faleceu em 10 janeiro 1541 em São Vicente, São Paulo, Brasil. Ele teve um relacionamento com , Karay-yó Terebe.

178637. , Karay-yó Terebe. Karay-yó Terebe nasceu cerca de 1501 em Piratininga, São Paulo, Brasil. Ela faleceu em São Vicente, São Paulo, Brasil. Ela era filha de , Piqueroby e (Tribo Botucudos), Piquerobi.

Filhos de , Karay-yó Terebe e Fernandes Pessoa, Cosme

i. Fernandes, Antonio [89318]. Antonio Nasceu Cerca de 1520 Em São Paulo,São Paulo,Brasil. Ele Teve Um Relacionamento Com Rodrigues, Antonia.

178638. Rodrigues, Antonio. Antonio nasceu em 1504 em São Paulo, Brasil. Ele faleceu em São Paulo, Brasil. Ele teve um relacionamento com Rodrigues, Antonia.

178639. Rodrigues, Antonia. Antonia nasceu em 1505 em São Vicente, São Paulo, Brasil. Ela faleceu em São Paulo, Brasil. Ela era filha de , Piqueroby e (Tribo Botucudos), Piquerobi.

Filhos de Rodrigues, Antonia e Rodrigues, Antonio

i. Rodrigues, Antonia [89319]. Ela faleceu em cerca de 1646. Ela teve um relacionamento com FERNANDES, ANTONIO.

213284. , Cacique Guayaná Amyipagûana. é a mesma pessoa que [176452].

213322. Pinto, Francisco. Francisco nasceu em Portugal.

Filhos de Desconhecido e Pinto, Francisco

i. Pinto, Victoria Nunes [106697]. Victoria Nunes nasceu em Sao Vicente, Sao Paulo, Brasil. Ela teve um relacionamento com Siqueira I, Antonio de.

213394. Pinto, Francisco. é a mesma pessoa que [213322].

213396. Bicudo, Vicente Anes. Vicente Anes nasceu em 1525 em Ribeira Grande, Ilha de São Miguel, Azores, Portugal. Ele faleceu em 27 Agosto 1582 em Ribeira Grande, Ilha de São Miguel, Azores, Portugal com 57 anos, 7 meses de idade.

Filhos de Desconhecido e Bicudo, Vicente Anes

i. Bicudo I, Antonio [106698]. Antonio nasceu em 1550 em Ilha de São Miguel, Açores, Aveiro, Portugal. Ele teve um relacionamento com Carneiro, NN Bicudo.

213398. , Antão Nunes. Ele teve um relacionamento com , Maria de Siqueira.

213399. , Maria de Siqueira.

Filhos de , Maria de Siqueira e , Antão Nunes

i. Carneiro, NN Bicudo [106699]. Ela teve um relacionamento com Bicudo I, Antonio.

213428. , Balthazar Nunes. Ele teve um relacionamento com Ramalho, Catharina.

213429. Ramalho, Catharina. Catharina nasceu em 1526 em São Paulo, Sao Paulo, Brasil. Ela faleceu em 1584 em ? com 58 anos de idade.

Filhos de Ramalho, Catharina e , Balthazar Nunes

i. Camacho, Gonçalo [106714]. Gonçalo nasceu em 1525 em Viana do Castelo, Portugal. Ele teve um relacionamento com Ferreira, Catharina Ramalho.

213430. Ferreira, Jorge (CapiTão Mor-governador). Jorge (CapiTão Mor-governador) nasceu em Portugal. Ele era filho de Ferreira, Gaspar e Dias, Susana. Ele teve um relacionamento com Ramalho, Joanna.

213431. Ramalho, Joanna. Joanna nasceu em Brasil. Ela era filha de Bartira, Bartira ou MBICY- Isabel Dias.

Filhos de Ramalho, Joanna e Ferreira, Jorge (CapiTão Mor-governador)

i. Ferreira, Catharina Ramalho [106715]. Ela teve um relacionamento com Camacho, Gonçalo.

Geração 19

353264. Alvarenga, Bernardo Anes Soeiro de. Bernardo Anes Soeiro de nasceu cerca de 1486 em Lamego, Viseu, Portugal. Ele faleceu em Lamego, Viseu, Portugal. Ele era filho de Annes Soeiro De Alvarenga, Álvaro e Cardoso, Isabel ou Mécia. Ele teve um relacionamento com Vaz, Joana.

353265. Vaz, Joana. Joana nasceu aproximadamente 1509 em Sevilla, Andaluzia, Espanha.

Filhos de Vaz, Joana e Alvarenga, Bernardo Anes Soeiro de

i. Soeiro, Baltazar Alvares de Alvarenga [176632]. Baltazar Alvares de Alvarenga nasceu antes de 1535 em Lamego, Viseu, Portugal. Ele faleceu em 1610 em São Paulo, São Paulo, Brasil. Ele teve um relacionamento com Monteiro, Messia.

353266. Monteiro, Gaspar. Gaspar nasceu em Portugal. Ele faleceu em São Vicente, São Paulo, Brasil. Ele teve um relacionamento com Corrêa, Catarina Dias.

353267. Corrêa, Catarina Dias. Catarina Dias nasceu cerca de 1505 em Portugal.

Filhos de Corrêa, Catarina Dias e Monteiro, Gaspar

i. Monteiro, Messia [176633]. Messia nasceu aproximadamente 1538 em Lamego, Viseu, Portugal. Ela faleceu em 1610 em São Paulo, São Paulo, Brasil. Ela teve um relacionamento com Soeiro, Baltazar Alvares de Alvarenga.

353268. RIBEIRO, JOÃO. JOÃO nasceu cerca de 1510 em PORTUGAL. Ele faleceu em 1590 em Portugal com aproximadamente 80 anos de idade. Ele era filho de Ribeiro, Paes. Ele teve um relacionamento com , Maria Ribeiro.

353269. , Maria Ribeiro. Maria Ribeiro nasceu em Portugal. Ela faleceu em 1600 em Portugal.

Filhos de , Maria Ribeiro E Ribeiro, João

I. Parente, Estêvão Ribeiro Bayão [176634]. Estêvão Ribeiro Bayão Nasceu Cerca de 1540 Em Beja,Portugal. Ele Faleceu Em 1644 Em Salvador,Bahia,Brasil. Ele teve um relacionamento com , Madalena Fernandes Feijó de Madureira.

353270. Feijó de Madureira, Fernandes. Fernandes nasceu cerca de 1515 em Portugal. Ele faleceu em Torre de Madureira,Morgado de Parada,Bragança,Portugal. Ele era filho de , Dom Diogo Fernandez de Marureira Baião e , Brites Lopez.

Filhos de Desconhecido e Feijó de Madureira, Fernandes

i. , Madalena Fernandes Feijó de Madureira [176635]. Madalena Fernandes Feijó de Madureira nasceu em 1536. Ela teve um relacionamento com Parente, Estêvão Ribeiro Bayão.

353278. , Pedro Affonso Gago. Pedro Affonso Gago nasceu em 1490. Ele faleceu em 1560 com 70 anos de idade. Ele teve um relacionamento com , Índia Tapúia.

353279. , Índia Tapúia. Índia Tapúia nasceu em 1482. Ela era filha de , Piqueroby e (Tribo Botucudos), Piquerobi.

Filhos de , Índia Tapúia e , Pedro Affonso Gago

i. , Maria Affonso [176639]. Maria Affonso nasceu em 1502. Ela teve um relacionamento com , Marco Fernades O Velho.

353408. Tassis de Cornello, Rogerius de. Rogerius de nasceu cerca de 1390. Ele faleceu em 1441 com aproximadamente 51 anos de idade.

Filhos de Desconhecido e Tassis de Cornello, Rogerius de

i. Tassis Cornello, Paxius [176704]. Paxius nasceu About:1412-00-00. Ele faleceu em Between:1478/00/00-1496/00/00 em Cornello, Bergamo, Italy. Ele teve um relacionamento com Magnasco, Tonola de.

353862. Furquim, Cláudio. Cláudio nasceu em 1608 em Brasil. Ele faleceu em 1647 em São Paulo, SP, Brasil com 39 anos de idade. Ele teve um relacionamento com da Silva, Maria.

353863. da Silva, Maria. Ela faleceu em 1616 em ?. Ela era filha de Leme, Matheus e de Chaves, Antonia.

Filhos de da Silva, Maria e Furquim, Cláudio

i. Silva, Isabel Da [176931]. Isabel Da nasceu cerca de 1616 em S. Paulo,SP,Brasil. Ela faleceu em cerca de 1663 em S. Paulo,SP,Brasil. Ela teve um relacionamento com Abreu, Antonio Da Cunha De.

353872. Vasconcellos, Alvaro Mendes de. Alvaro Mendes de nasceu em 1454. Ele era filho de Vasconcellos, Joane Mendes de e Rebelo, Maria de Goes. Ele teve um relacionamento com Fonseca, Leonor Ribeiro da.

353873. Fonseca, Leonor Ribeiro da. Leonor Ribeiro da nasceu em 1452.

Filhos de Fonseca, Leonor Ribeiro da e Vasconcellos, Alvaro Mendes de

i. Vasconcellos, João Mendes de [176936]. João Mendes de nasceu em 1478. Ele teve um relacionamento com , Joana de Sousa.

353876. , Vasco Gomes de Abreu, senhor de Valadares. Vasco Gomes de Abreu, senhor de Valadares nasceu em 1460 em Portugal. Ele era filho de , Antão Gomes de Abreu e , Isabel de Melo de Albergaria. Ele teve um relacionamento com , Joana de Eça - Francisca de Eça.

353877. , Joana de Eça - Francisca de Eça. Joana de Eça - Francisca de Eça nasceu em 1425. Ela faleceu em 1483 com 58 anos de idade. Ela era filha de , João Rodrigues de Azevedo, senhor de Ponte de Sor e , Branca de Eça.

Filhos de , Joana de Eça - Francisca de Eça e , Vasco Gomes de Abreu, senhor de Valadares

i. , Fernão Vasques Abreu, Sr. de Cerrnache dos Alhos [176938]. Fernão Vasques Abreu, Sr. de Cerrnache dos Alhos nasceu em 1465. Ele faleceu em 1503. Ele teve um relacionamento com , Francisca Dias Cabral.

353886. , Piqueroby Maioral de Hururay. Piqueroby Maioral de Hururay nasceu em 1465 em Brasil. Ele faleceu em 1530 em Brasil com 65 anos de idade. Ele era filho de , Cacique Guayaná Amyipagûana e , NN. Ele teve um relacionamento com , Índia Piquerobi (Tribo Botucudos).

353887. , Índia Piquerobi (Tribo Botucudos). Índia Piquerobi (Tribo Botucudos) nasceu em 1466. Ela faleceu em 1510 em Brasil com 44 anos de idade.

Filhos de , Índia Piquerobi (Tribo Botucudos) e , Piqueroby Maioral de Hururay

i. Rodrigues, Antonia [176943]. Antonia nasceu em 1505. Ela casou com Rodrigues, Antonio em São Vicente, Sao Paulo, Brasil.

356472. Afonso Calvo, Belchior. Belchior nasceu cerca de 1460 em Portugal. Ele faleceu em Portugal. Ele teve um relacionamento com Afonso Calvo, Mécia.

356473. Afonso Calvo, Mécia. Mécia nasceu cerca de 1460 em Portugal. Ela faleceu em Portugal.

Filhos de Afonso Calvo, Mécia e Afonso Calvo, Belchior

i. Vicente, Manoel [178236]. Manoel nasceu em 1481 em Portugal. Ele faleceu em 1550 em São Vicente, São Paulo, Brasil. Ele teve um relacionamento com Horta, Maria Jose.

356476. Machado, Francisco. Francisco nasceu em 1463 em

Nossa Senhora do Rosário, Açores, Portugal. Ele faleceu em antes de 1530 em Portugal com menor que 67 anos de idade. Ele teve um relacionamento com Pereira, Maria.

356477. Pereira, Maria. Maria nasceu em Portugal. Ela faleceu em Portugal.

Filhos de Pereira, Maria e Machado, Francisco

i. Machado Pereira, Manuel [178238]. Manuel nasceu Perto de 1480 em São Jorge, Açores, Portugal. Ele faleceu em 1548 em Portugal. Ele teve um relacionamento com Santos, Rosa Farias.

356478. Santos, João de Faria. João de Faria nasceu em Lisbon, Lisbon, Portugal. Ele faleceu em 1572 em Portugal. Ele teve um relacionamento com Silveira, Ana.

356479. Silveira, Ana. Ana nasceu cerca de 1475 em Portugal. Ela faleceu em 1574 em Portugal com aproximadamente 99 anos de idade.

Filhos de Silveira, Ana e Santos, João de Faria

i. Santos, Rosa Farias [178239]. Rosa Farias nasceu em 1500 em Portugal. Ela faleceu em Portugal. Ela teve um relacionamento com Machado Pereira, Manuel.

357010. Gonçalves da Camara, Pedro. Pedro nasceu BET EST 10 JAN 1434 AND 8 JAN 1437 em Funchal, Ilha da Madeira, Portugal. Ele faleceu em estimado 1506 em Ilha da Madeira, Portugal.

Filhos de Desconhecido e Gonçalves da Camara, Pedro

i. de Barros Gonclaves de Llera, Catalina [178505]. Catalina nasceu entre 10 Janeiro 1468 e 9 Janeiro 1469 em Funchal, Madeira Islands, Portugal. Ela faleceu em entre 10 Janeiro 1567 e 10 Janeiro 1568 em Funchal, Ilha da, Madeira, Portugal. Ela teve um relacionamento com Leme, Antão.

357016. , Martim Lem. Martim Lem nasceu em estimado 1445 em Bélgica.

Filhos de Desconhecido e , Martim Lem

i. Esteves, Pauolo Rodrigues [178508]. Pauolo Rodrigues nasceu em 1500 em Portugal. Ele teve um relacionamento com Rodrigues Esteves, Senhora.

357022. Annes, Fernão. é a mesma pessoa que [178230].

357023. Esteves, Leonor. é a mesma pessoa que [178231].

357264. Pires, Jorge. é a mesma pessoa que [178512].

357265. de Figueiredo, Antonia. é a mesma pessoa que [178513].

357274. , Piqueroby. Piqueroby nasceu em 1465 em Brasil. Ele faleceu em 1530 em São Paulo, Brasil com 65 anos de idade. Ele teve um relacionamento com (Tribo Botucudos), Piquerobi.

357275. (Tribo Botucudos), Piquerobi. Piquerobi nasceu aproximadamente 1466 em São Vicente, São Paulo, Brasil. Ela faleceu em aproximadamente após 1510 em Piratininga, São Paulo, Brasil.

Filhos de (Tribo Botucudos), Piquerobi e , Piqueroby

i. , Karay-yó Terebe [178637]. Karay-yó Terebe nasceu cerca de 1501 em Piratininga, São Paulo, Brasil. Ela faleceu em São Vicente, São Paulo, Brasil. Ela teve um relacionamento com Fernandes Pessoa, Cosme.

357278. , Piqueroby. Piqueroby nasceu em 1465 em Brasil. Ele faleceu em 1530 em São Paulo, Brasil com 65 anos de idade. Ele teve um relacionamento com (Tribo Botucudos), Piquerobi.

357279. (Tribo Botucudos), Piquerobi. Piquerobi nasceu aproximadamente 1466 em São Vicente, São Paulo, Brasil. Ela faleceu em aproximadamente após 1510 em Piratininga, São Paulo, Brasil.

Filhos de (Tribo Botucudos), Piquerobi e , Piqueroby

    i. Rodrigues, Antonia [178639]. Antonia nasceu em 1505 em São Vicente, São Paulo, Brasil. Ela faleceu em São Paulo, Brasil. Ela teve um relacionamento com Rodrigues, Antonio.

426860. Ferreira, Gaspar. Ele teve um relacionamento com Dias, Susana.

426861. Dias, Susana. Susana nasceu cerca de 1490 em Brasil. Ela faleceu em Brasil.

Filhos de Dias, Susana e Ferreira, Gaspar

    i. Ferreira, Jorge (CapiTão Mor-governador) [213430]. Jorge (CapiTão Mor-governador) nasceu em Portugal. Ele teve um relacionamento com Ramalho, Joanna.

426863. Bartira, Bartira ou MBICY- Isabel Dias. é a mesma pessoa que [44113].

Geração 20

706528. Annes Soeiro De Alvarenga, Álvaro. Álvaro nasceu em Lamego, Viseu, Portugal. Ele faleceu em Lamego, Viseu, Portugal. Ele teve um relacionamento com Cardoso, Isabel ou Mécia.

706529. Cardoso, Isabel ou Mécia. Isabel ou Mécia nasceu em 1470 em Portugal. Ela faleceu em aproximadamente 1520 em Portugal.

Filhos de Cardoso, Isabel ou Mécia e Annes Soeiro De Alvarenga, Álvaro

    i. Alvarenga, Bernardo Anes Soeiro de [353264]. Bernardo Anes Soeiro de nasceu cerca de 1486 em Lamego, Viseu, Portugal. Ele faleceu em Lamego, Viseu, Portugal. Ele teve um relacionamento com Vaz, Joana.

706536. Ribeiro, Paes. Paes nasceu em 1480 em Ribeiro, Viana do Castelo, Portugal. Ele faleceu em Ribeiro, Viana do Castelo, Portugal.

Filhos de Desconhecido e Ribeiro, Paes

i. Ribeiro, João [353268]. João nasceu cerca de 1510 em Portugal. Ele faleceu em 1590 em Portugal. Ele teve um relacionamento com , Maria Ribeiro.

706540. , Dom Diogo Fernandez de Marureira Baião. Ele era filho de , Dom Fernando Alvarez de Baião Fernão e Madureira - Morgado de Parada _, Maria Alvares de. Ele teve um relacionamento com , Brites Lopez.

706541. , Brites Lopez. Ela era filha de , Lopo Lopes e , Maria Alvares Madureira.

Filhos de , Brites Lopez e , Dom Diogo Fernandez de Marureira Baião

i. Feijó de Madureira, Fernandes [353270]. Fernandes nasceu cerca de 1515 em Portugal. Ele faleceu em Torre de Madureira,Morgado de Parada,Bragança,Portugal.

706558. , Piqueroby. Piqueroby nasceu em 1465 em Brasil. Ele faleceu em 1530 em São Paulo, Brasil com 65 anos de idade. Ele teve um relacionamento com (Tribo Botucudos), Piquerobi.

706559. (Tribo Botucudos), Piquerobi. Piquerobi nasceu aproximadamente 1466 em São Vicente, São Paulo, Brasil. Ela faleceu em aproximadamente após 1510 em Piratininga, São Paulo, Brasil.

Filhos de (Tribo Botucudos), Piquerobi e , Piqueroby

i. , Índia Tapúia [353279]. Índia Tapúia nasceu em 1482. Ela teve um relacionamento com , Pedro Affonso Gago.

707726. Leme, Matheus. Ele faleceu em cerca de 1633. Ele teve um relacionamento com de Chaves, Antonia.

707727. de Chaves, Antonia. Antonia nasceu em Sao Vicente, Sao Paulo, Brasil. Ela faleceu em 1610.

Filhos de de Chaves, Antonia e Leme, Matheus

i. da Silva, Maria [353863]. Ela faleceu em 1616 em ?. Ela teve um relacionamento com FURQUIM, Cláudio.

707744. Vasconcellos, Joane Mendes de. Joane Mendes de nasceu em 1409. Ele era filho de Vasconcellos, Men Rodrigues de e Moraes, Brites Nunes de. Ele teve um relacionamento com Rebelo, Maria de Goes.

707745. Rebelo, Maria de Goes. Maria de Goes nasceu em 1411.

Filhos de Rebelo, Maria de Goes e Vasconcellos, Joane Mendes de

i. Vasconcellos, Alvaro Mendes de [353872]. Alvaro Mendes de nasceu em 1454. Ele teve um relacionamento com Fonseca, Leonor Ribeiro da.

707752. , Antão Gomes de Abreu. Antão Gomes de Abreu nasceu em 1410. Ele teve um relacionamento com , Isabel de Melo de Albergaria.

707753. , Isabel de Melo de Albergaria. Isabel de Melo de Albergaria nasceu em 1440. Ela era filha de , Fernão Soares de Albergaria, senhor do Prado e , Isabel de Melo.

Filhos de , Isabel de Melo de Albergaria e , Antão Gomes de Abreu

i. , Vasco Gomes de Abreu, senhor de Valadares [353876]. Vasco Gomes de Abreu, senhor de Valadares nasceu em 1460 em

Portugal. Ele teve um relacionamento com , Joana de Eça - Francisca de Eça.

707754. , João Rodrigues de Azevedo, senhor de Ponte de Sor. João Rodrigues de Azevedo, senhor de Ponte de Sor nasceu em 1410 em Viseu, Portugal. Ele era filho de , João Fernandes e , Ana de Azevedo. Ele teve um relacionamento com , Branca de Eça.

707755. , Branca de Eça. Branca de Eça nasceu em 1420.

Filhos de , Branca de Eça e , João Rodrigues de Azevedo, senhor de Ponte de Sor

i. , Joana de Eça - Francisca de Eça [353877]. Joana de Eça - Francisca de Eça nasceu em 1425. Ela faleceu em 1483. Ela teve um relacionamento com , Vasco Gomes de Abreu, senhor de Valadares.

707772. , Cacique Guayaná Amyipagûana. é a mesma pessoa que [176452].

707773. , NN.

Filhos de , NN e , Cacique Guayaná Amyipagûana

i. , Piqueroby Maioral de Hururay [353886]. Piqueroby Maioral de Hururay nasceu em 1465 em Brasil. Ele faleceu em 1530 em Brasil. Ele teve um relacionamento com , Índia Piquerobi (Tribo Botucudos).

853726. Tibiriça, Cacique (Martim Afonso de Souza). é a mesma pessoa que [88226].

853727. , Potira. é a mesma pessoa que [88227].

Geração 21

1413080. , Dom Fernando Alvarez de Baião Fernão. Dom Fernando Alvarez de Baião Fernão nasceu em 1380. Ele faleceu em 1452 com 72 anos de idade. Ele era filho de , Dom Alvaro

Fernandez de Baião. Ele teve um relacionamento com Madureira - Morgado de Parada _, Maria Alvares de.

1413081. Madureira -Morgado de Parada _, Maria Alvares de. Maria Alvares de nasceu em Torre de Madureira,Morgado de Parada,Bragança,Portugal. Ela faleceu em 1452 em Torre de Madureira,Morgado de Parada,Bragança,Portugal. Ela era filha de , Dom Alvaro Anes de Madureira- Sr, de Quebrantoes,Avintes, e , Brites Martins - Gonçalves ALado.

Filhos de Madureira -Morgado de Parada _, Maria Alvares de e , Dom Fernando Alvarez de Baião Fernão

i. , Dom Diogo Fernandez de Marureira Baião [706540]. Ele teve um relacionamento com , Brites Lopez.

1413082. , Lopo Lopes. Lopo Lopes nasceu em 1350. Ele faleceu em 1430 com 80 anos de idade. Ele teve um relacionamento com , Maria Alvares Madureira.

1413083. , Maria Alvares Madureira. Maria Alvares Madureira nasceu em 1352.

Filhos de , Maria Alvares Madureira e , Lopo Lopes

i. , Brites Lopez [706541]. Ela teve um relacionamento com , Dom Diogo Fernandez de Marureira Baião.

1415488. Vasconcellos, Men Rodrigues de. Ele era filho de , Gonçalo Mendes De Vasconcellos alcaide Mor de Coimbra e Ribeiro, Tereza Rodrigues. Ele teve um relacionamento com Moraes, Brites Nunes de.

1415489. Moraes, Brites Nunes de.

Filhos de Moraes, Brites Nunes de e Vasconcellos, Men Rodrigues de

i. Vasconcellos, Joane Mendes de [707744]. Joane Mendes de nasceu em 1409. Ele teve um relacionamento com Rebelo, Maria de Goes.

1415506. , Fernão Soares de Albergaria, senhor do Prado. Fernão Soares de Albergaria, senhor do Prado nasceu em 1410. Ele faleceu em 1472 com 62 anos de idade. Ele era filho de , Fernão Gonçalves de Figueiredo, Senhor de Ovar e Dias Albergeira, Catarina. Ele teve um relacionamento com , Isabel de Melo.

1415507. , Isabel de Melo. Isabel de Melo nasceu em 1415. Ela era filha de , Estêvão Soares de Melo, 6º senhor de Melo.

Filhos de , Isabel de Melo e , Fernão Soares de Albergaria, senhor do Prado

i. , Isabel de Melo de Albergaria [707753]. Isabel de Melo de Albergaria nasceu em 1440. Ela teve um relacionamento com , Antão Gomes de Abreu.

1415508. , João Fernandes. João Fernandes nasceu em 1355. Ele faleceu em 1409 com 54 anos de idade. Ele teve um relacionamento com , Ana de Azevedo.

1415509. , Ana de Azevedo. Ana de Azevedo nasceu em 1395.

Filhos de , Ana de Azevedo e , João Fernandes

i. , João Rodrigues de Azevedo, senhor de Ponte de Sor [707754]. João Rodrigues de Azevedo, senhor de Ponte de Sor nasceu em 1410 em Viseu, Portugal. Ele teve um relacionamento com , Branca de Eça.

1707452. , Cacique Guayaná Amyipagûana. é a mesma pessoa que [176452].

Geração 22

2826160. , Dom Alvaro Fernandez de Baião.

Filhos de Desconhecido e , Dom Alvaro Fernandez de Baião

i. , Dom Fernando Alvarez de Baião Fernão [1413080]. Dom Fernando Alvarez de Baião Fernão nasceu em 1380. Ele faleceu em 1452. Ele teve um relacionamento com Madureira -Morgado de Parada _, Maria Alvares de.

2826162. , Dom Alvaro Anes de Madureira- Sr, de Quebrantoes,Avintes,. Ele era filho de , Pedro Feijo de Madureira- Sr. Morgado Parada,Vale de Prados,Vila Franca,Videodo e Rufe. Souzas e , Isabel Coutinho. Ele teve um relacionamento com , Brites Martins - Gonçalves ALado.

2826163. , Brites Martins - Gonçalves ALado. Brites Martins - Gonçalves ALado nasceu em 1421. Ela era filha de , Diego Gonçalves de ALado e , Martins.

Filhos de , Brites Martins - Gonçalves ALado e , Dom Alvaro Anes de Madureira- Sr, de Quebrantoes,Avintes,

i. Madureira -Morgado de Parada _, Maria Alvares de [1413081]. Maria Alvares de nasceu em Torre de Madureira,Morgado de Parada,Bragança,Portugal. Ela faleceu em 1452 em Torre de Madureira,Morgado de Parada,Bragança,Portugal. Ela teve um relacionamento com , Dom Fernando Alvarez de Baião Fernão.

2830976. , Gonçalo Mendes De Vasconcellos alcaide Mor de Coimbra. Gonçalo Mendes De Vasconcellos alcaide Mor de Coimbra nasceu em 1320. Ele faleceu em 1407 com 87 anos de idade. Ele era filho de Vasconcellos, Mem Rodrigues de e Brito, Constança Afonso de. Ele teve um relacionamento com Ribeiro, Tereza
Rodrigues.

2830977. Ribeiro, Tereza Rodrigues. Tereza Rodrigues nasceu em 1320.

Filhos de Ribeiro, Tereza Rodrigues e , Gonçalo Mendes De Vasconcellos alcaide Mor de Coimbra

i. Vasconcellos, Men Rodrigues de [1415488]. Ele teve um

relacionamento com Moraes, Brites Nunes de.

2831012. , Fernão Gonçalves de Figueiredo, Senhor de Ovar. Fernão Gonçalves de Figueiredo, Senhor de Ovar nasceu em 1380. Ele faleceu em 1404 com 24 anos de idade. Ele era filho de , D. Gonçalo de Figueiredo, Bispo de Viseu. Ele teve um relacionamento com Dias Albergeira, Catarina.

2831013. Dias Albergeira, Catarina. Catarina nasceu em 1415.

Filhos de Dias Albergeira, Catarina e , Fernão Gonçalves de Figueiredo, Senhor de Ovar

i. , Fernão Soares de Albergaria, senhor do Prado [1415506]. Fernão Soares de Albergaria, senhor do Prado nasceu em 1410. Ele faleceu em 1472. Ele teve um relacionamento com , Isabel de Melo.

2831014. , Estêvão Soares de Melo, 6º senhor de Melo. Estêvão Soares de Melo, 6º senhor de Melo nasceu em 1350. Ele faleceu em 1417 com 67 anos de idade.

Filhos de Desconhecido e , Estêvão Soares de Melo, 6º senhor de Melo

i. , Isabel de Melo [1415507]. Isabel de Melo nasceu em 1415. Ela teve um relacionamento com , Fernão Soares de Albergaria, senhor do Prado.

Geração 23

5652324. , Pedro Feijo de Madureira- Sr. Morgado Parada,Vale de Prados,Vila Franca,Vidoedo e Rufe. Souzas. Ele era filho de , Alvaro Anes de Souza Madureira. Ele teve um relacionamento com , Isabel Coutinho.

5652325. , Isabel Coutinho. Isabel Coutinho nasceu em 1430.

Filhos de , Isabel Coutinho e , Pedro Feijo de Madureira- Sr. Morgado Parada,Vale de Prados,Vila Franca,Vidoedo e Rufe. Souzas

i. , Dom Alvaro Anes de Madureira- Sr, de Quebrantoes,Avintes, [2826162]. Ele teve um relacionamento com , Brites Martins - Gonçalves ALado.

5652326. , Diego Gonçalves de ALado. Diego Gonçalves de ALado nasceu em 1390. Ele teve um relacionamento com , Martins.

5652327. , Martins. Martins nasceu em 1391.

Filhos de , Martins e , Diego Gonçalves de ALado

i. , Brites Martins - Gonçalves ALado [2826163]. Brites Martins - Gonçalves ALado nasceu em 1421. Ela teve um relacionamento com , Dom Alvaro Anes de Madureira- Sr, de Quebrantoes,Avintes,.

5661952. Vasconcellos, Mem Rodrigues de. Mem Rodrigues de nasceu em 1275 em Estremoz, Evora, Portugal. Ele faleceu em Freiriz, Braga, Portugal. Ele era filho de Vasconcellos, Rodrigo Anes de e Penela, Mercia Rodrigues de. Ele teve um relacionamento com Brito, Constança Afonso de.

5661953. Brito, Constança Afonso de. Constança Afonso de nasceu em 1281

Filhos de Brito, Constança Afonso de e Vasconcellos, Mem Rodrigues de

i. , Gonçalo Mendes De Vasconcellos alcaide Mor de Coimbra [2830976]. Gonçalo Mendes De Vasconcellos alcaide Mor de Coimbra nasceu em 1320. Ele faleceu em 1407. Ele teve um relacionamento com Ribeiro, Tereza Rodrigues.

5662024. , D. Gonçalo de Figueiredo, Bispo de Viseu. D. Gonçalo de Figueiredo, Bispo de Viseu nasceu em 1350. Ele faleceu em 1375 com 25 anos de idade. Ele era filho de , Gonçalo Garcia de Figueiredo, alcaide-mor do castelo da Feira e , D. Constança Rodrigues Pereira, 1.ª Senhora de Azurara. Ele teve um relacionamento com Desconhecido.

Filhos de Desconhecido e , D. Gonçalo de Figueiredo, Bispo de Viseu

i. , Fernão Gonçalves de Figueiredo, Senhor de Ovar [2831012]. Fernão Gonçalves de Figueiredo, Senhor de Ovar nasceu em 1380. Ele faleceu em 1404. Ele teve um relacionamento com Dias Albergeira, Catarina.

Geração 24

11304648. , Alvaro Anes de Souza Madureira. Alvaro Anes de Souza Madureira nasceu em 1230. Ele era filho de , João "O Pinto" Garcia de Sousa e , Condessa Urraca Fernandes de Lumiares.

Filhos de Desconhecido e , Alvaro Anes de Souza Madureira

i. , Pedro Feijo de Madureira- Sr. Morgado Parada,Vale de Prados,Vila Franca,Vidoedo e Rufe. Souzas [5652324]. Ele teve um relacionamento com , Isabel Coutinho.

11323904. Vasconcellos, Rodrigo Anes de. Rodrigo Anes de nasceu em 1235 em Vasconcelos, Braga, Portugal. Ele faleceu em 1279 em Coimbra, Coimbra, Portugal com 44 anos de idade. Ele era filho de Vasconcelos, D. João Peres (Pires) de o Tenreiro Sr. e Coelho, Condessa Maria Soares. Ele teve um relacionamento com Penela, Mercia Rodrigues de.

11323905. Penela, Mercia Rodrigues de. Mercia Rodrigues de nasceu em 1256. Ela faleceu em 1331 com 75 anos de idade.

Filhos de Penela, Mercia Rodrigues de e Vasconcellos, Rodrigo Anes de

i. Vasconcellos, Mem Rodrigues de [5661952]. Mem Rodrigues de nasceu em 1275 em Estremoz, Evora, Portugal. Ele faleceu em Freiriz, Braga, Portugal. Ele teve um relacionamento com Brito, Constança Afonso de.

11324048. , Gonçalo Garcia de Figueiredo, alcaide-mor do castelo da Feira. Gonçalo Garcia de Figueiredo, alcaide-mor do castelo da Feira nasceu em 1320. Ele faleceu em 1378 com 58 anos de idade. Ele teve um relacionamento com , D. Constança Rodrigues Pereira, 1.ª Senhora de Azurara.

11324049. , D. Constança Rodrigues Pereira, 1.ª Senhora de Azurara. D. Constança Rodrigues Pereira, 1.ª Senhora de Azurara nasceu em 1330 em pavia, Évora, Evora, Portugal. Ela era filha de Conde de Trastamara, Rui Vasques Pereira, senhor de Paiva e Baltar.

Filhos de , D. Constança Rodrigues Pereira, 1.ª Senhora de Azurara e , Gonçalo Garcia de Figueiredo, alcaide-mor do castelo da Feira

i. , D. Gonçalo de Figueiredo, Bispo de Viseu [5662024]. D. Gonçalo de Figueiredo, Bispo de Viseu nasceu em 1350. Ele faleceu em 1375.

Geração 25

22609296. , João "O Pinto" Garcia de Sousa. João "O Pinto" Garcia de Sousa nasceu em 1180. Ele era filho de , Garcia Mendes de Sousa e , Elvira Gonçalves de Toronho. Ele teve um relacionamento com , Condessa Urraca Fernandes de Lumiares.

22609297. , Condessa Urraca Fernandes de Lumiares. Condessa Urraca Fernandes de Lumiares nasceu em 1200. Ela faleceu em 1260 com 60 anos de idade. Ela era filha de , Fernão Peres Pelegrin e , Urraca Vaz Beirão.

Filhos de , Condessa Urraca Fernandes de Lumiares e , João "O Pinto" Garcia de Sousa

i. , Alvaro Anes de Souza Madureira [11304648]. Alvaro Anes de Souza Madureira nasceu em 1230.

22647808. Vasconcelos, D. João Peres (Pires) de o Tenreiro Sr. D. João Peres (Pires) de nasceu em 1200. Ele faleceu em 1260 com

60 anos de idade. Ele era filho de Vasconcelos, Pedro Martins T e Silva, Thereza Soares da. Ele teve um relacionamento com Coelho, Condessa Maria Soares.

22647809. Coelho, Condessa Maria Soares. Condessa Maria Soares nasceu em 1205 em Torre de Penagate, S. Miguel de Carreiras, Distrito de Braga. Ela faleceu em 1265 com 60 anos de idade.

Filhos de Coelho, Condessa Maria Soares e Vasconcelos, D. João Peres (Pires) de o Tenreiro Sr.

i. Vasconcellos, Rodrigo Anes de [11323904]. Rodrigo Anes de nasceu em 1235 em Vasconcelos, Braga, Portugal. Ele faleceu em 1279 em Coimbra, Coimbra, Portugal. Ele teve um relacionamento com Penela, Mercia Rodrigues de.

22648098. Conde de Trastamara, Rui Vasques Pereira, senhor de Paiva e Baltar. Rui Vasques Pereira, senhor de Paiva e Baltar nasceu em 1310 em pavia, Évora, Evora, Portugal. Ele faleceu em 1385 com 75 anos de idade. Ele era filho de , Vasco Gonçalves Pereira, conde de Trastamara. Ele teve um relacionamento com Desconhecido.

Filhos de Desconhecido e Conde de Trastamara, Rui Vasques Pereira, senhor de Paiva e Baltar

i. , D. Constança Rodrigues Pereira, 1.ª Senhora de Azurara [11324049]. D. Constança Rodrigues Pereira, 1.ª Senhora de Azurara nasceu em 1330 em pavia, Évora, Evora, Portugal. Ela teve um relacionamento com , Gonçalo Garcia de Figueiredo, alcaide-mor do castelo da Feira.

Geração 26

45218592. , Garcia Mendes de Sousa. Garcia Mendes de Sousa nasceu em 1160. Ele faleceu em 1239 com 79 anos de idade. Ele era filho de , Mendo Gonzalez de Sousa e , Maria Rodriguez Belosso. Ele teve um relacionamento com , Elvira Gonçalves de Toronho.

45218593. , Elvira Gonçalves de Toronho. Elvira Gonçalves de Toronho nasceu em 1148. Ela faleceu em 1238 com 90 anos de idade. Ela era filha de , Dom Gonzalo Pais Curvo de Toronho - Ramires Curvos e , Ximena Pais da Maia.

Filhos de , Elvira Gonçalves de Toronho e , Garcia Mendes de Sousa

i. , João "O Pinto" Garcia de Sousa [22609296]. João "O Pinto" Garcia de Sousa nasceu em 1180. Ele teve um relacionamento com , Condessa Urraca Fernandes de Lumiares.

45218594. , Fernão Peres Pelegrin. Fernão Peres Pelegrin nasceu em 1130. Ele faleceu em 1250 com 120 anos de idade. Ele teve um relacionamento com , Urraca Vaz Beirão.

45218595. , Urraca Vaz Beirão.

Filhos de , Urraca Vaz Beirão e , Fernão Peres Pelegrin

i. , Condessa Urraca Fernandes de Lumiares [22609297]. Condessa Urraca Fernandes de Lumiares nasceu em 1200. Ela faleceu em 1260. Ela teve um relacionamento com , João "O Pinto" Garcia de Sousa.

45295616. Vasconcelos, Pedro Martins T. Pedro Martins T nasceu em 1160 em Vasconcelos, Braga, Portugal. Ele faleceu em 1224 com 64 anos de idade. Ele era filho de Moniz, Martin e Afonso, Dona Thereza. Ele teve um relacionamento com Silva, Thereza Soares da.

45295617. Silva, Thereza Soares da. Thereza Soares da nasceu em 1165.

Filhos de Silva, Thereza Soares da e Vasconcelos, Pedro Martins T

i. Vasconcelos, D. João Peres (Pires) de o Tenreiro Sr. [22647808]. D. João Peres (Pires) de nasceu em 1200. Ele faleceu em 1260. Ele teve um relacionamento com Coelho, Condessa Maria Soares.

45296196. , Vasco Gonçalves Pereira, conde de Trastamara. Vasco Gonçalves Pereira, conde de Trastamara nasceu em 1280 em portugal. Ele faleceu em 1327 com 47 anos de idade. Ele era filho de , Don Gonçalo (pires) Pereira o Liberal.

Filhos de Desconhecido e , Vasco Gonçalves Pereira, conde de Trastamara

i. Conde de Trastamara, Rui Vasques Pereira, senhor de Paiva e Baltar [22648098]. Rui Vasques Pereira, senhor de Paiva e Baltar nasceu em 1310 em pavia, Évora, Evora, Portugal. Ele faleceu em 1385.

Geração 27

90437184. , Mendo Gonzalez de Sousa. Mendo Gonzalez de Sousa nasceu em 1140. Ele era filho de , Gonzalo Mendes de Souza e , Urraza Sanchez de Celanova. Ele teve um relacionamento com , Maria Rodriguez Belosso.

90437185. , Maria Rodriguez Belosso. Maria Rodriguez Belosso nasceu em 1150. Ela era filha de , Rodrigo Perez Belloso-Conde, Señor de Cabrera y Rivera e , Ambey.

Filhos de , Maria Rodriguez Belosso e , Mendo Gonzalez de Sousa

i. , Garcia Mendes de Sousa [45218592]. Garcia Mendes de Sousa nasceu em 1160. Ele faleceu em 1239. Ele teve um relacionamento com , Elvira Gonçalves de Toronho.

90437186. , Dom Gonzalo Pais Curvo de Toronho - Ramires Curvos. Dom Gonzalo Pais Curvo de Toronho - Ramires Curvos nasceu em 1110. Ele faleceu em 1200 com 90 anos de idade. Ele teve um relacionamento com , Ximena Pais da Maia.

90437187. , Ximena Pais da Maia. Ximena Pais da Maia nasceu

em 1098. Ela faleceu em 1180 com 82 anos de idade.

Filhos de , Ximena Pais da Maia e , Dom Gonzalo Pais Curvo de Toronho - Ramires Curvos

i. , Elvira Gonçalves de Toronho [45218593]. Elvira Gonçalves de Toronho nasceu em 1148. Ela faleceu em 1238. Ela teve um relacionamento com , Garcia Mendes de Sousa.

90591232. Moniz, Martin. Martin nasceu em 1096 em Coimbra, Coimbra, Portugal. Ele faleceu em 1147 em Lisboa, Lisboa, Portugal com 51 anos de idade. Ele era filho de Cabrera, Munio Ozorio de e Grijo, Maria Nunez de. Ele teve um relacionamento com Afonso, Dona Thereza.

90591233. Afonso, Dona Thereza. Dona Thereza nasceu em Coimbra, Coimbra, Portugal. Ela faleceu em Veurne, Flandres Ocidental, Bélgica.

Filhos de Afonso, Dona Thereza e Moniz, Martin

i. Vasconcelos, Pedro Martins T [45295616]. Pedro Martins T nasceu em 1160 em Vasconcelos, Braga, Portugal. Ele faleceu em 1224. Ele teve um relacionamento com Silva, Thereza Soares da.

90592392. , Don Gonçalo (pires) Pereira o Liberal. Don Gonçalo (pires) Pereira o Liberal nasceu em 1250. Ele faleceu em 1298 com 48 anos de idade. Ele era filho de , Don Pedro Rodrigues Pereira.

Filhos de Desconhecido e , Don Gonçalo (pires) Pereira o Liberal

i. , Vasco Gonçalves Pereira, conde de Trastamara [45296196]. Vasco Gonçalves Pereira, conde de Trastamara nasceu em 1280 em portugal. Ele faleceu em 1327.

Geração 28

180874368. , Gonzalo Mendes de Souza. Gonzalo Mendes de

Souza nasceu em 1120. Ele faleceu em 1190 com 70 anos de idade. Ele teve um relacionamento com , Urraza Sanchez de Celanova.

180874369. , Urraza Sanchez de Celanova. Urraza Sanchez de Celanova nasceu em 1110.

Filhos de , Urraza Sanchez de Celanova e , Gonzalo Mendes de Souza

i. , Mendo Gonzalez de Sousa [90437184]. Mendo Gonzalez de Sousa nasceu em 1140. Ele teve um relacionamento com , Maria Rodriguez Belosso.

180874370. , Rodrigo Perez Belloso-Conde, Señor de Cabrera y Rivera. Ele era filho de , Conde Rodrigo Fernandez Perez Veloso de Cabrera e , Elvira Ponce, Moinha Frolaz. Ele teve um relacionamento com , Ambey.

180874371. , Ambey.

Filhos de , Ambey e , Rodrigo Perez Belloso-Conde, Señor de Cabrera y Rivera

i. , Maria Rodriguez Belosso [90437185]. Maria Rodriguez Belosso nasceu em 1150. Ela teve um relacionamento com , Mendo Gonzalez de Sousa.

181182464. Cabrera, Munio Ozorio de. Ele era filho de Cabrera, Conde Dom Osório Garcia, Senhor da Rivera e Cabrera Senhor da Rivera e e Moniz, Condessa Sancha. Ele teve um relacionamento com Grijo, Maria Nunez de.

181182465. Grijo, Maria Nunez de.

Filhos de Grijo, Maria Nunez de e Cabrera, Munio Ozorio de

i. Moniz, Martin [90591232]. Martin nasceu em 1096 em Coimbra, Coimbra, Portugal. Ele faleceu em 1147 em Lisboa, Lisboa, Portugal. Ele teve um relacionamento com Afonso, Dona Thereza.

181184784. , Don Pedro Rodrigues Pereira. Don Pedro Rodrigues Pereira nasceu em 1220 em Viseu, Portugal. Ele faleceu em 1285 com 65 anos de idade. Ele era filho de 1º senhor da quinta e honra de Pereira, Don Rui Gonçalves Pereira.

Filhos de Desconhecido e , Don Pedro Rodrigues Pereira

i. , Don Gonçalo (pires) Pereira o Liberal [90592392]. Don Gonçalo (pires) Pereira o Liberal nasceu em 1250. Ele faleceu em 1298.

Geração 29

361748740. , Conde Rodrigo Fernandez Perez Veloso de Cabrera. Conde Rodrigo Fernandez Perez Veloso de Cabrera nasceu em 990. Ele era filho de , Pedro Rodriguez Vellosa de Cabreras. Ele teve um relacionamento com , Elvira Ponce, Moinha Frolaz.

361748741. , Elvira Ponce, Moinha Frolaz. Ela era filha de , Conde D. Fruela Bermudes e , Sancha Ordonhes.

Filhos de , Elvira Ponce, Moinha Frolaz e , Conde Rodrigo Fernandez Perez Veloso de Cabrera

i. , Rodrigo Perez Belloso-Conde, Señor de Cabrera y Rivera [180874370]. Ele teve um relacionamento com , Ambey.

362364928. Cabrera, Conde Dom Osório Garcia, Senhor da Rivera e Cabrera Senhor da Rivera e. Conde Dom Osório Garcia, Senhor da Rivera e Cabrera Senhor da Rivera e nasceu em 1083 em Galicia, Espanha. Ele era filho de , Conde Dom Garcia Ordonhes, Senhor de Aza Senhor de Aza e , Infanta D. Elvira, Senhora da
cidade de Touro Senhora da cidade de Touro. Ele teve um relacionamento com Moniz, Condessa Sancha.

362364929. Moniz, Condessa Sancha. Condessa Sancha nasceu em 1088.

Filhos de Moniz, Condessa Sancha e Cabrera, Conde Dom Osório Garcia, Senhor da Rivera e Cabrera Senhor da Rivera e

i. Cabrera, Munio Ozorio de [181182464]. Ele teve um relacionamento com Grijo, Maria Nunez de.

362369568. 1º senhor da quinta e honra de Pereira, Don Rui Gonçalves Pereira. Don Rui Gonçalves Pereira nasceu em 1170 em Pereira, Barcelos, Braga, Portugal. Ele era filho de Senhor do couto de Palmeira, Don Gonçalo Gonçalves de Palmeira.

Filhos de Desconhecido e 1º senhor da quinta e honra de Pereira, Don Rui Gonçalves Pereira

i. , Don Pedro Rodrigues Pereira [181184784]. Don Pedro Rodrigues Pereira nasceu em 1220 em Viseu, Portugal. Ele faleceu em 1285.

Geração 30

723497480. , Pedro Rodriguez Vellosa de Cabreras. Pedro Rodriguez Vellosa de Cabreras nasceu em 1045. Ele faleceu em 1100 com 55 anos de idade. Ele era filho de , Rodrigo Vellosa de Cabrera.

Filhos de Desconhecido e , Pedro Rodriguez Vellosa de Cabreras

i. , Conde Rodrigo Fernandez Perez Veloso de Cabrera [361748740]. Conde Rodrigo Fernandez Perez Veloso de Cabrera nasceu em 990. Ele teve um relacionamento com , Elvira Ponce, Moinha Frolaz.

723497482. , Conde D. Fruela Bermudes. Ele teve um relacionamento com , Sancha Ordonhes.

723497483. , Sancha Ordonhes.

Filhos de , Sancha Ordonhes e , Conde D. Fruela Bermudes

i. , Elvira Ponce, Moinha Frolaz [361748741]. Ela teve um relacionamento com , Conde Rodrigo Fernandez Perez Veloso de Cabrera.

724729856. , Conde Dom Garcia Ordonhes, Senhor de Aza Senhor de Aza. Conde Dom Garcia Ordonhes, Senhor de Aza Senhor de Aza nasceu em Galicia, Espanha. Ele teve um relacionamento com , Infanta D. Elvira, Senhora da cidade de Touro Senhora da cidade de Touro.

724729857. , Infanta D. Elvira, Senhora da cidade de Touro Senhora da cidade de Touro. Infanta D. Elvira, Senhora da cidade de Touro Senhora da cidade de Touro nasceu em 1035 em Galicia, Espanha. Ela era filha de , Ferdinand I Emperor of All Espanha e , Sancha of Leon Queen of Leon.

Filhos de , Infanta D. Elvira, Senhora da cidade de Touro Senhora da cidade de Touro e , Conde Dom Garcia Ordonhes, Senhor de Aza Senhor de Aza

i. Cabrera, Conde Dom Osório Garcia, Senhor da Rivera e Cabrera Senhor da Rivera e [362364928]. Conde Dom Osório Garcia, Senhor da Rivera e Cabrera Senhor da Rivera e nasceu em 1083 em Galicia, Espanha. Ele teve um relacionamento com Moniz, Condessa Sancha.

724739136. Senhor do couto de Palmeira, Don Gonçalo Gonçalves de Palmeira. Don Gonçalo Gonçalves de Palmeira nasceu em 1130. Ele faleceu em 1177 com 47 anos de idade. Ele era filho de , Rodrigo Fróias de Trastamara.

Filhos de Desconhecido e Senhor do couto de Palmeira, Don Gonçalo Gonçalves de Palmeira

i. 1º senhor da quinta e honra de Pereira, Don Rui Gonçalves Pereira [362369568]. Don Rui Gonçalves Pereira nasceu em 1170 em Pereira, Barcelos, Braga, Portugal.

Geração 31

1446994960. , Rodrigo Vellosa de Cabrera. Rodrigo Vellosa de Cabrera nasceu em 1015. Ele faleceu em 1110 com 95 anos de idade. Ele era filho de , King Sancho Leon el Velloso I e , Monina de Trastamara.

Filhos de Desconhecido e , Rodrigo Vellosa de Cabrera

i. , Pedro Rodriguez Vellosa de Cabreras [723497480]. Pedro Rodriguez Vellosa de Cabreras nasceu em 1045. Ele faleceu em 1100.

1449459714. , Ferdinand I Emperor of All Espanha. Ferdinand I Emperor of All Espanha nasceu em 1015 em León, Castile y León, Espanha. Ele faleceu em 24/12/1065 em León, Castile y León, Espanha. Ele era filho de , Sancho III King of Pamplona e , Muniadona de Castile Queen of Pamplona. Ele teve um relacionamento com
, Sancha of Leon Queen of Leon.

1449459715. , Sancha of Leon Queen of Leon. Sancha of Leon Queen of Leon nasceu em 1018 em León, Castile y León, Espanha. Ela faleceu em 1067 em Frómista, Palencia, Castilla y León, Espanha com 49 anos de idade.

Filhos de , Sancha of Leon Queen of Leon e , Ferdinand I Emperor of All Espanha

i. , Infanta D. Elvira, Senhora da cidade de Touro Senhora da cidade de Touro [724729857]. Infanta D. Elvira, Senhora da cidade de Touro Senhora da cidade de Touro nasceu em 1035 em Galicia, Espanha. Ela teve um relacionamento com , Conde Dom Garcia Ordonhes, Senhor de Aza Senhor de Aza.

1449478272. , Rodrigo Fróias de Trastamara. Rodrigo Fróias de Trastamara nasceu em 1130. Ele era filho de , Forjaz Vermuis de Trastamara.

Filhos de Desconhecido e , Rodrigo Fróias de Trastamara

i. Senhor do couto de Palmeira, Don Gonçalo Gonçalves de

Palmeira [724739136]. Don Gonçalo Gonçalves de Palmeira nasceu em 1130. Ele faleceu em 1177.

Geração 32

2893989920. , King Sancho Leon el Velloso I. King Sancho Leon el Velloso I nasceu em 982. Ele faleceu em 1050 com 68 anos de idade. Ele era filho de , Rey Ramiro Sanches de León III Ordoño III. Ele teve um relacionamento com , Monina de Trastamara.

2893989921. , Monina de Trastamara. Monina de Trastamara nasceu em 986. Ela era filha de , Fruelo Bermudes de Trastamare e , Sancha Rodriguez.

Filhos de , Monina de Trastamara e , King Sancho Leon el Velloso I

 i. , Rodrigo Vellosa de Cabrera [1446994960]. Rodrigo Vellosa de Cabrera nasceu em 1015. Ele faleceu em 1110.

2898919428. , Sancho III King of Pamplona. Sancho III King of Pamplona nasceu em 994. Ele faleceu em 1035 em Monastery of San Salvador de Oña, Burgos, Espanha com 41 anos de idade. Ele era filho de , Sancho García Count of Castile e Gomez, Urraca. Ele teve um relacionamento com , Muniadona of Castile Queen of Pamplona.

2898919429. , Muniadona of Castile Queen of Pamplona. Muniadona of Castile Queen of Pamplona nasceu em 995 em Castilla y León, Espanha. Ela faleceu em 13/07/1066 em Frómista, Palencia, Castilla y León, Espanha. Ela era filha de , Miniadona Fernandez of Castile.

Filhos de , Muniadona of Castile Queen of Pamplona e , Sancho III King of Pamplona

 i. , Ferdinand I Emperor of All Espanha [1449459714]. Ferdinand I Emperor of All Espanha nasceu em 1015 em León, Castile y León, Espanha. Ele faleceu em 24/12/1065 em León,

Castile y León, Espanha. Ele teve um relacionamento com , Sancha of Leon Queen of Leon.

2898956544. , Forjaz Vermuis de Trastamara. Forjaz Vermuis de Trastamara nasceu em 1100. Ele era filho de , Rodrigo Forjaz de Trastamara.

Filhos de Desconhecido e , Forjaz Vermuis de Trastamara

i. , Rodrigo Fróias de Trastamara [1449478272]. Rodrigo Fróias de Trastamara nasceu em 1130.

Geração 33

5787979840. , Rey Ramiro Sanches de León III Ordoño III. Rey Ramiro Sanches de León III Ordoño III nasceu em 940. Ele faleceu em 985 com 45 anos de idade. Ele era filho de , Rey Sancho Ramirez de León El Craso e , Teresa Ansúrez Monzón.

Filhos de Desconhecido e , Rey Ramiro Sanches de León III Ordoño III

i. , King Sancho Leon el Velloso I [2893989920]. King Sancho Leon el Velloso I nasceu em 982. Ele faleceu em 1050. Ele teve um relacionamento com , Monina de Trastamara.

5787979842. , Fruelo Bermudes de Trastamare. Fruelo Bermudes de Trastamare nasceu em 911. Ele faleceu em 997 com 86 anos de idade. Ele era filho de , Bermudo Frolaz e , Condessa Alonza Rodriguez. Ele teve um relacionamento com , Sancha Rodriguez.

5787979843. , Sancha Rodriguez. Sancha Rodriguez nasceu em 940.

Filhos de , Sancha Rodriguez e , Fruelo Bermudes de Trastamare

i. , Monina de Trastamara [2893989921]. Monina de Trastamara nasceu em 986. Ela teve um relacionamento com ,

King Sancho Leon el Velloso I.

5797838856. , Sancho García Count of Castile. Sancho García Count of Castile nasceu em 965 em Pamplona, Navarra, Navarra, Espanha,. Ele faleceu em 5 Fevereiro 1017 em Oña, Burgos, Castilla-Leon, Espanha, com 52 anos, 1 mês de idade. Ele era filho de , Conde Count García Fernández e , Condesa Ava Argentina de Castilla y Ribagorza. Ele teve um relacionamento com Gomez, Urraca.

5797838857. Gomez, Urraca. Ela faleceu em 1037.

Filhos de Gomez, Urraca e , Sancho García Count of Castile

i. , Sancho III King of Pamplona [2898919428]. Sancho III King of Pamplona nasceu em 994. Ele faleceu em 1035 em Monastery of San Salvador de Oña, Burgos, Espanha. Ele teve um relacionamento com , Muniadona of Castile Queen of Pamplona.

5797838859. , Miniadona Fernandez of Castile. Ela era filha de , Fernan Gonzales, Count of Castile.

Filhos de , Miniadona Fernandez of Castile e Desconhecido

i. , Muniadona of Castile Queen of Pamplona [2898919429]. Muniadona of Castile Queen of Pamplona nasceu em 995 em Castilla y León, Espanha. Ela faleceu em 13/07/1066 em Frómista, Palencia, Castilla y León, Espanha. Ela teve um relacionamento com , Sancho III King of Pamplona.

5797913088. , Rodrigo Forjaz de Trastamara. Rodrigo Forjaz de Trastamara nasceu em 1070. Ele era filho de , Forjaz Vermuis.

Filhos de Desconhecido e , Rodrigo Forjaz de Trastamara

i. , Forjaz Vermuis de Trastamara [2898956544]. Forjaz Vermuis de Trastamara nasceu em 1100.

Geração 34

11575959680. , Rey Sancho Ramirez de León El Craso. Rey Sancho Ramirez de León El Craso nasceu em 935. Ele faleceu em 966 com 31 anos de idade. Ele era filho de , Rey Ramiro Ordoñez II de León e , Rainha Elvira Menéndez rainha consorte de Leão. Ele teve um relacionamento com , Teresa Ansúrez Monzón.

11575959681. , Teresa Ansúrez Monzón. Teresa Ansúrez Monzón nasceu em 943. Ela faleceu em 997 com 54 anos de idade. Ela era filha de , Ansuz Fernandez de Monzón e , Gontrodo Nuñes.

Filhos de , Teresa Ansúrez Monzón e , Rey Sancho Ramirez de León El Craso

i. , Rey Ramiro Sanches de León III Ordoño III [5787979840]. Rey Ramiro Sanches de León III Ordoño III nasceu em 940. Ele faleceu em 985.

11575959684. , Bermudo Frolaz. Bermudo Frolaz nasceu em 778. Ele teve um relacionamento com , Condessa Alonza Rodriguez.

11575959685. , Condessa Alonza Rodriguez. Ela era filha de , Conde Don Rodrigo Romanes.

Filhos de , Condessa Alonza Rodriguez e , Bermudo Frolaz

i. , Fruelo Bermudes de Trastamare [5787979842]. Fruelo Bermudes de Trastamare nasceu em 911. Ele faleceu em 997. Ele teve um relacionamento com , Sancha Rodriguez.

11595677712. , Conde Count García Fernández. Conde Count García Fernández nasceu em 938 em Burgos, Kingdom of Castilla. Ele faleceu em 30/05/995 em Córdoba, Andalucía, Espanha / sepulted San Pedro de Cerdana, Castille, Espanha. Ele era filho de , Fernando Gonzalez de Castilla Conde de Castilla e , Sancha Sánchez

Jiménez. Ele teve um relacionamento com , Condesa Ava Argentina de Castilla y Ribagorza.

11595677713. , Condesa Ava Argentina de Castilla y Ribagorza. Condesa Ava Argentina de Castilla y Ribagorza nasceu em 940 em Ribagorza, Aragón, Espanha. Ela faleceu em 995 em Bellver de Cerdaña, Lérida, Cataluña, España Sepultamento after 995 São Pedro de Cerdaña, Burgos, Castilla y León, Espanha com 55 anos de
idade.

Filhos de , Condesa Ava Argentina de Castilla y Ribagorza e , Conde Count García Fernández

i. , Sancho García Count of Castile [5797838856]. Sancho García Count of Castile nasceu em 965 em Pamplona, Navarra, Navarra, Espanha,. Ele faleceu em 5 Fevereiro 1017 em Oña, Burgos, Castilla-Leon, Espanha,. Ele teve um relacionamento com Gomez, Urraca.

11595677718. , Fernan Gonzales, Count of Castile.

Filhos de Desconhecido e , Fernan Gonzales, Count of Castile

i. , Miniadona Fernandez of Castile [5797838859].

11595826176. , Forjaz Vermuis. Forjaz Vermuis nasceu em 1040 em Espanha. Ele era filho de , Bermudo I Forjaz de Trastamara (Frolaz), Señor de Trastámara.

Filhos de Desconhecido e , Forjaz Vermuis

i. , Rodrigo Forjaz de Trastamara [5797913088]. Rodrigo Forjaz de Trastamara nasceu em 1070.

Geração 35

23151919360. , Rey Ramiro Ordoñez II de León. Rey Ramiro Ordoñez II de León nasceu em 898. Ele faleceu em 951 com 53 anos de idade. Ele era filho de , Rei Ordonho II da Galiza e Leão rey de León. Ele teve um relacionamento com , Rainha Elvira Menéndez rainha consorte de Leão.

23151919361. , Rainha Elvira Menéndez rainha consorte de Leão. Ela era filha de , Duque Menendez Gutierrez e , Ermizenda.

Filhos de , Rainha Elvira Menéndez rainha consorte de Leão e , Rei Ordonho II da Galiza e Leão rey de León

    i. , Aurea de León. Ela teve um relacionamento com , Ero Ordóñez, Conde de Membride.

Filhos de , Rainha Elvira Menéndez rainha consorte de Leão e , Rey Ramiro Ordoñez II de León

    i. , Rey Sancho Ramirez de León El Craso [11575959680]. Rey Sancho Ramirez de León El Craso nasceu em 935. Ele faleceu em 966. Ele teve um relacionamento com , Teresa Ansúrez Monzón.

23151919362. , Ansuz Fernandez de Monzón. Ansuz Fernandez de Monzón nasceu em 910. Ele faleceu em 950 com 40 anos de idade. Ele era filho de , Fernando Ansurez de Moncon e , Munidona Castile. Ele teve um relacionamento com , Gontrodo Nuñes.

23151919363. , Gontrodo Nuñes. Ela era filha de , Nuño Vela e , Velasquita de Astúrias.

Filhos de , Gontrodo Nuñes e , Ansuz Fernandez de Monzón

    i. , Teresa Ansúrez Monzón [11575959681]. Teresa Ansúrez Monzón nasceu em 943. Ela faleceu em 997. Ela teve um relacionamento com , Rey Sancho Ramirez de León El Craso.

23151919370. , Conde Don Rodrigo Romanes. Conde Don Rodrigo Romanes nasceu em 756. Ele era filho de , Conde Don Roman Trava Trastamara.

Filhos de Desconhecido e , Conde Don Rodrigo Romanes

i. , Condessa Alonza Rodriguez [11575959685]. Ela teve um relacionamento com , Bermudo Frolaz.

23191355424. , Fernando Gonzalez de Castilla Conde de Castilla. Fernando Gonzalez de Castilla Conde de Castilla nasceu em 910 em Burgos, Burgos, Castilla y León, Espanha. Ele faleceu em Julho 970 em Burgos, Burgos, Castilla y León, Espanha com 60 anos, 6 meses de idade. Ele era filho de , Gonzalo Fernández Beni Mamaduna e , Muniadona of Castile. Ele teve um relacionamento com , Sancha Sánchez Jiménez.

23191355425. , Sancha Sánchez Jiménez. Sancha Sánchez Jiménez nasceu em 905 em Pamplona, Navarra, Espanha. Ela faleceu em 1 Dezembro 959 em Burgos, Burgos, Castilla y León, Espanha com 54 anos, 11 meses de idade.

Filhos de , Sancha Sánchez Jiménez e , Fernando Gonzalez de Castilla Conde de Castilla

i. , Conde Count García Fernández [11595677712]. Conde Count García Fernández nasceu em 938 em Burgos, Kingdom of Castilla. Ele faleceu em 30/05/995 em Córdoba, Andalucía, Espanha / sepulted San Pedro de Cerdana, Castille, Espanha. Ele teve um relacionamento com , Condesa Ava Argentina de Castilla y Ribagorza.

23191652352. , Bermudo I Forjaz de Trastamara (Frolaz), Señor de Trastámara. Bermudo I Forjaz de Trastamara (Frolaz), Señor de Trastámara nasceu em 1000 em Espanha. Ele era filho de , Froyla Méndez de Trastámara.

Filhos de Desconhecido e , Bermudo I Forjaz de Trastamara (Frolaz), Señor de Trastámara

i. , Forjaz Vermuis [11595826176]. Forjaz Vermuis nasceu em 1040 em Espanha.

Geração 36

46303838720. , Rei Ordonho II da Galiza e Leão rey de León.

Rei Ordonho II da Galiza e Leão rey de León nasceu em 873. Ele faleceu em 924 em Leon, Castille and Leon, Espanha com 51 anos de idade. Ele era filho de , Rei Afonso III das Astúrias Rey de Asturias, León y Galicia. Ele teve um relacionamento com ,
Rainha Elvira Menéndez rainha consorte de Leão. Ele também teve um relacionamento com Desconhecido.

Filhos de Desconhecido e , Rei Ordonho II da Galiza e Leão rey de León

i. , Rey Ramiro Ordoñez II de León [23151919360]. Rey Ramiro Ordoñez II de León nasceu em 898. Ele faleceu em 951. Ele teve um relacionamento com , Rainha Elvira Menéndez rainha consorte de Leão.

46303838722. , Duque Menendez Gutierrez. Ele teve um relacionamento com , Ermizenda.

46303838723. , Ermizenda.

Filhos de , Ermizenda e , Duque Menendez Gutierrez

i. , Rainha Elvira Menéndez rainha consorte de Leão [23151919361]. Ela teve um relacionamento com , Rei Ordonho II da Galiza e Leão rey de León. Ela também teve um relacionamento com , Rey Ramiro Ordoñez II de León.

46303838724. , Fernando Ansurez de Moncon. Fernando Ansurez de Moncon nasceu em 814. Ele faleceu em 923 com 109 anos de idade. Ele era filho de , Ansur de Moncon. Ele teve um relacionamento com , Munidona Castile.

46303838725. , Munidona Castile. Munidona Castile nasceu em 825. Ela era filha de , Muñio Fernández de Amaya.

Filhos de , Munidona Castile e , Fernando Ansurez de Moncon

i. , Ansuz Fernandez de Monzón [23151919362]. Ansuz Fernandez de Monzón nasceu em 910. Ele faleceu em 950. Ele teve um relacionamento com , Gontrodo Nuñes.

46303838726. , Nuño Vela. Nuño Vela nasceu em 870. Ele faleceu em 926 com 56 anos de idade. Ele era filho de , Vela Gimenez. Ele teve um relacionamento com , Velasquita de Astúrias.

46303838727. , Velasquita de Astúrias. Ela era filha de , Rey Sancho Garces I de Pamplona e , Toda AznáRez Of Navarre.

Filhos de , Velasquita de Astúrias e , Nuño Vela

i. , Gontrodo Nuñes [23151919363]. Ela teve um relacionamento com , Ansuz Fernandez de Monzón.

46303838740. , Conde Don Roman Trava Trastamara. Conde Don Roman Trava Trastamara nasceu em 726.

Filhos de Desconhecido e , Conde Don Roman Trava Trastamara

i. , Conde Don Rodrigo Romanes [23151919370]. Conde Don Rodrigo Romanes nasceu em 756.

46382710848. , Gonzalo Fernández Beni Mamaduna. Gonzalo Fernández Beni Mamaduna nasceu em 887 em Castela, Espanha. Ele faleceu em 932 em Portugal Sepultamento Monasterio de San Pedro de Arlanza, Burgos, Castilla y León, Espanha. com 45 anos de idade. Ele era filho de , Dom Fernando Diaz e , Dona Nuna. Ele teve
um relacionamento com , Muniadona of Castile.

46382710849. , Muniadona of Castile. Muniadona of Castile nasceu em 890. Ela faleceu em 935 com 45 anos de idade.

Filhos de , Muniadona of Castile e , Gonzalo Fernández Beni Mamaduna

i. , Fernando Gonzalez de Castilla Conde de Castilla [23191355424]. Fernando Gonzalez de Castilla Conde de Castilla nasceu em 910 em Burgos, Burgos, Castilla y León, Espanha. Ele faleceu em Julho 970 em Burgos, Burgos, Castilla y León, Espanha. Ele teve um relacionamento com , Sancha Sánchez Jiménez.

46383304704. , Froyla Méndez de Trastámara. Froyla Méndez de Trastámara nasceu em 925 em Espanha. Ele era filho de , Mendo de Rausona (Trastamára), Conde de Trastámara e , Juana Romanez de León, Condesa.

Filhos de Desconhecido e , Froyla Méndez de Trastámara

i. , Bermudo I Forjaz de Trastamara (Frolaz), Señor de Trastámara [23191652352]. Bermudo I Forjaz de Trastamara (Frolaz), Señor de Trastámara nasceu em 1000 em Espanha.

Geração 37

92607677440. , Rei Afonso III das Astúrias Rey de Asturias, León y Galicia. Rei Afonso III das Astúrias Rey de Asturias, León y Galicia nasceu em 848. Ele faleceu em 910 em Church of Saint Mary, Oviedo, Asturias, Espanha com 62 anos de idade. Ele era filho de , Rei Ramiro I das Astúrias, rey de Asturias. Ele
teve um relacionamento com Desconhecido.

Filhos de Desconhecido e , Rei Afonso III das Astúrias Rey de Asturias, León y Galicia

i. , Rei Ordonho II da Galiza e Leão rey de León [46303838720]. Rei Ordonho II da Galiza e Leão rey de León nasceu em 873. Ele faleceu em 924 em Leon, Castille and Leon, Espanha. Ele teve um relacionamento com , Rainha Elvira Menéndez rainha consorte de Leão. Ele também teve um relacionamento com
Desconhecido.

92607677448. , Ansur de Moncon. Ansur de Moncon nasceu em 788. Ele faleceu em 880 com 92 anos de idade.

Filhos de Desconhecido e , Ansur de Moncon

i. , Fernando Ansurez de Moncon [46303838724]. Fernando Ansurez de Moncon nasceu em 814. Ele faleceu em 923. Ele teve um relacionamento com , Munidona Castile.

92607677450. , Muñio Fernández de Amaya. Muñio Fernández de Amaya nasceu em 880. Ele faleceu em 932 com 52 anos de idade. Ele era filho de , Fernando Nuñes e , Gutina de Castile.

Filhos de Desconhecido e , Muñio Fernández de Amaya

i. , Munidona Castile [46303838725]. Munidona Castile nasceu em 825. Ela teve um relacionamento com , Fernando Ansurez de Moncon.

92607677452. , Vela Gimenez. Vela Gimenez nasceu em 837. Ele faleceu em 882 com 45 anos de idade. Ele era filho de , Jiméno Garcia e , Sancia Glindez.

Filhos de Desconhecido e , Vela Gimenez

i. , Nuño Vela [46303838726]. Nuño Vela nasceu em 870. Ele faleceu em 926. Ele teve um relacionamento com , Velasquita de Astúrias.

92607677454. , Rey Sancho Garces I de Pamplona. Rey Sancho Garces I de Pamplona nasceu em 865. Ele faleceu em 925 com 60 anos de idade. Ele era filho de , Uracca Aznares galindo de Aragon. Ele teve um relacionamento com , Toda AznáRez Of Navarre.

92607677455. , Toda AznáRez Of Navarre. Ela era filha de , Aznar Sánchez of Larraun.

Filhos de , Toda AznáRez Of Navarre e , Rey Sancho Garces I de Pamplona

i. , Velasquita de Astúrias [46303838727]. Ela teve um relacionamento com , Nuño Vela.

92765421696. , Dom Fernando Diaz. Dom Fernando Diaz

nasceu em 861 em Castela, Espanha. Ele faleceu em 923 em Castela, Espanha com 62 anos de idade. Ele era filho de , Dom Diogo Rodriguez e , Dona Assura. Ele teve um relacionamento com , Dona Nuna.

92765421697. , Dona Nuna. Dona Nuna nasceu em 866.

Filhos de , Dona Nuna e , Dom Fernando Diaz

i. , Gonzalo Fernández Beni Mamaduna [46382710848]. Gonzalo Fernández Beni Mamaduna nasceu em 887 em Castela, Espanha. Ele faleceu em 932 em Portugal Sepultamento Monasterio de San Pedro de Arlanza, Burgos, Castilla y León, Espanha. Ele teve um relacionamento com , Muniadona of Castile.

92766609408. , Mendo de Rausona (Trastamára), Conde de Trastámara. Mendo de Rausona (Trastamára), Conde de Trastámara nasceu em 950 em Espanha. Ele teve um relacionamento com , Juana Romanez de León, Condesa.

92766609409. , Juana Romanez de León, Condesa. Juana Romanez de León, Condesa nasceu em 900 em Espanha. Ela era filha de , Remón II Romaes, III conde de Monterroso.

Filhos de , Juana Romanez de León, Condesa e , Mendo de Rausona (Trastamára), Conde de Trastámara

i. , Froyla Méndez de Trastámara [46383304704]. Froyla Méndez de Trastámara nasceu em 925 em Espanha.

Geração 38

185215354880. , Rei Ramiro I das Astúrias, rey de Asturias. Rei Ramiro I das Astúrias, rey de Asturias nasceu em 790 em Asturias, Espanha. Ele faleceu em 850 com 60 anos de idade. Ele era filho de , Bermudo I das Astúrias, rey de Asturias.

Filhos de Desconhecido e , Rei Ramiro I das Astúrias, rey de Asturias

i. , Rei Afonso III das Astúrias Rey de Asturias, León y Galicia [92607677440]. Rei Afonso III das Astúrias Rey de Asturias, León y Galicia nasceu em 848. Ele faleceu em 910 em Church of Saint Mary, Oviedo, Asturias, Espanha.

185215354900. , Fernando Nuñes. Fernando Nuñes nasceu em 855. Ele faleceu em 927 com 72 anos de idade. Ele era filho de , Muñio Fernández de Amaya e , Filha de Rodrigo. Ele teve um relacionamento com , Gutina de Castile.

185215354901. , Gutina de Castile. Gutina de Castile nasceu em 850. Ela faleceu em 920 com 70 anos de idade. Ela era filha de , Diego Rodriguez e , Asura Ansurez.

Filhos de , Gutina de Castile e , Fernando Nuñes

i. , Muñio Fernández de Amaya [92607677450]. Muñio Fernández de Amaya nasceu em 880. Ele faleceu em 932.

185215354904. , Jiméno Garcia. Jiméno Garcia nasceu em 812. Ele faleceu em 867 com 55 anos de idade. Ele era filho de , García Jiménez I. Ele teve um relacionamento com , Sancia Glindez.

185215354905. , Sancia Glindez. Sancia Glindez nasceu em 816. Ela faleceu em 870 com 54 anos de idade. Ela era filha de , Oneca.

Filhos de , Sancia Glindez e , Jiméno Garcia

i. , Vela Gimenez [92607677452]. Vela Gimenez nasceu em 837. Ele faleceu em 882.

185215354909. , Uracca Aznares galindo de Aragon. Uracca Aznares galindo de Aragon nasceu em 860. Ela faleceu em 960 com 100 anos de idade.

Filhos de , Uracca Aznares galindo de Aragon e Desconhecido

i. , Rey Sancho Garces I de Pamplona [92607677454]. Rey Sancho Garces I de Pamplona nasceu em 865. Ele faleceu em 925.

Ele teve um relacionamento com , Toda AznáRez Of Navarre.

185215354910. , Aznar Sánchez of Larraun. Ele era filho de , Aznar Sánchez of Larraun.

Filhos de Desconhecido e , Aznar Sánchez of Larraun

i. , Toda AznáRez Of Navarre [92607677455]. Ela teve um relacionamento com , Rey Sancho Garces I de Pamplona.

185530843392. , Dom Diogo Rodriguez. Dom Diogo Rodriguez nasceu em 835 em Castela, Espanha. Ele faleceu em Castela, Espanha. Ele era filho de , Dom Rodrigo e , Senhora Rodrigo. Ele teve um relacionamento com , Dona Assura.

185530843393. , Dona Assura. Dona Assura nasceu em 840.

Filhos de , Dona Assura e , Dom Diogo Rodriguez

i. , Dom Fernando Diaz [92765421696]. Dom Fernando Diaz nasceu em 861 em Castela, Espanha. Ele faleceu em 923 em Castela, Espanha. Ele teve um relacionamento com , Dona Nuna.

185533218818. , Remón II Romaes, III conde de Monterroso. Remón II Romaes, III conde de Monterroso nasceu em 795. Ele faleceu em 804 com 9 anos de idade. Ele era filho de , Rodrigo Romaes, II conde de Monterroso y de Santa Marta de Ortigueira e , Milia de Wessex.

Filhos de Desconhecido e , Remón II Romaes, III conde de Monterroso

i. , Juana Romanez de León, Condesa [92766609409]. Juana Romanez de León, Condesa nasceu em 900 em Espanha. Ela teve um relacionamento com , Mendo de Rausona (Trastamára), Conde de Trastámara.

Geração 39

370430709760. , Bermudo I das Astúrias, rey de Asturias.

Bermudo I das Astúrias, rey de Asturias nasceu em 750 em Asturias, Espanha. Ele faleceu em 797 com 47 anos de idade. Ele era filho de , Fruela da Cantábria, duque de Cantabria.

Filhos de Desconhecido e , Bermudo I das Astúrias, rey de Asturias

i. , Rei Ramiro I das Astúrias, rey de Asturias [185215354880]. Rei Ramiro I das Astúrias, rey de Asturias nasceu em 790 em Asturias, Espanha. Ele faleceu em 850.

370430709800. , Muñio Fernández de Amaya. Muñio Fernández de Amaya nasceu em 815. Ele era filho de , Nuño Belchides ó Bellides. Ele teve um relacionamento com , Filha de Rodrigo.

370430709801. , Filha de Rodrigo. Ela era filha de , Rodrigo Conde de Castile e , Filha de Ramiro I.

Filhos de , Filha de Rodrigo e , Muñio Fernández de Amaya

i. , Fernando Nuñes [185215354900]. Fernando Nuñes nasceu em 855. Ele faleceu em 927. Ele teve um relacionamento com , Gutina de Castile.

370430709802. , Diego Rodriguez. Diego Rodriguez nasceu em 824. Ele faleceu em 885 com 61 anos de idade. Ele teve um relacionamento com , Asura Ansurez.

370430709803. , Asura Ansurez. Asura Ansurez nasceu em 826. Ela faleceu em 909 com 83 anos de idade.

Filhos de , Asura Ansurez e , Diego Rodriguez

i. , Gutina de Castile [185215354901]. Gutina de Castile nasceu em 850. Ela faleceu em 920. Ela teve um relacionamento com , Fernando Nuñes.

370430709808. , García Jiménez I. García Jiménez I nasceu em 777. Ele faleceu em 816 com 39 anos de idade. Ele era filho de ,

Jimeno (Ximeno) Sanchez de Navarra, Duque de Gascony e , Toda Fortúnez.

Filhos de Desconhecido e , García Jiménez I

i. , Jiméno Garcia [185215354904]. Jiméno Garcia nasceu em 812. Ele faleceu em 867. Ele teve um relacionamento com , Sancia Glindez.

370430709811. , Oneca. Ela era filha de , King García Íñiguez of Pamplona e , Uracca.

Filhos de , Oneca e Desconhecido

i. , Sancia Glindez [185215354905]. Sancia Glindez nasceu em 816. Ela faleceu em 870. Ela teve um relacionamento com , Jiméno Garcia.

370430709820. , Aznar Sánchez of Larraun.

Filhos de Desconhecido e , Aznar Sánchez of Larraun

i. , Aznar Sánchez of Larraun [185215354910].

371061686784. , Dom Rodrigo. Dom Rodrigo nasceu em 815 em Castela, Espanha. Ele faleceu em Castela, Espanha. Ele teve um relacionamento com , Senhora Rodrigo.

371061686785. , Senhora Rodrigo. Senhora Rodrigo nasceu em 817.

Filhos de , Senhora Rodrigo e , Dom Rodrigo

i. , Dom Diogo Rodriguez [185530843392]. Dom Diogo Rodriguez nasceu em 835 em Castela, Espanha. Ele faleceu em Castela, Espanha. Ele teve um relacionamento com , Dona Assura.

371066437636. , Rodrigo Romaes, II conde de Monterroso y de Santa Marta de Ortigueira. Rodrigo Romaes, II conde de Monterroso y de Santa Marta de Ortigueira nasceu em 790. Ele

faleceu em 818 com 28 anos de idade. Ele era filho de , Remón Romaes, Conde de Monterroso y Santa Marta de Ortigueira. Ele teve um
relacionamento com , Milia de Wessex.

371066437637. , Milia de Wessex. Milia de Wessex nasceu em 755 em Wessex, England. Ela faleceu em Probably, Santa Marta de Ortigueira - La Coruña. Ela era filha de , Ecgbert of Wessex III King of Wessex e , Redburga Mercia.

Filhos de , Milia de Wessex e , Rodrigo Romaes, II conde de Monterroso y de Santa Marta de Ortigueira

i. , Remón II Romaes, III conde de Monterroso [185533218818]. Remón II Romaes, III conde de Monterroso nasceu em 795. Ele faleceu em 804.

Geração 40

740861419520. , Fruela da Cantábria, duque de Cantabria. Fruela da Cantábria, duque de Cantabria nasceu em 720 em Asturias, Espanha. Ele faleceu em 765 com 45 anos de idade. Ele era filho de El Visigodo, Pedro, duque da Cantábria.

Filhos de Desconhecido e , Fruela da Cantábria, duque de Cantabria

i. , Bermudo I das Astúrias, rey de Asturias [370430709760]. Bermudo I das Astúrias, rey de Asturias nasceu em 750 em Asturias, Espanha. Ele faleceu em 797.

740861419600. , Nuño Belchides ó Bellides. Nuño Belchides ó Bellides nasceu em 720.

Filhos de Desconhecido e , Nuño Belchides ó Bellides

i. , Muñio Fernández de Amaya [370430709800]. Muñio Fernández de Amaya nasceu em 815. Ele teve um relacionamento com , Filha de Rodrigo.

740861419602. , Rodrigo Conde de Castile. Ele faleceu em 873. Ele teve um relacionamento com , Filha de Ramiro I.

740861419603. , Filha de Ramiro I.

Filhos de , Filha de Ramiro I e , Rodrigo Conde de Castile

i. , Filha de Rodrigo [370430709801]. Ela teve um relacionamento com , Muñio Fernández de Amaya.

740861419616. , Jimeno (Ximeno) Sanchez de Navarra, Duque de Gascony. Jimeno (Ximeno) Sanchez de Navarra, Duque de Gascony nasceu em 777. Ele faleceu em 816 com 39 anos de idade. Ele era filho de , Adalric Duke of Gascony. Ele teve um relacionamento com , Toda Fortúnez.

740861419617. , Toda Fortúnez. Toda Fortúnez nasceu em 740.

Filhos de , Toda Fortúnez e , Jimeno (Ximeno) Sanchez de Navarra, Duque de Gascony

i. , García Jiménez I [370430709808]. García Jiménez I nasceu em 777. Ele faleceu em 816.

740861419622. , King García Íñiguez of Pamplona. King García Íñiguez of Pamplona nasceu em 805. Ele faleceu em 870 com 65 anos de idade. Ele teve um relacionamento com , Uracca.

740861419623. , Uracca.

Filhos de , Uracca e , King García Íñiguez of Pamplona

i. , Oneca [370430709811].

742132875272. , Remón Romaes, Conde de Monterroso y Santa Marta de Ortigueira. Remón Romaes, Conde de Monterroso y Santa Marta de Ortigueira nasceu em 725. Ele faleceu em 785 com 60 anos de idade. Ele era filho de , Froila I 'el Cruel' Saldana, rey de Asturias.

Filhos de Desconhecido e , Remón Romaes, Conde de Monterroso y Santa Marta de Ortigueira

i. , Rodrigo Romaes, II conde de Monterroso y de Santa Marta de Ortigueira [371066437636]. Rodrigo Romaes, II conde de Monterroso y de Santa Marta de Ortigueira nasceu em 790. Ele faleceu em 818. Ele teve um relacionamento com , Milia de Wessex.

742132875274. , Ecgbert of Wessex III King of Wessex. Ecgbert of Wessex III King of Wessex nasceu em 775 em Southampton, Hampshire, England. Ele faleceu em 19 Novembro 839 em Southampton, Hampshire, England com 64 anos, 10 meses de idade. Ele era filho de , Eahlmund of Kent - Æthelwulf e , Miss de Kent. Ele
teve um relacionamento com , Redburga Mercia.

742132875275. , Redburga Mercia. Redburga Mercia nasceu em 778 em La Brosse, Orne, Basse-Normandie, France. Ela faleceu em 839 em Wessex, England com 61 anos de idade. Ela era filha de , Teodorico de Autun Conde de Autun y Duque de Borgoña e , Alda Martel-Tréveris - Aurélia II.

Filhos de , Redburga Mercia e , Ecgbert of Wessex III King of Wessex

i. , Milia de Wessex [371066437637]. Milia de Wessex nasceu em 755 em Wessex, England. Ela faleceu em Probably, Santa Marta de Ortigueira - La Coruña. Ela teve um relacionamento com , Rodrigo Romaes, II conde de Monterroso y de Santa Marta de Ortigueira.

Geração 41

1481722839040. El Visigodo, Pedro, duque da Cantábria. Pedro, duque da Cantábria nasceu em 680. Ele faleceu em 750 com 70 anos de idade.

Filhos de Desconhecido e El Visigodo, Pedro, duque da Cantábria

i. , Fruela da Cantábria, duque de Cantabria [740861419520]. Fruela da Cantábria, duque de Cantabria nasceu em 720 em Asturias, Espanha. Ele faleceu em 765.

1481722839232. , Adalric Duke of Gascony. Adalric Duke of Gascony nasceu em 758. Ele faleceu em 813 com 55 anos de idade. Ele era filho de , Waïfer duc d'Aquitaine.

Filhos de Desconhecido e , Adalric Duke of Gascony

i. , Jimeno (Ximeno) Sanchez de Navarra, Duque de Gascony [740861419616]. Jimeno (Ximeno) Sanchez de Navarra, Duque de Gascony nasceu em 777. Ele faleceu em 816. Ele teve um relacionamento com , Toda Fortúnez.

1484265750544. , Froila I 'el Cruel' Saldana, rey de Asturias. Froila I 'el Cruel' Saldana, rey de Asturias nasceu em 740. Ele faleceu em 14 Janeiro 768 em Cangas de Onís, Asturias, Espanha (murdered) com 28 anos, 13 dias de idade.

Filhos de Desconhecido e , Froila I 'el Cruel' Saldana, rey de Asturias

i. , Remón Romaes, Conde de Monterroso y Santa Marta de Ortigueira [742132875272]. Remón Romaes, Conde de Monterroso y Santa Marta de Ortigueira nasceu em 725. Ele faleceu em 785.

1484265750548. , Eahlmund of Kent - Æthelwulf. Eahlmund of Kent - Æthelwulf nasceu em 758 em Wessex, England. Ele faleceu em 786 em Wessex, England com 28 anos de idade. Ele teve um relacionamento com , Miss de Kent.

1484265750549. , Miss de Kent. Miss de Kent nasceu em 762 em Kent, England.

Filhos de , Miss de Kent e , Eahlmund of Kent - Æthelwulf

i. , Ecgbert of Wessex III King of Wessex [742132875274]. Ecgbert of Wessex III King of Wessex nasceu em 775 em

Southampton, Hampshire, England. Ele faleceu em 19 Novembro 839 em Southampton, Hampshire, England. Ele teve um relacionamento com , Redburga Mercia.

1484265750550. , Teodorico de Autun Conde de Autun y Duque de Borgoña. Teodorico de Autun Conde de Autun y Duque de Borgoña nasceu em 730 em Languedoc-Rosellón, Narbona, Aurélia, Cominges. Ele faleceu em 793 em Languedoc-Rosellón, Narbona, Aurélia, Cominges com 63 anos de idade. Ele era filho de , Carlos de
 Herstal Martel e , Rotruda de Tréveris - Duquesa de Turgovia. cantón de Suiza. Ele teve um relacionamento com , Alda Martel-Tréveris - Aurélia II.

1484265750551. , Alda Martel-Tréveris - Aurélia II. Alda Martel-Tréveris - Aurélia II nasceu em 715 em Brabante, Lieja, Herstal, Liege, Belgium. Ela faleceu em 804 em Aquit, Picardía, Somme, Picardie, France com 89 anos de idade.

Filhos de , Alda Martel-Tréveris - Aurélia II e , Teodorico de Autun Conde de Autun y Duque de Borgoña

i. , Redburga Mercia [742132875275]. Redburga Mercia nasceu em 778 em La Brosse, Orne, Basse-Normandie, France. Ela faleceu em 839 em Wessex, England. Ela teve um relacionamento com , Ecgbert of Wessex III King of Wessex.

Geração 42

2963445678464. , Waïfer duc d'Aquitaine. Waïfer duc d'Aquitaine nasceu em 695. Ele faleceu em 768 com 73 anos de idade. Ele era filho de , Hunald Duke of Aquitaine & Toulouse.

Filhos de Desconhecido e , Waïfer duc d'Aquitaine

i. , Adalric Duke of Gascony [1481722839232]. Adalric Duke of Gascony nasceu em 758. Ele faleceu em 813.

2968531501100. , Carlos de Herstal Martel. Carlos de Herstal

Martel nasceu em 23 Agosto 674 em Brabante, Lieja, Herstal, Liege, Belgium. Ele faleceu em 22 Outubro 741 em Aquit, Picardía, Aisne, Quierzy, sur, Oise, Picardie, France com 67 anos, 1 mês de idade. Ele teve um relacionamento com , Rotruda de
Tréveris - Duquesa de Turgovia. cantón de Suiza.

2968531501101. , Rotruda de Tréveris - Duquesa de Turgovia. cantón de Suiza. Rotruda de Tréveris - Duquesa de Turgovia. cantón de Suiza nasceu em 690 em Rhineland-Palatinado, Treverís. Ela faleceu em 723 em Aquit, Picardía, Aisne, Quierzy, sur, Oise, Picardie, France com 33 anos de idade.

Filhos de , Rotruda de Tréveris - Duquesa de Turgovia. cantón de Suiza e , Carlos de Herstal Martel

i. , Teodorico de Autun Conde de Autun y Duque de Borgoña [1484265750550]. Teodorico de Autun Conde de Autun y Duque de Borgoña nasceu em 730 em Languedoc-Rosellón, Narbona, Aurélia, Cominges. Ele faleceu em 793 em Languedoc-Rosellón, Narbona, Aurélia, Cominges. Ele teve um relacionamento com ,
Alda Martel-Tréveris - Aurélia II.

Geração 43

5926891356928. , Hunald Duke of Aquitaine & Toulouse. Hunald Duke of Aquitaine & Toulouse nasceu em 664. Ele faleceu em 774 com 110 anos de idade.

Filhos de Desconhecido e , Hunald Duke of Aquitaine & Toulouse

i. , Waïfer duc d'Aquitaine [2963445678464]. Waïfer duc d'Aquitaine nasceu em 695. Ele faleceu em 768.

Conseguimos levantar até agora todos os 32 tataravôs do Tyler e alguns ramos foram muito mais longe do que outros. Desses 32 tataravôs, apenas 10 nasceram no Brasil. São 6 nascidos na Alemanha, 2 alemães nascidos no Volga, Rússia, 6 nascidos na

UM CARA, 6 PASSAPORTES

Polônia, 1 em Portugal, 4 na Itália, 2 na Espanha e 1 ainda não identificado como brasileiro ou português.

Agora te convido para um papo em minha cozinha onde vou te contar um pouco da intimidade da minha família. Uma das tarefas mais difíceis deste livro foi escolher alguns personagens da nossa árvore para escrever um pouco sobre eles. Se você viu algum nome repetido é porque temos muitos ancestrais casando entre familiares próximos e um ancestral meu que também é ancestral da minha esposa, aparece duas vezes no mínimo na árvore do nosso filho. São quase mil pessoas, isso que retiramos outas 700 que pertencem a um ramo polêmico e não confirmado de João Ramalho e sua suposta mãe Catharina de Valbode, pertencente a Coroa Portuguesa. Boatos dão conta de que João Ramalho seria um filho bastardo da coroa, descartado e degredado na costa Brasileira. Se for verdade isso nos levaria até Odin, saindo da realidade para a mitologia nórdica. Mas permanecendo em terra firme Ramalho "O Peladão" fundou cidades, fez alianças com os índios e foi um dos grandes responsáveis pela miscigenação do povo Brasileiro com seus vários filhos com várias índias Brasileiras.

Borba Gato e Bartira, quem nunca ouviu esses nomes?

Nós não poderíamos deixar de agradecer nossos pais, pelo simples fato de nos terem concebido. Continuamos brigando e nos magoando e perdoando e brigando de novo como toda família. Nossas mães Reny e Roseli conhecerão este livro, nossos pais Edson e Paulo não. Eles já não são mais parentes, com eles não existe mais discussão, mas existe perdão e entendimento. Ao olhar para o passado tão distante da sua família, das dificuldades que tiveram. Da coragem de enfrentar os portugueses, com a sabedoria de aliar-se aos mesmos portugueses e ter com eles seus netos, perpetuando a tribo dentro do nosso DNA. Da coragem de abandonar tudo ou o nada que tinham e atravessar o oceano para uma terra nova e cheia de desafios. Tirar da terra o sustento e a prosperidade. Vencer a fome e mudar o destino de uma nação inteira.

Obrigado ao meu pai Edson de Campos Ruiz, que morreu no parto e que dele sempre lembrei como um ancestral pois nunca o vi, nuca briguei nem abracei. Pai é uma pena que você não teve tempo de fazer as besteiras na vida como eu. Obrigado ao Dariel meu padrasto por me compreender, por ter me dado meu primeiro emprego aos 12 anos e que moldou a minha vida profissional. Dariel sempre foi um cara quieto, combinava comigo, mas eu sempre dou risada quando lembro de que quando ele era criança, andava por quilômetros para chegar na escola. Filho de descendentes dos Açores ele era atentado, tinha um moleque em especial que ele usava para driblar a fome e em troca de não bater no piá, todos os dias ficava com o lanche dele. Foram meses de tensão para o piá e meses de barriga cheia para o Dariel até que a mãe do Carlos soube o que se passava. Não lembro o nome dela, mas ela resolveu a coisa com muita criatividade. Contratou meu padrasto para ser guarda costas do filho dela em troca de um belo lanche diário. No final os dois ficaram amigos e sócios da empresa que me deu meu primeiro emprego.

Roseli minha mãe trabalhava em uma lotérica quando conheceu meu pai, minha avó alugou um quarto para aquele menino do interior perdido na capital. Ele se tornou vendedor de máquinas de escrever trabalhando na IBM e estava estudando programação de computadores, muito perto da profissão que eu segui 20 anos depois. Eles se casaram alguns meses antes do parto e ela viria a ser professora, diretora de escola e contadora. Ele morreu alguns meses depois do meu nascimento após um acidente de carro que gerou sérias complicações pós-operatórias. Sobretudo minha mãe sempre teve um bom coração. Desculpa mãe por cobrar tanto de você.

Meu avô Severino, filho do espanhol Francisco era alfaiate no interior do Paraná, sua família fez o caminho de São Paulo até o interior paulista em Tabatinga e de lá desceram até Bela Vista do Paraíso. Tenho do meu avô duas lembranças. Uma é minha, lembro como se fosse hoje 40 anos depois, meu avô me carregava em seus ombros até o boteco onde tomava uma pinga e na saída eu continuava em seus ombros, mas com um pirulito do Zorro na boca. Era um pirulito comprido de caramelo extremamente duro que durava uma eternidade. Era tão bom que me lembro até hoje. A outra lembrança é posterior de minha mãe magoada pelo meu avô ter tirado o meu pai de Curitiba após o acidente de carro e o levado para tratar no interior perto dos pais. Essa transferência motivou a infecção que causou a morte do meu pai.

Meu outro avô o Titão, apelido de Silvestre Placido de Souza teve uma mocidade simples, mas divertida, jogou no time A2 do Palmeiras em um tempo em que o bicho ainda era uma galinha de prêmio por um gol. Dizem que ele perdeu uma casa e um jipe no jogo, ele adorava jogar caxeta e claro me ensinou e eu aprendi a ser mais responsável que ele no jogo. Já ganhei mais do que perdi. Convivi a minha infância com ele e não lembro da parte da bebida que fazia o restante da família espezinhá-lo. Mas ele parou de beber e era meu companheiro no estádio do Coxa e em longas caminhadas na vasta mata do bairro do Campo Comprido em Curitiba onde eu morava, sempre acompanhados pelo meu cachorro Beluko e da Pituka, sei lá de onde saíram esses nomes, que saudades deles e do Matrix, da Bells, do Pompom, do Milhão, do Pipoca e da Minnie, hoje é a Mimi quem alegra nossa família. Buscar maracujás silvestres e passar a tarde subindo em árvores era o meu passatempo favorito. Meu avô sempre foi muito ativo e andava muito e falava pelos cotovelos com todo mundo. Eu o ajudava a fazer molho de pimenta e ele saia andando pelo bairro vendendo os molhos e pães que minha avó fazia. Ele odiava o sobrinho dele, meu primo de segundo grau chamado Almir ele fazia balões e era muito divertido para eu que era criança, mas sempre foi enrolado e acabou morrendo em uma cadeia em Cuiabá. Também tive outro tio ex-delegado que vendia uns diplomas falsos. No final da vida Titão apenas andava quilômetros por dia para visitar os netos, os filhos, o pessoal da lotérica, do açougue todo mundo que ele conhecia. Muitos de nós ficávamos loucos com as visitas não programadas que acabavam com qualquer privacidade. Minha mãe teve duas filhas com o meu padrasto, minhas irmãs Renata e Rosanne, cada filho em uma década diferente. Quando ela saía me deixava cuidando delas o que para mim significava não deixar elas fazerem nada além de respirar, era garantia de segurança.

Eu passei a minha infância na copa das árvores, meu avô fez uma casa na árvore para mim. Duas tábuas entre os galhos de uma árvore à 12 metros de altura. Eu também tinha um helicóptero, que era o pé de caqui café do nosso vizinho lá na rua Pedro Sobiech, 14. O formato da árvore parecia um helicóptero na minha imaginação e não é à toa que o caqui é a minha fruta preferida. Sempre gostei de todo tipo de esporte e vivia correndo e jogando futebol no meu time o Bicho de Pé. Eu era o cartola e o goleiro meu tio Rogério tinha o time dos adultos e me dava os uniformes antigos quando conseguia um novo. Quando cansei de precisar chamar a polacada de porta em porta para jogar, resolvi partir para um esporte solitário. Com os meus amigos da época, Valde o

RODRIGO RUIZ, VICTORIA GANZERT e TYLER GANZERT

Velho e o Asiático aprendi a amar as montanhas. Fomos a pé de Borda do Campo até o Marumbí por uma centena de vezes. Aprendi a escalar no Anhangava e tive a oportunidade de escalar o Pequeño Alpamayo e o Illimani na Bolívia. Quando casei, troquei todo o meu material importado de escalada por uma geladeira com água na porta e uma máquina de lavar roupas. A água saía por baixo da porta, toda noite precisávamos passar um pano para secar. E a máquina de lavar roupas também era a mesa da cozinha e vazava graxa pelo chão.

Victoria e eu nos conhecemos em setembro e em abril já estávamos casados. Quando eu a conheci, ela estava de passagem marcada para a Alemanha onde iria trabalhar e morar. Provavelmente jamais voltaria. Aí eu apareci para pôr mais emoção nos planos dela. A lua de mel foi na Europa, bem ao menos para ela que seguiu seus planos e viajou dois dias após o nosso casamento no cartório. Ela voltou seis meses depois bem na semana da queda das Torres Gêmeas.

O papo de casamento começou quando ela e eu fomos ao casamento de alguns amigos dela. Em dado momento ela reclamou que eu estava beijando e agarrando muito e se continuasse com isso na frente dos parentes dela eu teria que casar. Orgulho-me de ter entendido a dica de forma tão clara e rápida. No segundo seguinte após ela terminar a frase, abaixei me e dei-lhe um gostoso beijo em sua barriga na frente de todo mundo. Ela diz que era para eu correr.

Eu apanhei, levei bronca, mas adivinhe, CASEI com ela.

Nosso filho Tyler ainda é muito jovem, tem uma personalidade forte e bondosa, mas ao mesmo tempo é um líder nato e pensa por si próprio. Sempre foi ligado as artes e tem um futuro brilhante pela frente. Meu companheiro de assuntos cósmicos, animações e enigmas. Sua mãe e eu temos muito orgulho do homem que você está se tornando. Te amamos!

Eu não poderia deixar de falar sobre o amor da minha vida, Victoria. Ela é uma pessoa de um coração imenso, e um cérebro de dar inveja a qualquer um. Ela é linda e sempre digo que ela é uma gata que quando provocada parece o Sir. Churchil, tem uma língua extremamente ácida e que parece ter neurônios próprios de tão rápida. Sempre amei esse misto de bondade e sarcasmo da minha esposa. Empreendedora, já fez tanta coisa na vida que pare que o mundo ao seu redor deve girar em câmera lenta, tenho certeza que fica um pouco entediada com isso pois ela vive em uma velocidade muito alta.

Quem reparar bem na nossa árvore verá que minha esposa e eu somos primos de 13º por parte de índios. Nosso ancestral comum é o Cacique Guayaná Amyipagûana, pai de Piqueroby e Martim Afonso. A estátua deles está na catedral da Sé em São Paulo.

Como acontece depois que o Papa morre, passados 80 anos seus arquivos podem ser abertos. Vale para nós também, daqui a 80 anos nosso bisneto poderá contar tudo sobre nós.

Nesses nossos quase 20 anos juntos ela mudou, eu mudei, mas a cada dia que passa eu a admiro mais. Obrigado Victoria por me ensinar o que é o amor!

Eu tenho condes e condessas da França e Suíça, reis Espanhóis e britânicos na minha árvore como Ferdinand I Imperador de toda Espanha (1015-1065dc), Fruela o Cruel e Egbert of Essex III King of Essex (775-839dc) mas esses já têm a sua história em livros e até na Wikipédia, todos esses ancestrais do meu avô Titão. São os personagens anônimos que nos emocionam mais.

Figura 24 Casamento dos meus pais em 1974, Edson e Roseli. Consegue me

ver na foto?

O que você acabou de ler e inclusive a forma como foi escrito representa o que você pode encontrar em suas entrevistas com parentes. Muita informação com algumas repetições e vai-e-vem e volta nos assuntos todos meio misturados. A forma vai variar bastante dependendo da sua habilidade e do perfil do entrevistado.

O texto a seguir conta um pouco da história da família da Victoria sobre a perspectiva e narração dela desde que foi infectada pelo vício da pesquisa genealógica. Veja como esse café/entrevista será diferente.

Eu comecei a me envolver neste assunto de genealogia meio que por acaso. Alguns anos atrás após fazer um teste de DNA nos Estados Unidos (esses testes que dizem "de onde você veio"), uma moça entrou em contato comigo pedindo ajuda para encontrar a família. Essa moça foi traficada para Israel quando tinha alguns dias de vida. Toda sua documentação é falsa e a única coisa que imaginamos ser verdade é que ela nasceu em Curitiba (ela foi negociada em Curitiba, levada para o Paraguai com documentos falsos e por fim, foi viver em Israel com a família adotiva). A família que a comprou, não sabia que era algo ilegal, não sabia de tratar de uma máfia (liderada por Arlete Hilu) que atuava na região sul do Brasil na década de 80.

Eu me coloquei no lugar desta moça e pensei. Tenho que ajuda-la de alguma maneira (eu nem sabia por onde começar). Essa minha prima distante, não fala, não lê e não escreve português.

O nosso DNA dizia que éramos primas em terceiro grau. Eu na verdade nem entendia o que era exatamente "prima terceira". Depois de gastar algumas horas analisando e pesquisando na internet. Descobri que eu e ela temos em comum um casal de Tetra-avós (mas a principal pergunta era... qual deles?), essa moça em questão é descendente de um dos irmãos (ou irmãs) de um dos meus bisavôs... Mas, eu mal conseguia rastrear minha família até meus bisavôs, imagina descobrir os irmãos deles.

Figura 25 (Foto de arquivo pessoal com 2 descendentes de diferentes irmãs da minha bisavó – Arali, eu e Derli)

A similaridade desta minha prima distante com a família da minha mãe era muito grande. Eu conseguia ver traços genéticos, os dentes, o formato da boca... Por minha pessoal dedução, ela não poderia pertencer à família do meu pai. Naquele momento, deixei de lado 4 casais de Bisavós e foquei apenas no meu lado materno. O DNA desta moça me mostrou que ela tem um lado índio muito forte. Então comecei por aqueles que imaginei serem desta linhagem.

Eu literalmente enchi minha mãe (ela tem 78 anos) de perguntas, e ela foi me dizendo tudo o que sabia. Minha mãe, apesar de ter perdido a avó quando tinha apenas 13 anos, lembrava de muitas coisas.

Minha mãe então começou a me contar a história da minha bisavó.

Meu bisavô Paul August Jonny Hintze, alemão de Hamburg, comerciante que viajava o mundo, filho de um artesão que confeccionava utensílios de prata (segundo minha mãe ele era joalheiro também). Um dia, veio ao Brasil (ele tinha uns contatos por lá), e foi convidado para ir em uma festa. Nesta festa foi onde ele se apaixonou pela minha bisavó e começaram um romance. Eu neste momento pensei... O alemão que se apaixonou pela empregada da festa ou por uma índia (mas eu estava completamente enganada). Minha avó era filha e neta de políticos, era estudada, professora, dava aulas, tinha uma postura para andar e falar que era comentada e invejada.

O meu bisavô voltou para a Alemanha e começaram a se corresponder por cartas, não aguentaram ficar muito tempo longe até que o alemão renunciou sua vida de comerciante, comprou um sítio, porcos, bois, galinhas e começou a vidinha com a minha bisavó.

Minha avó foi o quarto filho, quando a minha vó tinha um ano, meu bisavô que tinha apenas 34 anos, faleceu (contaram que ele foi laçar um boi e a puxada do animal foi muito forte e arrebentou uma veia no pescoço), ele deixou a minha bisavó com 4 crianças (1, 2, 3 e 4 anos) e um para nascer. Até hoje eu não sei como ela conseguiu cuidar sozinha de todas as crianças (3 meninas e 2 meninos). Para mim, é algo que parece quase impossível. Minha bisavó, andava de charrete e sempre usava uma arma na cintura. Era "macho"! Nenhum homem se atrevia faltar o respeito a ela. Ela foi guerreira, mas aos poucos foi perdendo a terra que tinha, foi trocando um boi aqui e outro ali em troca de comida ou de algum serviço que precisava, e no fim, não restou nada material, todavia, os cinco filhos foram criados.

Figura 26 Paul August Jonny Hintze

Figura 27 Maria Gomes da Costa

Meu trisavô, Johann Otto Hintze, ou somente Otto Hintze, fundou sua companhia em 1880 em Hamburg - Alemanha. Até hoje suas peças de prata são vendidas a preço de ouro, na internet. Eu consegui comprar uma colher de prata feita por ele (é meu troféu). Quando seguirei aquela colherzinha, fiquei imaginando onde foi feita, quando, quem usou... Fiz inúmeras perguntas mentalmente e senti uma emoção muito grande. Naquele dia eu senti que consegui trazer um pedacinho da minha história para perto de mim.

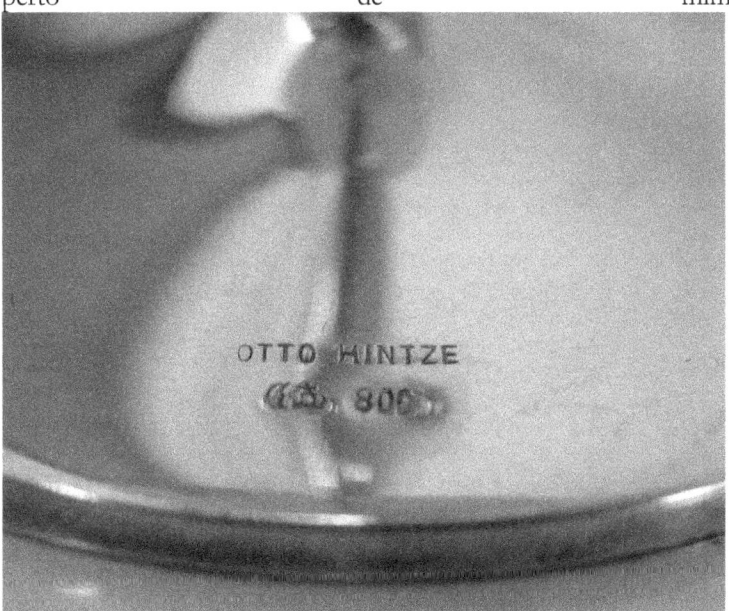

Figura 28 Selo da grife Otto Hintze

Figura 29 Detalhe do entalhe da minha colher de prata by Otto Hintze

Na medida em que minha mãe contava mais histórias, eu acabava me envolvendo mais. A pesquisa sobre a família da moça de Israel já não era a única coisa que eu queria descobrir. Com seis meses de pesquisa (trabalhando dia e noite), eu consegui rastrear todas as famílias que eram descendentes dos irmãos e irmãs da minha bisavó. Fui até 1890 e voltei aos dias de hoje procurando documentação em cartório e igrejas. Cada nova pista e cada descoberta eram comemoradas. Eu percebi que eu não sabia nada sobre mim e eu precisava descobrir a minha história também. Encontrei novos primos que vou levar para minha vida. Encontrei gente feliz de falar comigo, encontrei gente ranzinza também (os ranzinzas eu dispenso).

Figura 30 Foto de Otto Hintze.

Figura 31 Vô Miguel Moroski, a fotografia é uma cópia da carteira de trabalho dele. É uma pena que não mostre seus olhos cor azul céu.

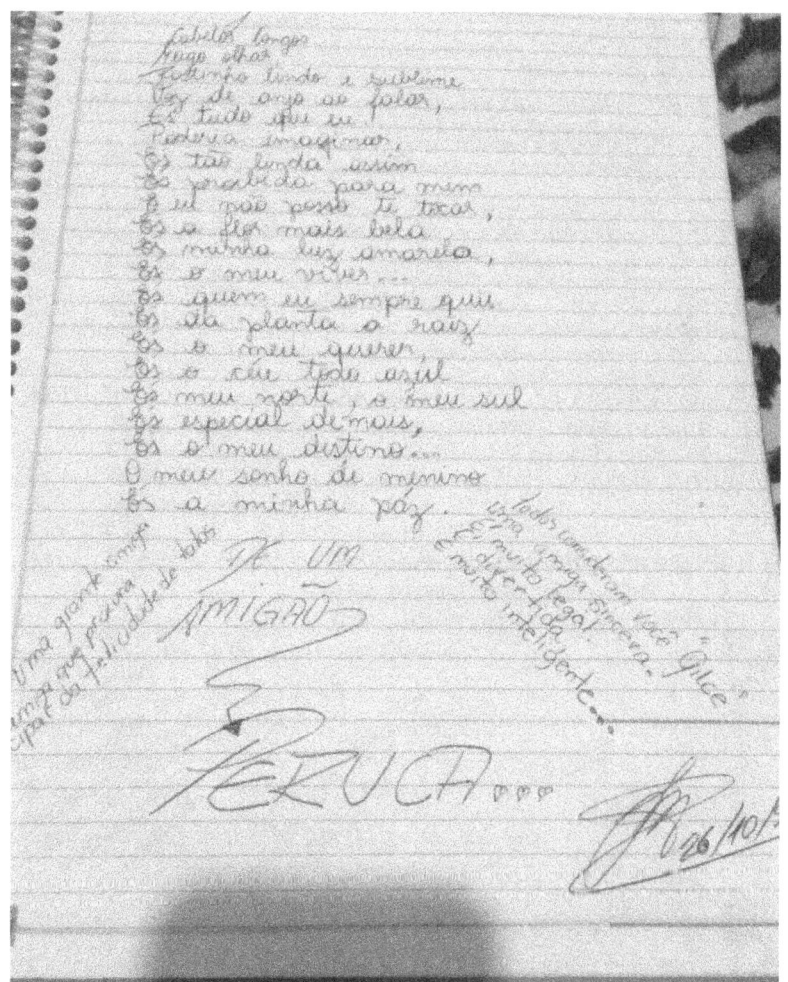

Figura 32 E entre tantas descobertas 25 anos depois, eu soube que um primo segundo da minha mãe foi meu "paquera" na escola. Tenho até um poema de 1993 escrito a mão para provar.

Tem horas que eu desejo que realmente exista uma máquina do tempo, capaz de nos levar ao passado. Queria dar amor e carinho para aqueles que se empenharam para trabalhar e cuidar dos filhos.

Eu fui atrás de informações sobre a família do meu pai. Ao contrário da minha mãe, meu pai não queria conversar. Descobri sozinha que um dos meus bisavôs paternos, era um arruaceiro. Talvez seja por este fato que meu pai não era muito aberto a conversa. O bisavô (Olympio) esteve até preso. Era filho de gente influente na cidade. Filho e neto de coronéis. Daquele povo que comandava. (Pensei comigo: bem na minha vez, tem que ter um torto para atrapalhar tudo. Deixa que um dia eu vou dar uma sapateada no tumulo dele).

Minha bisavó paterna (Tiburcia) fugiu com um argentino quando tinha uns 14, 15 anos, (foram embora do Brasil) ... (Tá bom, pai... Eu te perdoo por não querer expor "os podres da família". E também espero que me perdoe por querer contar). Quando chegaram perto da Argentina, o marido da minha bisavó paterna contraiu uma gripe muito forte e morreu. (Eu juro que fiquei pensando o que EU teria feito naquela situação. Ela era uma menina, em um país diferente com um cadáver), sei lá como, mas essa mocinha conseguiu encontrar o caminho de volta para casa. Ela foi trabalhar em uma casa de ricos e foi lá que conheceu um "filhinho de papai" meu bisavô Olympio. Esse indivíduo, casou-se com uma mulher descendente de Italianos (ele não teve filhos com a esposa) e tinha minha bisavó como amante.

O jornal curitibano Diário da Tarde de 2 de julho de 1934 apresentou entre matérias como agitações na Alemanha e candidatura de Vargas uma matéria onde se lê "Olympio Vasco de cima do cavallo, atira contra Feliz Gomes, tendo a bala acertado no olho esquerdo, varando a cabeça. Esse pobre moço teve morte instantânea."

Sou "bisneta bastarda", Olympio meu bisavô, declarou no cartório os quatro filhos que teve com minha bisavó, assinou a papelada, mas não colocou no nome dele. Deixou os filhos passarem fome e não os reconheceu. Ele era bem de vida, tinha bens, casas, postos de gasolina, dinheiro no banco... No final da vida, adotou uma moça e deixou toda a herança para ela.

Figura 33 Foto da família da minha mãe com os irmãos. Da esquerda para a direita a minha mãe é a quinta, em pé.

minha bisavó foi mãe os 44 anos. Eu não o conheci, mas todos os que puderam ter esse privilégio, o descrevia como bondoso, carinhoso, respeitável, educado e... tomava umas "cachaça" de vez em quando, e quando o álcool falava mais alto, ficava ainda mais generoso. Distribuía dinheiro para a criançada (até ele ficar sem nada). Quando frequentava os botecos, sempre trazia um docinho no bolso para meus irmãos. Hora ou outra os doces chegavam amassados, pelos tombos que ele vinha levando pelo caminho. Ele trabalhava como motorista, era casado com a minha vó (filha bastarda do Olympio), minha avó era alegre, fumava, bebia cerveja e falava palavrão. Era benzedeira, sua casa era sempre cheia de gente. Eu me lembro dela, com um galho de arruda molhado na mão, cochichando alguma coisa (o que depois descobri que era uma reza) e atirando gotinhas de água na minha cara (falavam que isso era uma espécie de proteção).

Meu avô, um dia desconfiou da minha avó. Havia um homem com uns 25 anos de idade que sempre estava na casa da minha vó. Na verdade, esses "meninos" sempre estavam por lá. Gostavam de ir no final da tarde para jogar baralho (inclusive um genro da minha vó estava nesta turminha), mas não sei por que meu avô estava desconfiado que estava levando chifre (é neste momento que minha família vai surtar quando ler o livro, hahaha). Contaram que meu avô Paulo, andou correndo atrás desse homem com um facão e disse que dessa história iria sair morte. Meu avô, claro que não o alcançou (também pudera, não é?... Quem vai correr mais? Quem tem 25 anos e tem um facão atrás ou um senhor de 54 anos?).

Figura 34 Bodas de ouro de Carl Ganzert e Cattarina Ganzert – Maio de 1941 – As setas indicam meu avô Paulo e minha avó Zainara (Nena) e os corações indicam meus bisavós Carlos Ganzert e Anna Catharina Wormsbecker.

E no dia 09 de novembro de 1973, meu avô marcou encontro com um compadre perto de uma "bica". Passou na casa da minha mãe, viu os netos, minha mãe disse que ofereceu almoço e ele não quis. E quando foi embora às crianças ficaram gritando no portão "Tchaaaaau vô" e ele não olhou para trás. Ele também passou na casa da minha tia e se foi. Minha mãe contou que disse para o meu pai que o pai dele não estava bem, disse que estava estranho. E meu pai disse, "O pai tá velho". Meu avô foi achado com uma corda no pescoço, pendurado em uma árvore na tal bica onde ele pediu que o encontrassem. Se é verdade que ele estava levando chifre eu não sei. Não acuso e nem defendo minha avó, afinal a vida era dela e ela tinha o direito de fazer o que quisesse, mas de todas as maneiras é muito triste o desfecho. (Eu peço a Deus que ele tenha misericórdia da alma do meu avô).

Figura 35 Meus avós maternos no centro (Miguel Moroski e Alma Hintze), minha mãe (a menina de braços cruzados no canto esquerdo) e seus irmãos.

Agora sobre a minha mãe. Ela é a quarta filha entre os 13 filhos que minha avó e meu avô tiveram (não existia televisão e muito menos anticoncepcional). Minha mãe é esperta, é vendedora nata. O que você quiser (novo, usado, barato, caro) ela vende e recebe uma comissão. Ela me ensinou a ser esperta (penso que eu sou), me ensinou a usar o dinheiro (conferir, dar troco, ser rápida), ela me soltou no mundo muito cedo. Com 9 anos eu já andava de ônibus sozinha (30km), ia pagar contas, fazer compras, vendia.

Aos 9 anos eu vendia limão nos botecos para fazer caipirinha (tinha um pé de limão na minha casa e eu me aproveitava disso), o dinheiro que eu conseguia eu dava metade para minha mãe (ela me obrigava) e a outra metade eu comprava doces (amo, bala, pirulito, chocolate, sorvete...). Minha mãe não foi do tipo mãe amiga, ela era do tipo general carrasco. (Não é porque eu estou escrevendo um livro que vou mentir ou omitir, esses fatos). Ela mesma me falou que o vô Miguel dizia a ela: "- O dia em que você arranjar um namorado, vou dar uns tiros no pé do indivíduo para ver se é macho". (Tinha que ser muito macho para conviver com a minha mãe). Mas, tirando seu lado perverso, tinha hora (uns 5% do tempo), em que ela era tranquila e divertida.

Logo que ela casou com o meu pai, ela foi morar na casa da sogra (dos meus avós Paulo e Zainara), e como eu já citei antes, não havia televisão e a casa da minha vó era sempre cheia de gente. Os vizinhos se reuniam a noite para tomar chimarrão e contar "causos".

Certa noite, minha mãe estava no quarto ouvindo o povo falar de assombração, fantasma e que havia ouro enterrado embaixo de coqueiros. No momento em que os vizinhos se despediram, andaram em fila a caminho do portão de entrada. Minha mãe sem pensar (ela deveria ter uns 24 anos na época), agarrou um lençol branco e pulou a janela. Ficou encolhida embaixo de um pé de coqueiro e quando foi passando o povo por perto ela se levantou coberta pelo lençol. Todos correram, entraram em casa assustados para tomar água com açúcar (ela pulou de volta a janela e ficou enfiando o lençol na boca para que ninguém ouvisse ela querendo gargalhar).

Meu avô (Paulo Ganzert – muito macho), foi verificar. E disse que não havia nada. O povo nem queria mais sair da casa. Estavam em choque e tremendo. E aqueles que; iam todos os dias tomar chimarrão e contar causo, já não apareciam mais.

Minha mãe escutou meu avô dizendo para minha avó: - "Nena, eu acho que eles viram mesmo alguma coisa. Eles estavam assustados demais".

Aí começou a doer o remorso na minha mãe.... Ela acabou contando para o meu avô que caiu na gargalhada. Ela pediu desculpas, meu avô achou engraçado.

Minha mãe nunca teve coragem de falar a verdade para as pessoas que ela assustou (eles morreram repassando "este causo" e jurando de pé junto que assombração de verdade existe, afinal, eles viram uma).

Agora sou eu Rodrigo novamente. Percebeu a diferença na maneira de escrever/falar entre minha esposa e eu? Será assim na vida, prepare-se. Obrigado pela visita e volte sempre.

Figura 36 Victoria e eu quase 20 anos depois. Ela mais linda do que antes e eu irreconhecível após um transplante de corpo inteiro.

CIDADANIA POLONESA

Mitrofan Dymidiuk, nasceu em Podomsha, comunidade polonesa no Império Russo em 1911. Uma região de conflito onde esse território tem passado de mão em mão nos últimos mil anos. Em 1918 a Polônia volta a existir, desta vez como república e retoma o território. Em 1929 meu bisavô vem para o Brasil em busca de oportunidade e uma vida melhor, longe da pobreza e da fome. Quando veio a guerra, a Alemanha invadiu o território e ao final da guerra os soviéticos repelem os Alemães mas tomam parte do território Polonês para si. Com o fim da URSS a vila de meu bisavô passa a pertencer a Bielorrússia ou Belarus.

Meus parentes alegam terem perdido o passaporte do meu bisavô e tive que providenciar provas da cidadania polonesa na Bielorrússia.

Mitrofan chegou ao Brasil em janeiro de 1930 no navio Orânia que veio a naufragar pouco tempo depois em uma viagem de retorno à Europa.

Ao desembarcar no Brasil, Mitrofan foi a pé para o Sul do Brasil até a cidade de Canoinhas em SC, seguindo pelos trilhos do trem com o único par de sapatos nas mãos e com sacos de estopa enrolados nos pés para que tivesse bons sapatos no momento de procurar emprego.

Durante a viagem no Orânia que partiu de Amsterdã, deram aos passageiros bananas, algo que nunca tinham visto antes. Aquela fruta era deliciosa e todos comeram com casca e tudo em um misto de desconhecimento e da marca da fome que assolava o centro-leste europeu.

Habilidoso com a madeira como muitos poloneses, logo fazia moveis para o seu sustento. Dizem que teve um companheiro de viagem que virou fotógrafo e ficou em SC, mas o contato se perdeu quando Mitrofan casou-se com a neta de alemães Paulina e foram subindo e fazendo filhos, dois em Canoinhas, uma em Campo Largo e outro no interior do Paraná em onde comprou um sítio e viveu até sua morte. Lembro de minha avó contando o quanto ela e os irmãos apanharam o dia em que comeram sozinhos e escondidos uma melancia. A gula e o desperdício de comida deveria ser algo aterrorizante para quem passou fome.

DICA: Cidadania é um efeito colateral e consequência da sua vontade de se ligar aos seus ancestrais. Pense o seguinte, se você nem sabe o nome dos seus bisavôs, muito menos onde moravam, quais eram suas qualidades e defeitos, não faz a menor ideia dos sonhos dessas pessoas, você estará fadado ao mesmo esquecimento em poucas gerações. A pesquisa genealógica mesmo que conte com a ajuda de especialistas, deve ser feita com a sua participação direta. A genealogia é uma máquina do tempo, te leva ao passado para que você conheça a sua história. Mas também te levará ao futuro garantindo juntamente com o amor que você der para seus filhos, que o seu nome e a sua história seja lembrada e recontada geração após geração.

Figura 37 Mapa mostrando a Polônia. E seus antigos territórios. No passado parte do que hoje é Belarus, Ucrânia e outros países da atualidade. Fonte: https://en.wikipedia.org/wiki/Territorial_changes_of_Poland_immediately_after_World_War_II#/media/File:Curzon_line_en.svg. Você pode acompanhar a evolução das fronteiras da Polônia neste link https://en.wikipedia.org/wiki/Territorial_evolution_of_Poland.

A Polônia já foi um grande império, já sucumbiu à ganância dos seus vizinhos, já foi gananciosa com o território dos seus vizinhos e hoje é um pais moderno e alegre. A maior população de poloneses fora da Polônia está concentrada no Brasil e Estados Unidos, sendo que no Brasil especificamente no Paraná. Ainda no Império do Brasil, Dom Pedro II incentivou a imigração dos europeus e por adaptação ao clima e oportunidade, os Poloneses, Ucranianos, Russos e Alemães escolheram o Sul do Brasil. Um dos casos mais organizados foi o da capital do recém independente estado do Paraná. O incentivo governamental previa um cinturão agrícola em torno da cidade para o abastecimento da capital.

Segundo o site da prefeitura de Curitiba "Os poloneses

chegaram em 1871 e criaram as colônias de Tomás Coelho (Araucária), Muricy (São José dos Pinhais), Santa Cândida, Orleans, Lamenha, Pilarzinho e Abranches. Atuaram basicamente na lavoura e no comércio. Hoje formam em Curitiba a maior colônia polonesa no Brasil. " "Os ucranianos vieram em 1895. Estabeleceram-se no Campo da Galícia e foram expandindo suas propriedades ao longo da atual Avenida Cândido Hartmann e por todo o bairro Bigorrilho. "

Dessa mistura específica de povos eu atribuo o fato de Curitiba ser a Capital Brasileira mais orientada para o que se chama de Direita política e com a maior aversão à esquerda, erroneamente rotulada como comunista. Não quero aqui defender nenhum regime, para mim tanto a direita de Hitler, Mussolini ou Franco como a esquerda de Stalin foram desastrosas para a humanidade. Estou fazendo apenas a constatação de que os efeitos danosos do regime comunista de Stalin foram historicamente posteriores aos efeitos das direitas nazista, fascista e franquista e estão ainda presentes na memória viva dos descendentes e familiares europeus que ainda mantém forte comunicação com a comunidade Brasileira. A mão pesada de Stalin sufocou e matou na Polônia e na Ucrânia além de ter esmagado os nazistas e sem discriminação todo o povo alemão. O efeito Stalin durou até a queda da URSS e a abertura da Polônia e Ucrânia. Esses formaram grande parte dos Curitibanos atuais trazendo consigo uma aversão inconsciente sobre qualquer coisa que lembre a bandeira comunista de Stalin.

Voltando ao tema da Confirmação da Cidadania Polonesa é importante saber que ela se dá pelo sangue, isto é, passa de pai para filho sem limite de gerações considerando apenas a República da Polônia fundada em 11 de novembro de 1918 a pouco mais de 100 anos. Se você descende dos milenares impérios poloneses, mas não tem um descendente na República da Polônia, infelizmente você não é reconhecido como cidadão polonês. Até 1951 apenas os homens e mulheres solteiras transmitiam a cidadania, por isso a data de nascimento e casamento de suas avós é relevante para determinar se você é cidadão polonês ou não. Essa lei pode causar a seguinte distorção. Seu primo pode ser cidadão polonês pois ele é neto do irmão da sua avó. E você não será cidadão polonês se sua avó se casou antes de 1951 com um cidadão não polonês.

No meu caso a minha avó nasceu em 1936 e casou-se em 1956 preservando a cidadania polonesa.

Apesar de existir uma infinidade de sites com informações sobre a cidadania polonesa, sua melhor fonte de informação é o consulado polonês. Suas informações são sempre oficiais e estão disponíveis facilmente na internet e presencialmente em Curitiba.

Você poderá entrar com o seu processo de Reconhecimento de cidadania diretamente no consulado da Polônia mais próximo a sua residência ou utilizar um representante legal na Polônia o que eu recomendo fortemente. O consulado Brasileiro trabalha muito e faz o que pode, mas simplesmente não possui recursos humanos para dar conta da enorme demanda.

A maior dúvida depois de resolvida a questão se você é cidadão polonês e tem direito ao reconhecimento está nos documentos que devem ser apresentados. Certidões de nascimento e casamento suas e certidões de nascimento, casamento e óbito de todos os seus ancestrais diretos até o polonês original são documentos obrigatórios, não pode faltar nenhum. Em seguida você precisará de um documento original polonês que prove que o seu ancestral era cidadão polonês depois de 1918. A grande imigração polonesa ocorreu antes disso o que fazer com que aquelas pessoas fossem consideradas cidadãos do Reino da Galícia e Lodoméria atual Áustria ou cidadãos Russos. A única possibilidade de um emigrante anterior a 1918 é se o pai dessa pessoa continuou na Polônia e adquiriu a cidadania Polonesa, podendo assim transmiti-la para todas as gerações. Na maioria dos casos isso não ocorria, pois, as famílias emigravam inteiras da Europa.

Figura 38 Passaporte do Mitrofan

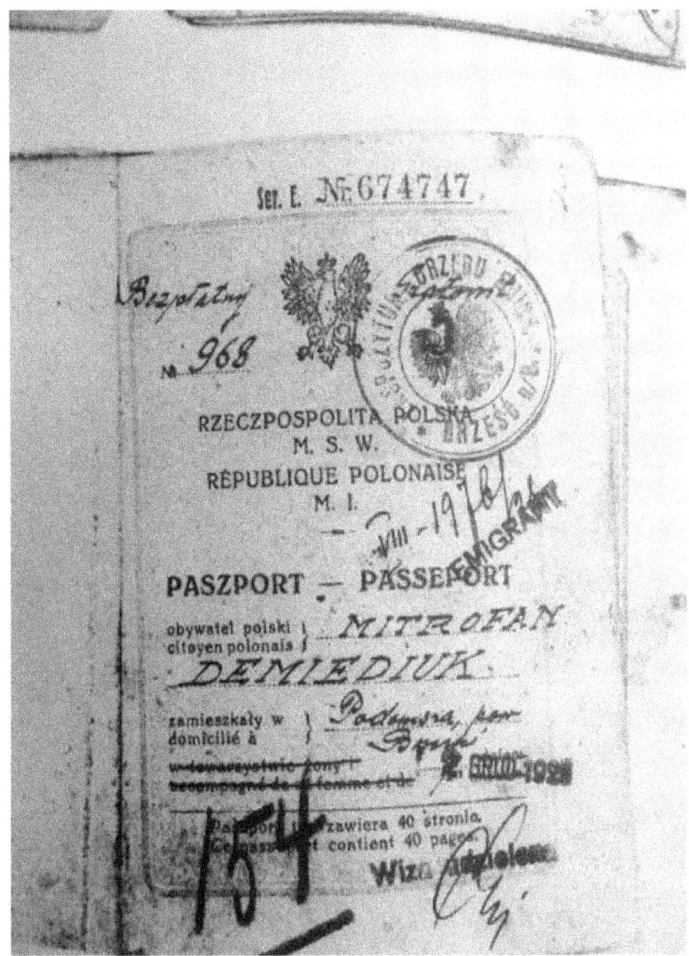

Figura 39 Consegue ler Podomsha nesta folha do passaporte de Mitrofan?

Figura 40 Mitrofan um polonês e sua esposa alemã Paulina por volta de 1936

CIDADANIA SEFARDITA ESPANHA E PORTUGAL

É motivo de alguma discussão as leis de Portugal e Espanha que reconhecem os descendentes sefarditas como cidadãos expulsos injustamente da Península Ibérica. Principalmente no caso da Espanha que embutiu em sua Lei alguns pontos de filtragem que podem desabilitar muitos descendentes sefarditas. Muitos deram total prioridade ao processo Português.

Para contrariar o senso comum, eu priorizei o processo espanhol e fui levando em paralelo o processo português. Primeiramente pela minha ligação recente com a Espanha visível em meu nome. Meu bisavô era espanhol de Puerto Lumbreras, Murcia e por ser um agricultor sem recursos, juntamente com o falecimento precoce do meu pai impediram o reconhecimento da cidadania espanhola por esse método que serve apenas para filhos ou netos menores de cidadãos espanhóis. O simples fato de meu bisavô e avô não terem se deslocado até um consulado espanhol causou a não continuidade da cidadania, só recuperada agora com a prova de outra linhagem mais antiga de origem espanhola sefardita.

Este capítulo mistura Portugal e Espanha porque o processo com base na origem sefardita é basicamente o mesmo em seu início.

O principal ponto em comum é a necessidade de provar a sua origem sefardita. Os sefarditas ou Cristãos Novos foram judeus habitantes de Portugal e Espanha e que foram perseguidos e expulsos desses países durante a inquisição.

Muitas pessoas perderam a oportunidade de serem reconhecidos como cidadãos espanhóis por não conhecerem a história da Península Ibérica. Você sabia que o Brasil já foi espanhol? Ao localizarem um ancestral judeu nascido nas terras de Portugal, erroneamente acharam que só Portugal reconheceria sua cidadania. O que essas pessoas não sabiam é que durante 60 anos entre 1580 e 1640 os tronos de Portugal e Espanha foram unificados sob a bandeira da União Ibérica. Felipe II da Espanha herdou, conquistou e comprou Portugal. Herdou por direito, conquistou com seus exércitos e comprou o apoio da "nobreza" portuguesa. De acordo com o historiador Eduardo Bueno a Espanha teve um papel importante na extração sustentável do pau brasil. Aconselho a você assinar o canal buenas ideias do Eduardo Bueno no youtube, são vídeos curtos, hilários e instrutivos sobre a história do Brasil.

Desta forma, não importa onde o seu ancestral judeu vivia, se tinha nome de português ou de espanhol. Você poderia ser reconhecido por esses dois países.

O meu ancestral sefardita Pedro Vaz de Barros foi reconhecido pela Federação Judaica Espanhola e ainda ajudou a compor prova para o meu processo na Comunidade Judaica de Lisboa.

Antes de provar que Pedro Vaz de Barros era judeu eu tinha que me conectar até ele com documentos. Através do ancestry.com eu conheci meu amigo Irineu de Carvalho Filho pois eu de alguma forma me conecto a esposa dele. Somos primos distantes. Eu trabalhei por mais de um ano tentando me conectar a árvore invejável do Irineu, mas até agora não consegui. Porém neste caminho consegui descobrir uma história fantástica proveniente do meu avô Silvestre Plácido de Souza, encontrei no livro de Silva Leme, Genealogia Paulistana referências de uma mulher que eu suspeitava que poderia ser a avó do meu avô. Depois disso foi mais quase um ano de pesquisas até que encontrei a certidão de batismo da mãe do meu vô que indicava o nome dos avós do meu avô fechando a ligação.

A partir desde ponto toda a pesquisa e documentação necessária estava presente na obra de Silve Leme, Genealogia Paulistana. Para provar o judaísmo utilizei-me principalmente da obra de Marcelo Meira Maciel Bogaciovas, Uma Família Paulista Quatrocentona De Origem Cristã-Nova: Os Pedrosos e Vazes de Barros, publicada no

Simpósio Internacional de Estudos Inquisitoriais em agosto de 2011 em Salvador.

Eu tenho outros perseguidos pela inquisição na família como Cornélio de Arzão, mas para o processo você deve se concentrar em apenas um.

A partir de agora os trâmites são diferentes para Portugal e Espanha.

Na Espanha todo o processo é digital, é necessário que cada documento seja digitalizado individualmente e enviado para o site da FCJE que fará a avaliação e emitirá ou não um certificado de comprovação de ascendência sefardita. Caso seja aprovado você deverá para a taxa de emissão do certificado que é em torno de 60 Euros.

Após ter o certificado em mãos é necessário acessar o site do Ministério da Justiça espanhol e adicionar mais alguns documentos pessoais e o resultado das duas provas. Isso mesmo duas provas, a DELE A2 que certifica o nível básico de espanhol e a CCSE que certifica o conhecimento da cultura e constituição espanhola. As duas certificações são oferecidas pelo Instituto Cervantes em todo o mundo.

Feito isso basta agendar a sua visita a um notário na Espanha para assinar a papelada e na volta ao Brasil solicitar o seu passaporte no consulado.

Já no caso português o processo é em papel. Quase cem folhas de documentos fazem parte do meu processo que foi enviado juntamente com um cheque de 500 Euros para a Comunidade Judaica de Lisboa que fará a análise e emitirá um parecer. Essa diferença me fez priorizar o processo espanhol pois só era preciso pagar depois da confirmação, enquanto em Portugal você deve pagar antes de saber o resultado.

Depois da CIL emitir o certificado atestando a origem sefardita o processo continuará na conservadoria de Lisboa que é o equivalente aos cartórios Brasileiros e pode ser feito pelo correio ou consulado, não sendo necessário viajar para Portugal.

Esta foi a árvore que tive que pesquisar, documentar e provar desde Pedro Vaz de Barros até mim.

Um outro ramo português ainda falta para mim, meu ladinho mineiro uai. Minha mãe, minha tia Maricota, meu primo Giuliano, tia Alice e tia Sylvia e prima Cida Bicalho ajudaram muito no resgate de informações dessa parte da família.

Pedro Vaz de Barros[36]
└─ +Maria Leite de Mesquita[39]
   └─ Isabel Paes De Barros[32]
      └─ +JOÃO CORREA PENTEADO[33]
         └─ Antonio Rodrigues Penteado[28]
            └─ +Rosa Maria da Luz do Prado[27]
               └─ Barbara De Camargo Pais (born Pais De Barros) Desconhecido[26]
                  └─ +Jose De Camargo Paes Desconhecido[31]
                     └─ Jose De Camargo Penteado[24]
                        └─ +Anna De Camargo Penteado (born Bueno De Almeida) Desconhecido[25]
                           └─ Jose De Camargo Penteado[22]
                              └─ +Maria De Arruda Leite[23]
                                 └─ Candida de Camargo Penteado[20]
                                    └─ +Manoel Ribeiro de Albuquerque[21]
                                       └─ Maria de Camargo[15]
                                          └─ Avelina Maria de Camargo[16]
                                             └─ Anna Paula de Camargo[17]
                                                └─ +Balthazar Leite de Almeida[18]
                                                   └─ Helena Leite de Camargo[13]
                                                      └─ +Silvestre Venancio de Souza[14]
                                                         └─ Silvestre Placido[11]
                                                            └─ +Liuba Dimidiuk[12]
                                                               └─ Roseli de Souza[8]
                                                                  └─ +Edson de Campos Ruiz[9]
                                                                     └─ Rodrigo de Souza Ruiz[4]
                                                                        └─ +Victoria Ganzert[5]
                                                                           └─ Tyler Isaac Ganzert Desconhecido[1]

Figura 41 Arvore de descendentes de Pedro Vaz de Barros até mim.

DON ISAAC QUERUB CARO, mayor de edad, provisto de DNI/NIF núm. 33528142F, en calidad de Presidente de la Comisión Permanente de la **FEDERACIÓN DE COMUNIDADES JUDÍAS DE ESPAÑA**, entidad religiosa inscrita con el número 015888 en la sección especial del Registro de Entidades Religiosas de España, provista de CIF núm. R-7.800.429-H

CERTIFICA:

Que analizados los distintos elementos probatorios aportados por el interesado y enumerados en el artículo 1.2 de la Ley 12/2015, de 24 de junio, en materia de concesión de la nacionalidad española a los sefardíes originarios de España, y habiendo utilizado todos los medios a nuestro alcance para aseverar la certeza y validez de dichas pruebas, podemos afirmar que don/doña RODRIGO DE SOUZA RUIZ, de nacionalidad Brasileña y titular de pasaporte vigente de dicha nacionalidad número l tiene la condición de **sefardí originario de España por descender de las familias que fueron injustamente expulsadas o forzadas a convertirse a la religión católica a partir de 1492**, de acuerdo con lo dispuesto en el artículo 1.2.a) de la referida Ley 12/2015, de 24 de junio.

Y para que conste y surta los efectos oportunos donde proceda, expido esta certificación en Madrid (España), a 13 de Febrero de 2019.

Isaac Querub Caro
Presidente

Figura 42 Certificado de Descendente sefardita expedido em meu nome pela FCJE com base nas provas fornecidas para a árvore de Pedro Vaz de Barros.

Figura 43 Família do meu avô Titão que me liga aos meus ancestrais sefarditas.

CIDADANIA ITALIANA

Uma das mais comuns duplas cidadanias de Brasileiros é a italiana e você encontrará facilmente livros específicos sobre este tema. O pais da bota reconhece todo descendente de italianos sem limite de gerações como um cidadão italiano. Basta para isso provar a ascendência com certidões de nascimento casamento e óbito em linha reta de você até o ancestral nativo italiano. Algumas regras restringem a transmissão dessa cidadania e a mais comum é a que diz que apenas homens transmitem a cidadania.

Somente a partir de 01/01/1948 as mulheres italianas passaram a transmitir a cidadania. O impeditivo era o casamento com um estrangeiro, mães solteiras continuavam transmitindo a cidadania. Mas desde uma decisão dos tribunais superiores da Itália em 25 de fevereiro de 2009 dar parecer positivo a um caso de descendência materna, tem sido possível por esta jurisprudência assinar a justiça na Itália através de um advogado e requerer o reconhecimento da cidadania italiana, este é o meu caso.

O pedido de reconhecimento de cidadania pelo consulado para quem tem a linhagem paterna tem levado quase 10 anos. Ou 6 meses para que se dispõe a morar na Itália por este período executando todo o processo nas comunes locais.

O processo judicial por linhagem materna pode levar de 6 meses a 2 anos, dependendo da fila judicial e do juiz sorteado.

A chamada "via materna" somente pode ser seguida nos tribunais da Itália com um advogado italiano. No meu caso eu ainda precisei utilizar a justiça brasileira para emitir a certidão de nascimento da minha bisavó. Ela tinha apenas o batismo em 1906. A sentença já saiu e até abril de 2019 terei a certidão que faltava em mãos. Para dar entrada em meu processo ainda aguardo alguns parentes que farão junto comigo(essa é uma direta para você Rogério Bonini Ruiz, hehe). Eu descobri muito recentemente que tinha um lado italiano, ele vem da união com o meu lado espanhol e ficou esquecido pela distância e brigas de família por muito tempo. Quando resolvi investir a pesquisa neste ramo acabei por avançar várias gerações na Itália. Meu primo Alexandre Aravecchia, descoberto nas pesquisas me ajudou passeando nos cemitérios do interior paulista.

Você encontrará escritórios de advocacia aqui no Brasil que utilizam correspondentes em Roma. Mas eu sugiro que você pesquise os advogados italianos, muitos falam o português e você pode eliminar o custo do intermediário desde que se disponha a fazer transferências internacionais. Cuidado com falsários é importante seja na Itália ou no Brasil.

A parte boa da "via materna" é que é mais rápida e você não precisa ir até a Itália.

Se você tem ascendência materna e paterna, não poderá escolher e "via materna" e será obrigado a fazer o processo administrativo no consulado e esperar 10 anos.

Mas não se desespere. Existe uma opção mais rápida que leva em média 6 meses. Para isso você deverá viajar até a Itália, alugar uma casa e fazer o processo diretamente na Comune, equivalente a uma prefeitura no Brasil. Não caia na tentação de fingir que está morando lá. Alguns meses atrás mais de mil brasileiros perderam de uma só vez a cidadania italiana por terem fraudado o processo fingindo estarem morando na Itália na cidade de Ospedaletto Lodigiano.

Um fato interessante e chato para alguns ítalo-Brasileiros é que os originários de Trento no Norte da Itália em geral não podem transmitir a cidadania. Isto ocorre porque no processo de unificação da Itália, Trento era uma região que pertencia ao estado que forma a atual Áustria. Quando o governo Austro-húngaro cedeu o território para a Itália, os moradores tiveram o prazo de um ano para escolher a sua cidadania. Austro-húngaro ou Italiana. Por isso as pessoas que deixara a região antes de 1920 em geral nem ficaram sabendo dessa obrigação legal e perderam tanto a cidadania italiana quando a austro-húngara.

ARCIDIOCESI DI MODENA-NONANTOLA

PARROCCHIA S. MARTINO VESCOVO in Casola
Indirizzo VIA CHIESA
Comune MONTEFIORINO   CAP 41040   Prov. MO

CERTIFICATO DI BATTESIMO

Dal Registro dei Battesimi (vol. 4 pag. 55 num. 198/3) risulta che:
Arravecchia Alberto Sebastiano,
nato a MONTEFIORINO   il 26/01/1865
è stato battezzato in questa Parrocchia,
il 26/01/1865

Luogo e data MONTEFIORINO, 15 marzo 2018

In fede
IL PARROCO
Don Carlos Alberto De Lira

Note: genitori : Giuseppe e Capitani Vittoria

ARCIDIOCESI DI MODENA-NONANTOLA
Visto, si dichiara autentica la firma
del M.R. De Lira don Carlos
Modena, 18 aprile 2018
IL CANCELLIERE
Denisiuk don Miroslaw

Figura 44 Certificado de batismo fornecido pela Igreja na Itália do meu trisavô Alberto Aravecchia

TRIBUNAL DE JUSTIÇA DO ESTADO DE SÃO PAULO
COMARCA DE RIBEIRÃO BONITO
FORO DE RIBEIRÃO BONITO
VARA ÚNICA
Rua Governador Pedro de Toledo, nº 231, ., Centro - CEP 13580-000,
Fone: (16) 3344-1160, Ribeirao Bonito-SP - E-mail:
ribeiraobonito@tjsp.jus.br
Horário de Atendimento ao Público: das 12h30min às19h00min

MANDADO DE LAVRATURA DE ASSENTO DE NASCIMENTO

Processo Digital nº: 1000985-83.2018.8.26.0498
Classe – Assunto: **Procedimento Comum Cível - Registro de nascimento após prazo legal**
Requerente: **Rodrigo de Souza Ruiz**

O(A) MM. Juiz(a) de Direito do(a) Vara Única do Foro de Ribeirão Bonito da Comarca de Ribeirão Bonito, Dr(a). Victor Trevizan Cove,

MANDA ao Senhor Oficial do Cartório do Registro Civil das Pessoas Naturais de Boa Esperança do Sul, Estado de São Paulo, que, em cumprimento ao presente, expedido nos autos da ação em epígrafe, proceda à LAVRATURA DO ASSENTO DE NASCIMENTO da pessoa abaixo qualificada, nos termos da r. sentença, datada de 28/02/2019, proferida pelo(a) MM. Juiz(a) de Direito, Dr(a). Victor Trevizan Cove, transitada em julgado em 26/03/2019, conforme cópia da petição inicial e demais peças que seguem anexas e deste fazem parte integrante.

Nome: Maria Aravecchia
Filiação: Alberto Aravecchia e Catharina Linari, ambos naturais da Itália
Naturalidade: Boa Esperança do Sul-SP
Data de Nascimento: 20/12/1906
Sexo: Feminino

Figura 45 Mandado judicial para que o cartório efetue o registro de nascimento de minha bisavó que só tinha o batismo. Procedimento deve ser feito com advogado e leva pelo menos 6 meses ou mais. (certidão de nascimento tardia).

CIDADANIA ALEMÃ

A cidadania alemã também possui regras específicas e não tem limite de gerações, porém como a italiana, leis antigas impedem quem não tem uma linhagem completamente paterna. O outro fato mais comum na perda do direito à cidadania é que todo cidadão alemão que deixava o território alemão antes de 1918 precisava confirmar a sua cidadania no consulado alemão. A maioria dos imigrantes anteriores a 1918 não tinha nem a instrução nem o acesso ao consulado para fazer esta confirmação e quando o faziam, recebiam uma pequena carta que acabava perdida pela família.

O ônus da prova é do requisitante. Eu não tenho direito à cidadania alemã pela linhagem materna e por serem meus ancestrais aqueles mais antigos dos anos de 1870 que não guardaram as comprovações de manutenção da cidadania.

Não fosse essa lei machista e a desorganização da minha família que não preservou documento algum eu poderia também ser reconhecido como cidadão alemão.

Se você deseja saber se tem direito ao reconhecimento da cidadania alemã, poderá responder a um questionário de 10 perguntas e enviar para o consulado alemão mais próximo a sua casa. Este formulário está no site do consulado. Veja quais são as perguntas extraídas do formulário do consulado:

1)   Alguém em sua família já possui um certificado de cidadania alemã?

(NÃO se trata do passaporte alemão ou da certidão de

nascimento alemã) (https://tinyurl.com/m7yg76k) (em caso afirmativo, favor apresentar pelo e-mail uma cópia junto com o questionário preenchido)

1a) Em caso afirmativo – quem? (p.ex. pai, avô; caso seja o primo, favor explicar exatamente o parentesco, p.ex. filho do irmão do pai)

1b) Em que data e por qual órgão público na Alemanha (NÃO o Consulado) o certificado de cidadania alemã foi entregue?

2) Alguém em sua família já possui um certificado de naturalização? (NÃO se trata do passaporte alemão ou da certidão de nascimento alemã) https://tinyurl.com/lbuewmd (em caso afirmativo, favor apresentar pelo e-mail uma cópia junto com o questionário preenchido)

2a) Em caso afirmativo – quem? (p.ex. pai, avô, caso seja o primo, favor explicar exatamente o parentesco, p.ex. filho do irmão do pai)

2b) Em que data e por qual órgão público na Alemanha (NÃO o Consulado) o certificado de naturalização foi entregue?

3) De qual antepassado (=pessoa com nacionalidade alemã que emigrou da Alemanha) deriva sua nacionalidade alemã? (Por favor, informe o nome completo e o grau de parentesco.)

4) Quando (data de nascimento) e em que cidade (local de nascimento) este antepassado nasceu?

5) Este antepassado era alemão com descendência judaica?

6) Em que ano este antepassado emigrou da Alemanha? Para qual país?

7) Este antepassado foi naturalizado em algum país fora da Alemanha? Em caso afirmativo, onde e quando?

8) Favor preencher detalhadamente (Nome, grau de parentesco, data de nascimento, data de todos os casamentos/divórcios, data do óbito)

• de todos os requerentes;
• de todas as gerações de antepassados nascidas fora da Alemanha;
• da última geração de antepassados que emigrou da Alemanha.

9) Você (ou um dos antepassados acima listados) permaneceu no exterior por um período superior a um ano (fora do Brasil e da Alemanha)? Em caso afirmativo: em qual país e em que período?

10) Você, ou um dos antepassados acima listados, prestou

serviço militar após
01.01.2000? Em caso afirmativo, favor mencionar quem (p.ex. você), o país (p.ex. exército Brasileiro), o período exato e o tipo de serviço militar (serviço militar voluntário ou obrigatório).

Baixe o documento, e após responder cada pergunta envie pelo correio para o consulado Alemão mais próximo e em poucos dias você receberá uma avaliação formal sobre as suas possibilidades de cidadania. Existem outras formas de se naturalizar alemão, mas o objetivo deste livro é explorar as declarações de cidadania que é quando você já é um cidadão de determinado país por direito, necessitando apenas demonstrar que possui essas características de linhagem familiar.

CIDADANIA BRASILEIRA

Você pode não saber, mas o Brasil atrai desde sempre, muitos imigrantes de várias nacionalidades, desde Americanos, Japoneses e principalmente europeus. Você que está pensando em deixar o Brasil reclamando de tudo deveria analisar como e por que os seus bisavós, trisavós e tataravós vieram parar nesta terra tão distante da Europa.

Eu posso afirmar como foi a decisão de vir para o Brasil dos ancestrais da família da minha esposa em função das cartas que lemos.

Era um mundo completamente diferente, uma Europa em parte glamorosa, cosmopolita onde a sociedade de classe média e alta estavam fascinados pela revolução industrial. Época de grandes bailes e valsas em palácios magníficos em um mundo dominado pelas monarquias.

O Brasil de certa forma fazia parte disso e nosso país era governado por uma Imperatriz da casa Hamburg do Império Austro-Húngaro. Esta conexão favoreceu mais tarde a partir dos anos 1860 a iniciativa do Império Brasileiro de trazer europeus para nossa terra. Sem entrar no mérito dos motivos implícitos e explícitos é fato que nossos ancestrais foram largados em terras cheias de nossos outros ancestrais, os índios e também cheias de florestas.

Em Curitiba muitos passaram fome até que descobriram o maná Paranaense, o pinhão que já alimentava os índios tanto com seu fruto como servindo de local de caça de porcos selvagens que também se alimentavam do pinhão. As casas desses nossos ancestrais eram feitas das araucárias e impulsionou boa parte da indústria Curitibana. Os poloneses e alemães hábeis artesãos logo se adaptaram a essa nova forma de renda e aos poucos foram deixando de ser apenas agricultores para oferecerem serviços especializados.

O convívio entre esses diversos povos não era fácil apesar de pacífico. Demorou muito tempo até que essas culturas permitissem a fusão entre elas. As colônias eram geralmente restritas aos seus povos de origem. O sentimento de um povo Brasileiro só começou a acontecer na geração de nossos pais quando falamos desses imigrantes do século XIX.

Percebe-se no jeito de falar do Paranaense esse apego à terra que ficou para trás. No paraná existem hoje mais falantes da língua ucraniana do que na própria Ucrânia que ao longo das gerações tem sido pesadamente pressionada pela língua, economia e costumes russos.

As cartas de nossos antepassados indicavam que eles tinham uma vida muito difícil na Europa, muitos passavam fome como meu bisavô Polonês. Quando emissários dos governos Brasileiros e austro-húngaros levaram panfletos contando maravilhas dessa terra tropical, os europeus ficaram empolgados e ao mesmo tempo reticentes. Havia concorrência para atrair imigrantes para o Canadá, Estados Unidos e Argentina.

Enviando alguns patrícios escolhidos a dedo enviados para atravessar o Atlântico e conferir o que era verdade e o que não era nosso ancestrais fizeram sua análise swot para escolher o melhor lugar para ir. Nossos ancestrais visitaram a Argentina, os Estados Unidos, o Canadá e o Império Brasileiro. E nesta época o nosso país era o melhor dentre todos! Isso faz muito pouco tempo em termos históricos, quatro ou cinco gerações.

Poderíamos dizer que foram nossos avós e pais que estragaram o Brasil. Mas isso também seria injusto com eles e com a história.

Com o Golpe Militar que instituiu a República patrocinado pela elite escravocrata da época, nossos ancestrais foram completamente abandonados e as promessas do Império na concessão de terras e apoio logístico foram descumpridas pela república.

Meu desejo é que o povo Brasileiro aprenda com a sua história e veja que nós não temos nada a ver com os Estados Unidos. Nosso país é claramente uma versão sul-americana do pensamento

Europeu e na medida em que nós nos espelhemos em nações como a Alemanha, França, Polônia entre outros nós descobriremos como fazer as coisas darem certo. O americano foi criado e desenvolvido para ganhar e gastar dinheiro. O Europeu muito mais experiente, pensa em qualidade de vida, e tempo com a família. Nós devemos valorizar a nossa história, aprender com os erros, cultuar nossos heróis e as coisas boas que temos como o SUS. Só que já morou em um país onde a saúde não é universal sabe a falta que faz. É só perguntar para os seus avós, quando eles eram crianças não existia o SUS e a mortalidade infantil era algo aterrorizante.

Então mesmo que você esteja ligado a um país europeu, não se desligue do Brasil, ajude essa nação que acolheu seus bisavôs quando eles morriam pela fome e pela guerra na Europa. Faça com que seus filhos e netos conheçam os seus antepassados, a sua história, que falem a nossa língua não importando se estarão em solo alemão daqui a quatro gerações. Mantenham o vínculo pois o mundo dá voltas e aqui pode voltar um dia a ser melhor que lá fora.

Para isso você deve saber como preservar a sua cidadania Brasileira e ensinar isso aos seus filhos.

Todo aquele que nasce no Brasil é Brasileiro e todo aquele que nasce no exterior de pais Brasileiros, pode ser brasileiro desde que faça essa opção com o registro em qualquer cartório ou no consulado Brasileiro no exterior.

Mas preste atenção, se você adquirir uma cidadania estrangeira por casamento ou por tempo de residência, você perderá a cidadania Brasileira.

Quando você tem a cidadania reconhecida por outro estado devido a sua ascendência, você não perde a sua cidadania. E essa regra varia de pais para país caso você tenha múltiplas cidadanias como eu e é necessário ficar atento as regras de cada uma. A Espanha exige uma confirmação de opção de cidadania para aqueles menores que moram fora da Espanha por um tempo prolongado.

Um filho de dois pais alemães que nasça nos Estados Unidos não será alemão, será americano e terá o prazo de um ano para que seus pais o declarem alemão.

Figura 46 Despedida por Tyler Isaac Ganzert.

DESPEDIDA

Esperamos que você tenha se divertido e aprendido algo ao ler o nosso livro. E o mais importante, esperamos que você se divirta ao descobrir a sua família, seus ancestrais próximo e distantes e quem sabe, durante o processo você além de uma nova cidadania descubra o seu pai, sua mãe, seus avôs enquanto eles ainda estão vivos. Escreva para nós e conte a sua história de reencontro e descobertas e se precisar de consultoria na busca da sua história e cidadania escreva para rodrigosruiz@hotmail.com. Felicidade para você!

E entre tantas pesquisas e leituras de documentos antigos, um dos que mais nos emocionaram que transcrevo literalmente a seguir, não tem nada a ver diretamente com as nossas vidas. Mas indiretamente tem a ver com a vida de toda a humanidade. Escrito pelo Padre Casemiro José Marejewski.

"**Não existindo mais a barbara escravidão no Brazil e sendo todos iguaes perante a Lei desde 13 de Maio de 1988, não há mais necessidade de livros especiaes para escravos e libertos. Estamos graças a Deus, todos cidadões livres, sujeitos somente a lei e a morte! Fica pois aqui encerrado este livro**"

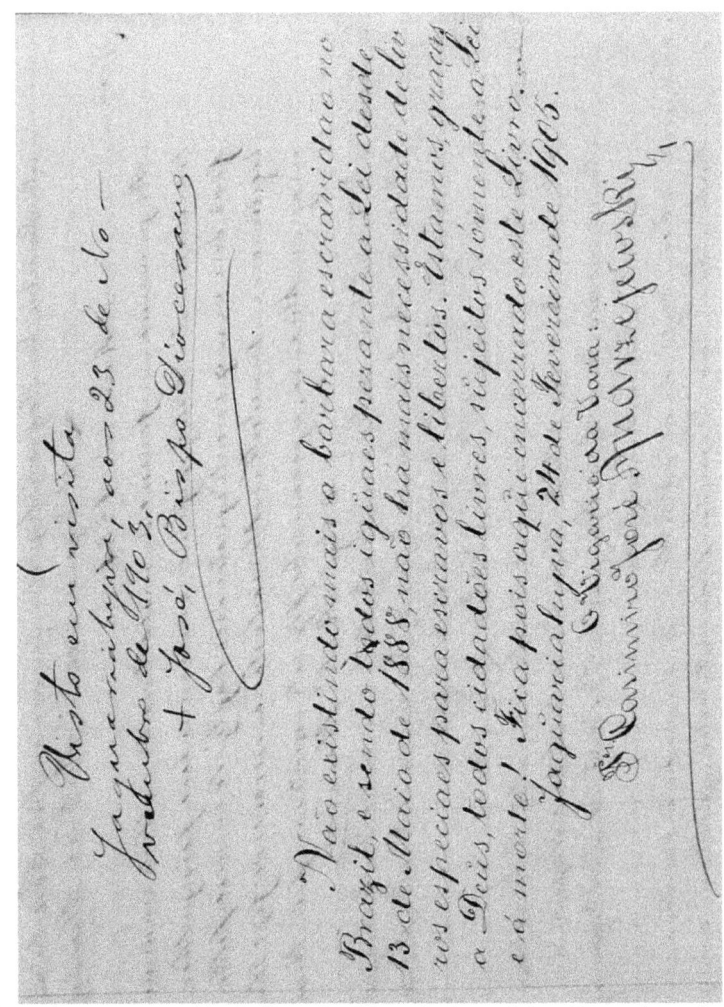

Figura 47 Texto extraído do livro de óbitos de Jaguariaíva, PR escrito pelo padre Casemiro José Marejewski.

SOBRE OS AUTORES

Rodrigo Ruiz é curitibano e junto com a sua esposa americana/Brasileira e filho e representam a miscigenação do povo Brasileiro sendo descendente de espanhóis, portugueses, índios, poloneses, alemães, britânicos e muitos outros para descobrir. É aficionado por genealogia e por investigação cibernética e policial. É servidor federal no CTI Renato Archer em Campinas onde desenvolve pesquisas sobre privacidade e segurança cibernética. Atua também como investigador genealógico auxiliando pessoas a encontrarem suas origens e também terem suas cidadanias reconhecidas. Sua pesquisa permitiu que o reconhecimento como cidadão da Polônia, Espanha, Portugal e Itália.

Se você precisa de ajuda para encontrar seus documentos e seus ancestrais ou deseja uma cidadania escreva para rodrigosruiz@hotmail.com

Victoria Ganzert é uma brasileira de Curitiba e Americana de Columbus, empreendedora. Seu tino de investigadora encontra qualquer pessoa, viva ou morta e também é especialista em decifrar caligrafia de padres do século XVII.

Tyler é curitibano, artista, produtor de animações e estudante de Publicidade e Propaganda, Curitibano de nascença ele é o Cara com 6 passaportes. Por enquanto!

www.ingramcontent.com/pod-product-compliance
Lightning Source LLC
Chambersburg PA
CBHW051646040426
42446CB00009B/999